SUPERCOMUNICADORES

Charles Duhigg

Supercomunicadores

Como desbloquear a linguagem secreta da comunicação

TRADUÇÃO
Cássio Arantes e Débora Landsberg

OBJETIVA

Grafia atualizada segundo o Acordo Ortográfico da Língua Portuguesa de 1990, que entrou em vigor no Brasil em 2009.

Título original
Supercommunicators

Capa
Pete Garceau

Preparação
Milena Varallo

Índice remissivo
Luciano Marchiori

Revisão
Angela das Neves
Juliana Cury | Algo Novo Editorial

Dados Internacionais de Catalogação na Publicação (CIP)
(Câmara Brasileira do Livro, SP, Brasil)

Duhigg, Charles
Supercomunicadores : Como desbloquear a linguagem secreta da comunicação / Charles Duhigg ; tradução Cássio Arantes, Débora Landsberg. — 1ª ed. — Rio de Janeiro : Objetiva, 2024.

Título original : Supercommunicators.
ISBN 978-85-390-0801-8

1. Comunicação 2. Identidade social 3. Negociação I. Título.

23-183580 CDD-302.2

Índice para catálogo sistemático:
1. Comunicação 302.2

Eliane de Freitas Leite — Bibliotecária — CRB-8/8415

EDITORA SCHWARCZ S.A.
Praça Floriano, 19, sala 3001 — Cinelândia
20031-050 — Rio de Janeiro — RJ
Telefone: (21) 3993-7510
www.companhiadasletras.com.br
www.blogdacompanhia.com.br
facebook.com/editoraobjetiva
instagram.com/editora_objetiva
twitter.com/edobjetiva

Para John Duhigg, Susan Kamil
e Harry, Oli e Liz

Sumário

Prólogo

Todos concordavam sobre uma coisa a respeito de Felix Sigala: como a conversa com ele fluía fácil. Excepcionalmente fácil. As pessoas adoravam falar com Felix, pois sempre saíam do bate-papo sentindo-se um pouco mais inteligentes, engraçadas e interessantes. Mesmo que você não tivesse nada em comum com ele — o que não acontecia com frequência, porque a conversa inevitavelmente revelava todo tipo de opiniões, experiências ou amigos compartilhados —, Felix transmitia a impressão de estar escutando, como se houvesse algum tipo de ligação entre vocês.[1]

Foi por isso que os cientistas o procuraram.

Felix era agente federal há duas décadas. Entrou para o FBI após terminar a faculdade e finalizar um período no serviço militar, e então passou alguns anos atuando nas operações. Foi nessa época que seus superiores perceberam como tinha facilidade para lidar com as pessoas. Galgando rapidamente os degraus da carreira, acabou sendo promovido a administrador sênior, incumbido de atuar como negociador em todo tipo de situação. Ele era o sujeito capaz de arrancar depoimentos de testemunhas relutantes, convencer fugitivos a se entregar ou consolar famílias em luto. Uma vez, persuadiu um homem que havia se entrincheirado num quarto com seis najas, dezenove cascavéis e uma iguana a sair pacificamente e, ainda, entregar os nomes de seus comparsas em um esquema de tráfico de animais. "O segredo foi fazê-lo enxergar as coisas do ponto de vista das cobras", contou-me Felix. "O cara era meio esquisito, mas amava de verdade os animais."

O FBI tinha uma Unidade de Gerenciamento de Crises para situações envolvendo reféns. Quando as coisas ficavam complicadas, chamavam alguém como Felix.

Ele costumava compartilhar alguns conselhos com os agentes mais jovens — nunca tente se passar por alguém que não um policial; nunca recorra a manipulações ou ameaças; faça muitas perguntas; se alguém ficar emotivo, chore, ria, reclame ou comemore junto. Mas o que o tornava tão bom no que fazia, no fim das contas, era um tanto misterioso até para seus colegas.

Assim, em 2014, quando um grupo de psicólogos, sociólogos e outros pesquisadores foi encarregado pelo Departamento de Defesa de explorar novos métodos para ensinar persuasão e negociação a oficiais militares — basicamente, como treinar pessoas para se comunicarem melhor —, os cientistas procuraram Felix. Haviam ficado sabendo a seu respeito por intermédio de vários oficiais que, quando consultados sobre quem eram os melhores negociadores com quem já haviam trabalhado, repetidamente mencionaram seu nome.

Muitos dos pesquisadores esperavam que Felix fosse um homem alto e bem apessoado, de expressão calorosa, com um barítono profundo. Mas o sujeito que entrou na sala mais parecia um pai de meia-idade: bigode, cintura arredondada, voz suave e ligeiramente anasalada. Parecia ser uma pessoa... comum.

Felix me contou que, depois de fazerem as apresentações e conversarem sobre amenidades, um dos cientistas explicou a natureza do projeto e deu início à entrevista com uma questão aberta: "Você pode nos dizer o que pensa sobre comunicação?".

"Talvez fosse melhor se eu demonstrasse", respondeu Feliz. "Me conte uma de suas lembranças preferidas."

O cientista com quem Felix falava se apresentou como diretor de um importante laboratório. Supervisionava milhões de dólares em bolsas de pesquisa, bem como dezenas de pessoas. Não parecia do tipo acostumado a se entregar ociosamente a reminiscências no meio do dia.

O homem fez uma pausa. "Provavelmente, o casamento da minha filha", disse, enfim. "Minha família toda estava lá, e minha mãe morreu poucos meses depois."

Felix fez mais algumas perguntas, partilhando, às vezes, suas próprias lembranças. "Minha irmã se casou em 2010", disse ao cientista. "Ela já faleceu — de câncer, foi duro —, mas como estava linda naquele dia. É essa a lembrança que tenho dela."

A coisa continuou assim pelos 45 minutos seguintes. Felix fez perguntas também aos demais cientistas, ocasionalmente falando sobre si mesmo. Se alguém revelava algo pessoal, ele retribuía com alguma história de sua própria vida. Um cientista mencionou os problemas que andava tendo com a filha adolescente, e então Felix comentou sobre uma tia com quem não conseguia se entender, por mais que tentasse. Outro pesquisador perguntou sobre sua infância, e ele explicou que havia sido uma criança muito tímida —, mas espelhando-se no exemplo de seu pai, um vendedor (e do avô, um vigarista), aprendeu a se conectar com os outros.

Quando a entrevista estava terminando, uma professora de psicologia interveio: "Olha, me desculpe, isso tudo é ótimo, mas eu continuo sem ter a menor ideia do que você faz. Por que você acha que tanta gente recomendou seu nome para nós?".

"Boa pergunta", respondeu Felix. "Mas, antes de responder, deixa eu perguntar uma coisa: você comentou que era mãe solteira, e imagino que seja um tremendo malabarismo conciliar a maternidade com a carreira. Isso pode parecer meio estranho, mas eu gostaria de saber: o que você diria para alguém que está se divorciando?"

A mulher ficou em silêncio por algum tempo. "Acho que posso responder isso sem problema", afirmou. "Eu teria vários conselhos para dar. Quando me separei do meu marido..."

Felix a interrompeu delicadamente.

"Na verdade, eu não preciso saber a resposta", disse. "Mas perceba como, nesse ambiente de trabalho, com todos os seus colegas em volta, depois de menos de uma hora de conversa, você se dispõe a falar sobre uma das coisas mais íntimas da sua vida." Ele explicou que um motivo para ela se sentir tão à vontade provavelmente se devia à atmosfera que haviam criado juntos, ao fato de que ele havia escutado com atenção e feito perguntas que revelavam as vulnerabilidades dos participantes, de modo que todos haviam exposto detalhes significativos sobre si mesmos. Felix encorajou os pesquisadores a explicarem sua visão de mundo e demonstrou para eles que tinha escutado o que diziam. Sempre que alguém tocava em um ponto emocional – mesmo que não percebesse que estava expondo suas emoções –, ele retribuía expressando seus próprios sentimentos. Todas essas pequenas escolhas que fez, explicou, haviam criado uma atmosfera de confiança.

"É um conjunto de habilidades", afirmou aos cientistas. "Não tem mágica nenhuma." Em outras palavras, qualquer um pode aprender a ser um supercomunicador.

Para quem você ligaria em um dia ruim? Se houvesse arruinado um negócio no trabalho, tido uma briga conjugal ou estivesse frustrado e de saco cheio de tudo: com quem gostaria de conversar? Você deve conhecer alguém que o faria se sentir melhor, que poderia ajudá-lo a refletir sobre algum problema espinhoso, ou com quem compartilhar um momento de mágoa ou de alegria.

Agora, pergunte a si mesmo: trata-se da pessoa mais divertida que você conhece? (É provável que não, mas, se prestar mais atenção, talvez note que ela ri mais do que a maioria.) Seria a mais interessante ou a mais inteligente? (O mais provável é que, mesmo ela não dizendo nada particularmente sábio, *você* antecipe que vai se sentir mais inteligente depois de conversar com ela.) Entre todas as suas amizades, ela é a mais encantadora ou confiante? Que dá os melhores conselhos? (Muito provavelmente, a resposta é não para as três coisas – mas, quando você desliga o telefone, sente-se mais calmo, mais centrado e mais próximo de tomar a decisão certa.)

Então, como essa pessoa faz você se sentir tão bem?

Este livro tenta responder a essa pergunta. Nas duas últimas décadas surgiu um *corpus* de pesquisa que lança luz sobre o porquê de algumas conversas fluírem tão bem e outras serem tão sem graça. Suas descobertas podem nos ajudar a escutar com mais clareza e a falar com mais envolvimento. Sabemos que nosso cérebro evoluiu para almejar conexão: quando nos entendemos com alguém, as pupilas de ambos costumam se dilatar em conjunto; os batimentos pulsam num mesmo ritmo; sentimos as mesmas emoções e começamos a completar mentalmente as frases um do outro. Isso é conhecido como *sincronização neural* e é uma sensação maravilhosa. Às vezes, acontece sem que façamos ideia do motivo; apenas nos sentimos sortudos pela conversa correr tão bem. Em outras ocasiões, mesmo quando estamos desesperados por desenvolver uma ligação com alguém, fracassamos miseravelmente.

Para muita gente, as conversas podem às vezes parecer desorientadoras, estressantes e até mesmo aterrorizantes. "O maior problema da comunicação", disse o dramaturgo George Bernard Shaw, "é a ilusão de que já foi alcançada."[2] Mas os cientistas desvendaram muitos segredos de como conversas bem-sucedidas acontecem. Eles descobriram que a atenção à linguagem corporal, bem como à voz, nos ajuda a escutar melhor. Concluíram que *o que* perguntamos não é tão importante quanto *o modo* como perguntamos. Que parece ser mais proveitoso reconhecer as diferenças sociais do que fingir que elas não existem. Que toda discussão é influenciada pelas emoções, por mais racional que seja o tema discutido. Quando iniciamos um diálogo, é útil pensar na conversa como uma negociação na qual o prêmio é descobrir o que querem ambas as partes.

E, acima de tudo, o objetivo mais importante de qualquer conversa é a *conexão*.

Este livro nasceu, em parte, de minhas próprias falhas de comunicação. Há alguns anos, fui convidado para gerenciar um projeto relativamente complexo. Eu nunca havia sido gerente antes, mas já havia trabalhado para vários chefes. Além do mais, tinha um MBA chique da Harvard Business School e, como jornalista, me comunicar era minha profissão! Moleza, certo?

Muito pelo contrário. Até que me saía bem esboçando cronogramas e planejando logísticas. Mas, repetidas vezes, tive dificuldade em me conectar com as pessoas. Certo dia, colegas me procuraram para dizer que sentiam que suas sugestões estavam sendo ignoradas, que suas contribuições não eram reconhecidas. "É incrivelmente frustrante", queixaram-se.

Eu disse a eles que era todo ouvidos e comecei a sugerir possíveis soluções: e se passassem a conduzir as reuniões? Ou talvez pudéssemos formalizar um organograma, delineando claramente o dever de cada um. Ou então...

"Você não está escutando", interromperam. "Não precisamos de papéis mais demarcados. Precisamos melhorar o respeito mútuo." Queriam conversar sobre como as pessoas se tratavam, mas eu estava obcecado com ajustes práticos. Disseram-me que precisavam de empatia, mas, em vez de escutar, eu propus soluções.

A verdade é que uma dinâmica similar às vezes ocorria na minha vida pessoal. Eu saía de férias com minha família e ficava obcecado com alguma ideia — o quarto de hotel não correspondia ao prometido, alguém reclinou o assento no avião —, e minha esposa escutava e reagia dando alguma sugestão perfeitamente razoável: por que não se concentra nos aspectos positivos da viagem? Então eu me sentia contrariado porque ela não compreendia que eu estava pedindo seu apoio — me diga que tenho razão em ficar indignado! —, e não um conselho sensato. Às vezes meus filhos queriam conversar e eu, envolvido com o trabalho ou alguma outra distração, escutava apenas em parte o que diziam, até que fossem embora. Dava para perceber, em retrospecto, que eu estava falhando com as pessoas que eram mais importantes para mim, mas não sabia como remediar o problema. Ficava particularmente confuso com esses fracassos, porque, como escritor, a comunicação deveria ser *meu meio de vida*. Por que eu tinha dificuldade em escutar minha família e me conectar com ela?

Algo me dizia que eu não estava sozinho nessa confusão. Todo mundo fracassa de vez em quando em escutar os amigos e os colegas, em apreciar o que estão tentando dizer, em *escutar* o que dizem. E todo mundo já fracassou em falar de modo que possa ser compreendido.

Este livro é uma tentativa de explicar por que a comunicação falha e o que podemos fazer para melhorá-la. Em sua essência, ele se baseia em um punhado de ideias-chave.

A primeira é que muitas discussões são, na verdade, três conversas diferentes. Há as conversas práticas de tomada de decisão, em que o foco é *Do que realmente se trata?* Há as conversas emocionais, cuja pergunta está em *Como nos sentimos?* E há as conversas sociais, que exploram *Quem somos?* Em geral, passamos por essas três questões à medida que um diálogo se desenrola. Entretanto, se não estivermos no mesmo *tipo* de conversa com o interlocutor, no mesmo momento, é pouco provável que haja uma conexão.

Além do mais, cada tipo de conversa opera segundo sua própria lógica e exige seu próprio conjunto de habilidades, e, assim, para estabelecer uma boa comunicação, temos que saber detectar qual tipo de conversa está ocorrendo, além de compreender seu funcionamento.

As três conversas

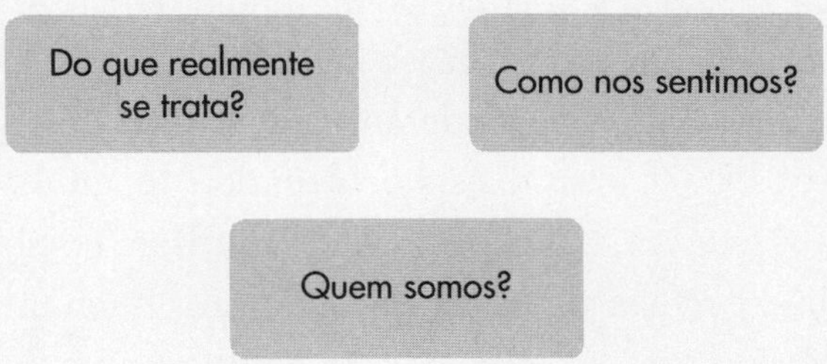

O que me traz à segunda ideia essencial deste livro: nosso objetivo, para as discussões mais significativas, deveria ser o de ter uma "conversa instrutiva". Especificamente, queremos entender como as pessoas a nossa volta enxergam o mundo e, em troca, ajudá-las a compreender nossas perspectivas.

A última grande ideia não é bem uma ideia, mas algo que aprendi: qualquer um pode se tornar um supercomunicador — e, na verdade, muitos de nós já somos, quando descobrimos como dar vazão a nossos instintos. Todos podemos aprender a escutar com mais clareza, a nos conectar em um nível mais profundo. Nas páginas que seguem, veremos como executivos da Netflix, os criadores de *The Big Bang Theory*, espiões e cirurgiões, psicólogos da Nasa e pesquisadores da covid-19 transformaram o modo como falam e escutam — e, assim, conseguiram se conectar com pessoas aparentemente distantes. E veremos como essas lições se aplicam às conversas do dia a dia: nossos bate-papos com colegas de trabalho, amigos, parceiros amorosos, filhos, o barista que nos serve o café e alguém que sempre cumprimentamos ao pegar o ônibus.

E isso é importante, porque aprender a ter conversas significativas é, em alguns aspectos, mais urgente do que nunca. Não é segredo nenhum que o mundo está cada vez mais polarizado, que penamos para escutar e sermos escutados. Mas se aprendermos a sentar para conversar, a dar ouvidos uns aos outros e, ainda que sejamos incapazes de resolver todas as discordâncias, encontrar maneiras de ouvir e dizer o que é necessário, podemos coexistir e prosperar.

Cada conversa significativa é composta de incontáveis pequenas escolhas. Há momentos fugidios em que a pergunta certa, uma admissão de vulnerabilidade ou uma palavra solidária podem mudar o diálogo por completo. Uma risada silenciosa, um suspiro quase inaudível, um sorriso solidário num momento de tensão: alguns aprenderam a identificar tais oportunidades, a detectar que tipo de discussão está ocorrendo, a compreender o que os outros realmente querem. Essas pessoas descobriram como escutar o que fica subentendido e a falar de modo que os outros queiram ouvir.

Este é um livro, portanto, que explora como nos comunicamos e nos conectamos. Porque a conversa certa, no momento certo, pode mudar tudo.

OS TRÊS TIPOS DE CONVERSA

UM PANORAMA

As conversas são o ar que respiramos em conjunto. Ao longo do dia, conversamos com familiares, amigos, estranhos, colegas de trabalho e, às vezes, até com animais de estimação. Nos comunicamos por mensagens de texto, e-mail, postagens na internet e redes sociais. Falamos por meio de teclados e aplicativos de voz, por cartas escritas à mão e, ocasionalmente, com grunhidos, sorrisos, caretas e suspiros.

Apesar disso, nem todas as conversas são iguais. Quando uma discussão é significativa, a sensação pode ser maravilhosa, como se alguma coisa importante tivesse sido revelada. "No fim das contas, o vínculo de todo companheirismo, seja no casamento, seja na amizade, é a conversa", escreveu Oscar Wilde.

Mas conversas significativas, quando *não* vão bem, podem ser horríveis. São frustrantes, decepcionantes, uma oportunidade perdida. Podemos sair delas nos sentindo confusos, chateados, em dúvida se alguém entendeu alguma coisa do que foi dito.

O que faz a diferença?

Como o próximo capítulo explica, nosso cérebro evoluiu para ansiar por conexão. No entanto, obter um alinhamento consistente com os outros exige compreender como a comunicação funciona — e, mais importante, reconhecer que precisamos estar envolvidos no mesmo *tipo* de conversa, ao mesmo tempo, se quisermos nos conectar.

Os supercomunicadores não nasceram com habilidades especiais, mas refletiram mais profundamente sobre como as conversas se desenrolam, por que umas são bem-sucedidas e outras fracassam, a quantidade quase infinita de escolhas capaz de aproximar ou afastar os interlocutores. Quando aprendemos a reconhecer essas oportunidades, passamos a falar e escutar de novas maneiras.

1. O princípio da combinação

Como fracassar em recrutar espiões

Jim Lawler tinha de admitir que era péssimo em recrutar espiões. Tão ruim, na verdade, que passava quase todas as noites preocupado em ser demitido do único trabalho de que já havia gostado, um emprego obtido dois anos antes como agente de recrutamento para a CIA.[1]

O ano era 1982, e Lawler estava com trinta anos. Ele entrou para a CIA após terminar a faculdade de direito na Universidade do Texas, onde se formou com notas medíocres, e passar por uma série de empregos enfadonhos. Um dia, sem saber o que fazer da vida, resolveu ligar para um recrutador da CIA que havia conhecido na universidade. Uma entrevista de emprego veio em seguida, depois um teste de polígrafo, depois mais uma dezena de entrevistas em diversas cidades e, então, uma série de provas que pareciam destinadas a descobrir tudo o que Lawler *não* sabia. (*Quem*, ele se perguntou, *sabe de cor os campeões mundiais de rúgbi da década de 1960?*)

Finalmente, chegou à última entrevista. As perspectivas não pareciam lá essas coisas. Seu desempenho nas provas havia sido entre fraco e mediano. Não tinha experiência alguma no exterior, não falava outras línguas, não havia passado pelo serviço militar nem possuía habilidades especiais. Porém, observou o entrevistador, Lawler viajou a Washington para essa entrevista com dinheiro do próprio bolso; persistiu em fazer todas as provas, mesmo quando ficou claro que não tinha a menor ideia de como responder à maioria das perguntas; reagiu a todos os contratempos com o que parecia ser um otimismo admirável, por mais equivocado que pudesse ser.

Por que, perguntou o sujeito, queria tanto entrar para a CIA?

"Sempre quis fazer algo importante na vida", respondeu Lawler. Ele queria servir ao seu país e "levar a democracia a nações que anseiam por liberdade". Assim que pronunciou tais palavras, percebeu como soavam ridículas. Quem diz *anseio* numa entrevista? Então fez uma pausa, respirou fundo e falou a coisa mais honesta em que pôde pensar: "Minha vida é vazia", disse ao entrevistador. "Quero fazer parte de algo significativo."

Uma semana depois, a agência ligou para lhe oferecer um emprego. Ele aceitou na mesma hora e se apresentou ao Camp Peary — The Farm [A Fazenda], como era conhecido o centro de treinamento da CIA em Virgínia —, para aprender a abrir fechaduras, passar mensagens secretas e fazer vigilância clandestina.

No entanto, o aspecto mais surpreendente do currículo da The Farm era a ênfase dada pela agência à arte da conversação. Em seu período ali, Lawler descobriu que trabalhar para a CIA era essencialmente um serviço de comunicação. As atribuições cotidianas de um agente não eram se esgueirar nas sombras ou sussurrar em estacionamentos, e sim conversar com pessoas em festas, fazer amizades em embaixadas, estabelecer relações com autoridades estrangeiras na esperança de um dia conseguir obter alguma informação crucial de inteligência durante um bate-papo ocasional. A comunicação é tão importante que um resumo dos métodos de treinamento da CIA destacava isso: "Encontre maneiras de se conectar às pessoas. O objetivo de um agente deve ser fazer o potencial recrutado acreditar — com bons motivos, assim esperamos — que o agente é uma das poucas pessoas, senão a ÚNICA, que realmente o compreende".[2]

Lawler concluiu a escola de espiões com distinção e foi enviado à Europa. Sua missão era estabelecer uma ligação com burocratas estrangeiros, fazer amizade com e cultivar outras fontes eventualmente dispostas a ter conversas francas — e, com isso, esperavam seus chefes, abrir canais de discussões capazes de deixar alguns assuntos mundiais um pouco mais administráveis.

* * *

Os primeiros meses de Lawler no exterior foram deprimentes. Ele fez o melhor que pôde para se socializar. Frequentou festas de gala e bares próximos a embaixadas. Nada funcionou. Repetidas vezes convidou um funcionário de uma delegação chinesa que conheceu após esquiar para almoços e coquetéis. Um dia, Lawler reuniu coragem para perguntar se o novo amigo, por um acaso, não estaria interessado em ganhar um dinheiro extra passando informações que escutava em sua embaixada. O homem respondeu que sua família era bem rica, muito obrigado, e que seus chefes costumavam executar as pessoas por coisas assim. Não estava interessado.

Depois, houve uma recepcionista do consulado soviético que parecia promissora, até um dos superiores de Lawler o chamar para uma conversa na qual explicou que ela, na verdade, trabalhava para a KGB e *ele* era quem estava sendo recrutado.

No fim, surgiu uma oportunidade para salvar sua carreira: um colega da CIA comentou sobre Yasmin, uma jovem do Oriente Médio que trabalhava no Ministério das Relações Exteriores de seu país. Ela estava de férias, hospedada na casa de um irmão que havia se mudado para a Europa. Dias depois, Lawler deu um jeito de encontrá-la "casualmente" em um restaurante, apresentando-se como um especulador de petróleo. Quando começaram a conversar, Yasmin mencionou que seu irmão vivia ocupado e nunca tinha tempo de sair com ela. Parecia solitária.

Lawler a convidou para almoçar no dia seguinte e lhe perguntou sobre sua vida. Ela gostava de seu trabalho? Era difícil viver em um país que recentemente tinha passado por uma revolução conservadora? Yasmin confessou odiar os radicais religiosos que haviam assumido o poder. Sonhava em ir embora para viver em Paris ou Nova York, mas, para isso, precisava de dinheiro, e tinha levado meses economizando só para fazer essa pequena viagem.

Percebendo uma abertura, Lawler mencionou que sua companhia petrolífera estava à procura de um consultor. Era um trabalho de meio período, algo que poderia fazer sem deixar seu emprego no Ministério. E ele poderia oferecer um bônus de assinatura. "Pedimos champanhe e achei que ela fosse chorar, de tão feliz", disse-me ele.

Após o almoço, Lawler voltou correndo ao escritório para contar a seu chefe. Finalmente recrutara alguém, sua primeira espiã! "E o homem disse: 'Parabéns. O quartel-general vai adorar ouvir isso. Agora precisa contar para ela que você é da CIA e vai querer informações sobre o governo'." Lawler achou a ideia péssima. Se fosse franco com Yasmin, ela nunca mais falaria com ele.

Mas seu chefe explicou que era injusto não ser franco ao pedir a alguém para colaborar com a CIA. Se o governo de Yasmin descobrisse, ela seria presa, possivelmente assassinada. Ela precisava compreender os riscos.

Assim, Lawler continuou a se encontrar com Yasmin, e procurou o momento certo para contar sobre seu verdadeiro empregador. À medida que passavam mais tempo juntos, ela foi sendo cada vez mais sincera. Disse que sentia vergonha de seu governo por fecharem jornais e acabarem com a liberdade de expressão, e desprezava os burocratas que proibiram mulheres de estudar certos assuntos na faculdade e obrigaram-nas a usar *hijab* em público. Quando se candidatou a um emprego no governo, disse, não imaginou que as coisas pudessem ficar tão ruins.

Lawler interpretou isso como uma deixa. Certa noite, durante o jantar, explicou-lhe que não era nenhum especulador de petróleo, e sim um agente da inteligência americana. Afirmou que os Estados Unidos queriam a mesma coisa que ela: minar a teocracia do país, enfraquecer seus líderes, acabar com a repressão de mulheres. Desculpou-se por mentir sobre sua identidade, mas a oferta de emprego era real. O que acharia de trabalhar para a CIA?

"Conforme eu falava, observei seus olhos ficando cada vez mais arregalados, e ela começou a agarrar a toalha de mesa e a balançar a cabeça, dizendo 'não, não, não', e quando finalmente fiquei em silêncio, começou a chorar, e percebi que me estrepara", contou-me Lawler. "Ela disse que matavam as pessoas por isso e que não poderia me ajudar de jeito nenhum." Nada que dissesse seria capaz de convencê-la a considerar a ideia. "Tudo que queria era ficar longe de mim."

Lawler voltou a procurar seu chefe com as más notícias. "E ele disse: 'Já contei para todo mundo que você a recrutou! Contei para o chefe da divisão e para o chefe da estação, e eles contaram para Washington. Agora quer que eu fale para eles que você não conseguiu levar até o fim?'."

Ele não fazia ideia de como proceder. "Não havia dinheiro ou promessas no mundo que pudessem convencê-la a correr tal risco suicida", contou-me. Sua única chance era convencer Yasmin de que podia confiar nele, de que a compreendia e a protegeria. Mas como fazer isso? "Aprendi na The Farm que para recrutar alguém é necessário convencer a pessoa de que você se importa com ela, o que significa que deve se importar *de verdade*, e para isso você precisa se conectar a ela de alguma forma. E eu não tinha ideia de como fazer isso."

Como criar uma conexão genuína com outra pessoa? Como convencer alguém, por meio de uma conversa, a correr um risco, embarcar numa aventura, aceitar um trabalho, marcar um encontro romântico?

Vamos diminuir um pouco as expectativas. E se quisermos apenas nos aproximar de nosso chefe ou fazer uma nova amizade: como fazê-los baixar a guarda? Como mostrar que sabemos escutá-los?

Nas últimas décadas, à medida que novos métodos de estudo do comportamento e do cérebro humanos surgiram, questões como essas têm levado os pesquisadores a examinar praticamente todos os aspectos da comunicação. Os cientistas testaram como a mente absorve informações e descobriram que a conexão com outros por meio da fala é não só mais poderosa como também mais complicada do que pensávamos. O *modo* como nos comunicamos — as decisões inconscientes que tomamos ao falar e escutar, as perguntas que fazemos e as vulnerabilidades que expomos, até mesmo nosso tom de voz — pode influenciar em quem confiamos, quem nos persuade e quem procuramos como amigos.

Além dessa descoberta, muitas pesquisas mostram[3] que, no cerne de toda conversa, há um potencial para a sincronização neurológica, um alinhamento de corpos e mentes — desde a aceleração de nossa respiração aos arrepios em nossa pele — que dificilmente percebemos, mas que influencia o modo como falamos, escutamos e pensamos. Algumas pessoas quase nunca conseguem se sincronizar com os outros, mesmo conversando com amigos íntimos. Outros — aqui chamados de *supercomunicadores* — parecem entrar facilmente em sincronia com praticamente qualquer um.

A maioria se situa no meio de uma coisa e outra. Mas podemos aprender a nos conectar de forma mais significativa se compreendermos como as conversas funcionam.

Para Jim Lawler, porém, o caminho em estabelecer uma conexão com Yasmin não parecia claro. "Eu sabia que tinha, no máximo, mais uma chance de falar com ela", contou-me. "Precisava encontrar uma maneira de fazer essa ponte."

CÉREBROS CONECTADOS

Quando Beau Sievers começou a trabalhar no Laboratório de Sistemas Sociais de Dartmouth, em 2012, continuava com a aparência do músico que tinha sido alguns anos antes. Certos dias, ao acordar, já saía correndo para o laboratório, com o cabelo loiro desgrenhado, vestindo uma camiseta surrada de algum festival de jazz, passando pelos seguranças do campus que ficavam em dúvida se seria um estudante de doutorado ou um cara que vendia maconha para os alunos.

O caminho de Sievers para chegar à Ivy League havia sido tortuoso. Entrou para um conservatório, onde estudou bateria e produção musical, deixando de lado qualquer outra coisa. Mas logo começou a suspeitar que, não importava o quanto estudasse, jamais alcançaria o status restrito dos bateristas que vivem de música. Assim, começou a contemplar outras carreiras. Sempre havia sido fascinado pelo modo como as pessoas se comunicavam. Em particular, adorava os diálogos musicais não verbais que às vezes ocorriam em um palco. Havia esses momentos em que improvisava com os demais músicos e de repente todo mundo entrava em sintonia, como se compartilhassem um mesmo cérebro. Parecia que os músicos — assim como o público, o sujeito na mesa de som e até o atendente no balcão do bar — estavam todos sincronizados. Às vezes ele sentia a mesma coisa numa conversa tarde da noite ou em um encontro promissor. Assim, matriculou-se em algumas aulas de psicologia e, depois, inscreveu-se em um programa de ph.D. com a dra. Thalia Wheatley, uma das principais neurocientistas que pesquisam como os seres humanos se conectam uns com os outros.

"Por que entramos em sintonia com uns, mas não com outros, é um dos maiores mistérios não resolvidos da ciência", escreveu Wheatley na revista *Social and Personality Psychology Compass*.[4] Quando nos alinhamos a alguém numa conversa, explicou ela, é uma sensação maravilhosa, em parte porque o cérebro evoluiu para ansiar por esse tipo de conexão. O desejo de se conectar motiva as pessoas a formar comunidades, proteger os filhos, buscar novas amizades e alianças. É uma das razões para a sobrevivência da nossa espécie. "Os seres humanos possuem a rara capacidade de se conectar entre si contra todas as expectativas", escreveu.[5]

Diversos outros pesquisadores também têm se fascinado pelo modo como criamos conexões. Quando Sievers começou a ler artigos científicos, descobriu que, em 2012, cientistas do Instituto Max Planck para o Desenvolvimento Humano, na Alemanha, haviam estudado o cérebro de violonistas executando a Sonata em Ré Maior de Scheidler.[6] Quando os músicos tocavam violão separadamente, cada um concentrado na própria partitura, a atividade neural parecia diferente. Mas quando passavam ao dueto, os pulsos elétricos em seus crânios começavam a sincronizar. Para os pesquisadores, era como se a mente dos músicos houvesse se fundido. Além do mais, essa ligação muitas vezes fluía por seus corpos: começavam a respirar em ritmo parecido, as pupilas dilatavam juntas, os corações batiam em um padrão similar. Frequentemente, até os pulsos elétricos na pele de ambos se sincronizavam.[7] Depois, quando paravam de tocar ao mesmo tempo — conforme suas partituras divergiam para um solo —, a "sincronização intercerebral desaparecia por completo", escreveram os cientistas.

Sievers encontrou outros estudos mostrando que esse mesmo fenômeno ocorria quando pessoas cantarolavam juntas, tamborilavam simultaneamente com os dedos, cooperavam na resolução de quebra-cabeças ou contavam histórias entre si.[8] Em um experimento, pesquisadores de Princeton mediram a atividade neural de uma dúzia de participantes escutando uma jovem narrar uma história longa e enrolada sobre sua noite de formatura.[9] Monitorando o cérebro de todos os indivíduos, constataram que a mente dos ouvintes entrou em sincronia com a da narradora, até chegar a um ponto em que manifestavam simultaneamente os mesmos sentimentos de estresse, desconforto, alegria e bom humor, como se narrassem a história juntos.

Além disso, alguns ouvintes ficaram particularmente mais sincronizados com a narradora; seus cérebros pareciam se comportar quase precisamente como o dela. Quando questionados posteriormente, esses participantes mais alinhados foram capazes de distinguir os personagens da história com mais clareza e lembrar detalhes mais precisos. Quanto mais sincronizados estavam seus cérebros, melhor as pessoas compreendiam o que havia sido falado. O "grau de acoplamento neural entre falante-ouvinte prevê o sucesso da comunicação", escreveram os cientistas em *The Proceedings of the National Academy of Sciences*, em 2010.[10]

SUPERCOMUNICADORES

Esses e outros estudos evidenciam uma verdade fundamental: para haver comunicação, precisamos nos conectar às pessoas.[11] Quando absorvemos o que alguém diz, e somos compreendidos pelo que dizemos, é porque nossos cérebros até certo ponto se alinharam. Nesse momento, os corpos — batimentos cardíacos, expressões faciais, emoções, arrepios na nuca e nos braços — muitas vezes também começam a se sincronizar.[12] Alguma coisa na simultaneidade neural nos ajuda a escutar com mais atenção e a falar com mais clareza.[13]

Às vezes, tal conexão se dá apenas entre duas pessoas; outras vezes, dentro de um pequeno grupo ou entre um público mais amplo. Mas, sempre que ocorre, nossos cérebros e corpos assumem um padrão parecido porque, na linguagem dos neurocientistas, entramos em *sincronização neural*.

Estudos sobre a sincronização concluíram que certos indivíduos são particularmente hábeis nisso, revelando-se regularmente capazes de estabelecer uma conexão.

Embora cientistas como Sievers não chamem tais pessoas de supercomunicadores — eles preferem termos como *participante de alta centralidade* ou *fornecedor de informação essencial* —, ele sabia que tipo de pessoas eram: aquele amigo que todos procuram para pedir um conselho; indivíduos escolhidos para posições de liderança; colegas de trabalho que, todo mundo concordava, deixam qualquer conversa mais divertida. Sievers já

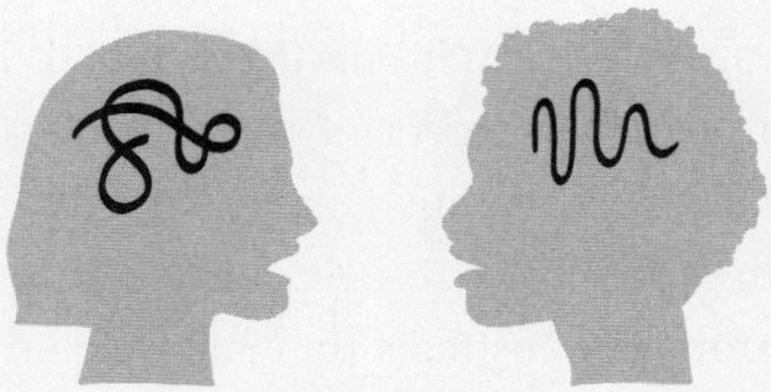

Quando não ocorre alinhamento neural, temos dificuldade em nos comunicar.

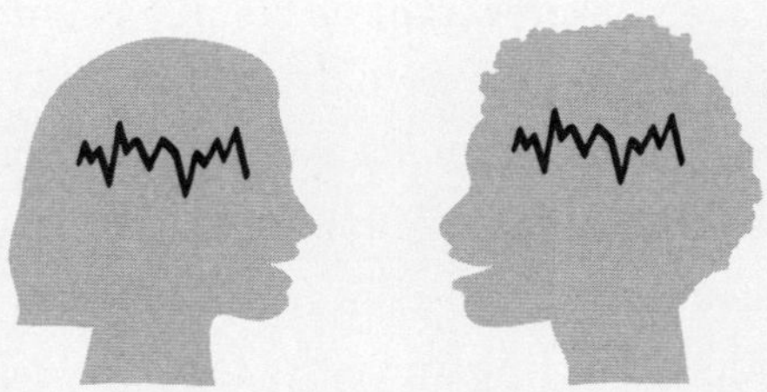

Mas quando entramos mentalmente em sintonia, adquirimos uma melhor compreensão mútua.

havia dividido o palco com supercomunicadores, os encontrado em festas, votado neles. Ele próprio, em algumas ocasiões, alcançou momentos de supercomunicação, em geral, sem compreender exatamente como.[14]

Nenhum dos estudos lidos por Sievers, porém, parecia explicar por que alguns eram melhores em sincronização do que outros. Assim, ele decidiu realizar um experimento para tentar descobrir.[15]

Para começar, Sievers e seus colegas reuniram dezenas de voluntários e lhes pediram para assistir a uma série de trechos de filmes concebidos para serem de difícil compreensão.[16] Alguns, por exemplo, eram estrangeiros. Outros eram breves cenas do meio de algum filme, completamente descontextualizadas. Para dificultar ainda mais, os pesquisadores removeram o áudio e as legendas, então o que os participantes viam eram cenas confusas e silenciosas: um homem calvo e furioso tendo uma conversa tensa com um sujeito loiro e corpulento. Amigos ou inimigos? Em outra cena, um caubói toma banho sendo observado por um sujeito junto à porta. Um irmão? Um amante?

O cérebro dos voluntários foi monitorado assistindo a esses clipes, e os pesquisadores observaram como cada um reagia de forma ligeiramente diferente. Alguns ficavam confusos. Outros achavam engraçado. Mas não havia duas neuroimagens iguais.

Então, cada participante foi designado a um pequeno grupo e instruído a responder algumas perguntas junto com os demais: "O calvo está com raiva do loiro?"; "O homem na porta sente atração sexual pelo que está tomando banho?".

Após os grupos passarem uma hora discutindo as respostas, voltaram a ser monitorados por neuroimagem e a assistir aos trechos.

Dessa vez, os pesquisadores notaram que os impulsos neurais dos participantes haviam se sincronizado com os de seus parceiros de grupo. A conversa — debatendo o que tinham visto, discutindo questões de enredo — levou seus cérebros a se alinhar.

Quando as pessoas fazem coisas como assistir a um filme separadamente, pensam diferente.

Mas, quando começam a conversar, seus pensamentos se alinham.

Mas houve uma segunda descoberta, ainda mais interessante: alguns grupos haviam ficado *bem* mais sincronizados que outros. O cérebro desses participantes parecia extraordinariamente semelhante no segundo exame de imagem, como se tivessem todos concordado em pensar precisamente da mesma forma.

Sievers suspeitou que esses grupos incluíam alguém especial, o tipo de pessoa que facilitava o alinhamento geral. Mas quem eram eles? Sua primeira hipótese foi que ter um líder forte deixava a sincronização mais fácil. E, de fato, em alguns grupos, havia quem assumisse a liderança desde o início. "Acho que vai ter um final feliz", afirmou uma dessas pessoas, conhecida como Participante 4, do Grupo D, a seus colegas, referindo-se à cena de uma criança que parecia à procura dos pais. O Participante 4 era comunicativo e direto. Designou papéis aos demais membros e atribuiu uma tarefa a cada um. Será que o Participante 4, além de ser um líder, não era também um supercomunicador?

Mas quando Sievers examinou os dados, descobriu que ter um líder forte não ajudava as pessoas a se alinharem. Na verdade, os grupos com um líder dominante apresentaram a *menor* quantidade de sincronia neural. O Participante 4 dificultou a sincronização de seus colegas. Quando monopolizava a conversa, provocava o isolamento de todos os demais em seus diferentes pensamentos.[17]

Na verdade, os grupos com maior sincronia tinham um ou dois membros que se comportavam bem diferente do Participante 4. Essas pessoas tendiam a falar menos do que líderes dominantes e, quando diziam alguma coisa, era geralmente em tom de pergunta. Eles citavam as ideias dos demais e admitiam rapidamente sua própria confusão, ou faziam pouco de si mesmos. Encorajavam os parceiros de grupo ("Ótima sacada! E o que mais você está pensando?") e riam de suas piadas. Não se destacavam particularmente como falantes ou inteligentes, mas, quando diziam algo, todos escutavam atentamente. E, de algum modo, facilitavam que os demais se pronunciassem. Faziam a conversa fluir. Sievers começou a se referir a essas pessoas como *participantes de alta centralidade*.[18]

Aqui estão, por exemplo, dois participantes de alta centralidade discutindo aquela cena da banheira, que traz os atores Brad Pitt e Casey Affleck:

Participante de alta centralidade 1: O que está rolando nessa cena?*

Participante de alta centralidade 2: Não faço ideia. Fiquei boiando. [*Risadas*.]

Participante 3: Casey está observando Brad na banheira. Considerando como não tira os olhos dele, acho que sente atração por Brad. [*Risada do grupo*.] A recíproca não é verdadeira.

Participante de alta centralidade 2: Ah, boa! Não sei o que "recíproca" quer dizer, mas pode crer!

Participante 3: Tipo, amor não correspondido.

Participante de alta centralidade 2: Ah, ok, pode crer.

Participante de alta centralidade 1: O que vocês acham que vai acontecer na cena seguinte?

Participante 3: Minha impressão é que vão roubar um banco. [*Risadas*.]

Participante de alta centralidade 1: Gostei disso! Gostei disso!

Participante de alta centralidade 2: Pode crer. Eu estava esperando alguma outra epifania. [*Risadas*.]

Participantes de alta centralidade tendiam a fazer *de dez a vinte vezes* mais perguntas que os demais. Quando um grupo empacava, providenciavam uma mudança de assunto ou interrompiam o silêncio constrangedor com uma piada.

Mas a diferença mais importante entre os participantes de alta centralidade e os demais era que eles ajustavam com frequência *o modo* como se comunicavam a fim de se combinar com seus parceiros de grupo, refletindo sutilmente as mudanças de humor e a atitude das outras pessoas.[19] Quando alguém fazia um ar sério, ajustavam-se à sua seriedade. Quando a discussão tomava um rumo mais leve, eram os primeiros a entrar na brincadeira. Mudavam de ideia frequentemente e se deixavam persuadir pelos colegas.

Em uma conversa, quando um participante sugeriu uma ideia inesperadamente séria — de que o personagem em um clipe fora abandonado, seu

* Como a transcrição dessa conversa é cheia de apartes e vozes sobrepostas, simplifiquei o diálogo em prol da brevidade e da clareza. Removi hesitações, ruídos como "hum", digressões e conversas sem relação com o assunto discutido. Não alterei o significado de nada que foi dito, tampouco pus palavras na boca de alguém. Ao longo de todo o livro, sempre que uma transcrição literal for editada dessa maneira, estará mencionado nas notas de fim.

tom de voz dando a entender que talvez falasse por experiência própria —, o participante de alta centralidade imediatamente equiparou seu tom de voz:

Participante 2: Como você acha que esse filme termina?[20]
Participante 6: Não acho que vai ter um final feliz.
Participante de alta centralidade: Você acha que não tem final feliz?
Participante 6: Acho que não.
Participante de alta centralidade: Por que não?
Participante 6: Sei lá. Pra mim esse filme pareceu mais deprimente do que...
[*Silêncio.*]
...
Participante de alta centralidade: Como ele vai terminar?
...
Participante 6: Pode ser que o sobrinho e os pais vão morrer ou qualquer coisa assim, e eles...
Participante 3: Ele acaba de ser abandonado.
Participante de alta centralidade: Isso, foi abandonado nessa noite. Isso.

Momentos após o início desse diálogo, o grupo todo ficou sério e começou a discutir como era a sensação de abandono, dando espaço para que o Participante 6 comentasse suas emoções e experiências. O participante de alta centralidade assumiu o ar grave do Participante 6, levando os demais a fazer o mesmo.

Participantes de alta centralidade, escreveram Sievers e seus coautores nos resultados, tinham maior "tendência a adaptar sua atividade cerebral à do grupo" e "desempenhavam um papel desproporcional em gerar alinhamento ao facilitar a conversa".[21] Mas não se restringiam a meramente espelhar os demais — antes, exerciam uma calma liderança sobre eles, estimulando todos a escutar ou a se explicar com mais clareza. Igualavam os estilos de conversação dos colegas de grupo, abrindo espaço para a seriedade ou as risadas, e convidavam os outros a retribuir fazendo o mesmo. E exerciam uma enorme influência em como as pessoas terminavam respondendo às perguntas recebidas. Na verdade, o ponto de vista endossado pelos participantes de alta centralidade em geral se tornava o consenso do grupo. Mas essa influência era quase invisível. Quando posteriormente indagadas, poucas pessoas se deram conta de como os participantes de alta centralidade haviam influenciado suas escolhas. Nem todo grupo tinha um membro com essas características, mas os que tinham pareceram mais unidos ao final e suas neuroimagens se mostraram mais alinhadas.

Quando Sievers examinou a história de vida dos participantes de alta centralidade, descobriu que eram incomuns também em outros aspectos. Tinham redes sociais muito maiores que uma pessoa comum e maior probabilidade de serem eleitos para posições de autoridade ou ver o poder ser confiado a suas mãos. Outras pessoas recorriam a eles quando precisavam discutir algo sério ou pedir um conselho.[22] "E faz sentido", disse-me Sievers. "Porque se você for o tipo de pessoa fácil de conversar, muita gente vai querer conversar com você."

Em outras palavras, os participantes de alta centralidade eram supercomunicadores.

TRÊS MINDSETS

Assim, para nos tornarmos supercomunicadores, tudo que precisamos fazer é escutar com atenção tanto o que é dito como as entrelinhas, fazer as perguntas certas, reconhecer e espelhar o estado de espírito dos demais e permitir que nossos próprios sentimentos sejam facilmente percebidos pelos outros.

Simples, não é?

Bem, claro que não. Cada uma dessas coisas é difícil por si só. Juntas, podem ser quase impossíveis.

Para compreender como supercomunicadores fazem o que fazem, vale a pena explorar o que acontece em nosso cérebro quando participamos de uma conversa. Pesquisadores têm estudado como nossa mente funciona ao longo de diferentes tipos de discussão e descobriram que várias redes neurais e estruturas cerebrais ficam ativas durante diferentes tipos de diálogo. Simplificando muito, há três *tipos* de conversa que dominam a maioria das discussões.

As três conversas

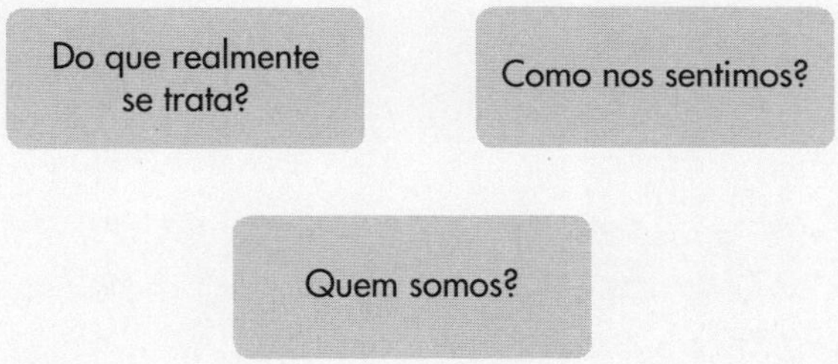

Essas três conversas — que correspondem à conversa prática do processo decisório, à conversa emocional e à conversa sobre identidade — podem ser mais bem captadas por estas três perguntas: *Do que realmente se trata?*, *Como nos sentimos?* e *Quem somos?*. Cada uma dessas conversas, como veremos, baseia-se em um diferente tipo de mindset e processamento mental. Quando temos uma conversa sobre, digamos, uma escolha — *Do que realmente se trata?* —, estamos ativando partes do cérebro diferentes das que são ativadas quando discutimos nossos sentimentos — *Como nos sentimos?* —, e se nossa mente não se alinha com o cérebro dos nossos parceiros de conversa, ficamos todos com a sensação de que ninguém compreendeu muito bem o que foi discutido.[23]

O primeiro mindset — o *de tomada de decisão* — está associada à conversa *Do que realmente se trata?* e é ativado sempre que pensamos sobre questões práticas, como fazer escolhas ou analisar planos. Quando alguém diz "Como ajudar o Sam na escola?", a rede de controle frontal do cérebro, centro de comando de nossos pensamentos e ações, é ativada. Temos de tomar uma série de decisões, muitas vezes subconscientemente, para avaliar as palavras que escutamos, mas também para considerar quais motivos ou desejos podem espreitar sob a superfície. "Esta discussão é séria ou de brincadeira?", "Devo propor uma solução ou apenas escutar?" A conversa *Do que realmente se trata?* é parte integrante de pensar sobre o futuro, negociar opções, discutir conceitos intelectuais e determinar o que *queremos* discutir, nossos objetivos para a conversa e *como* devemos discuti-los.

As três conversas

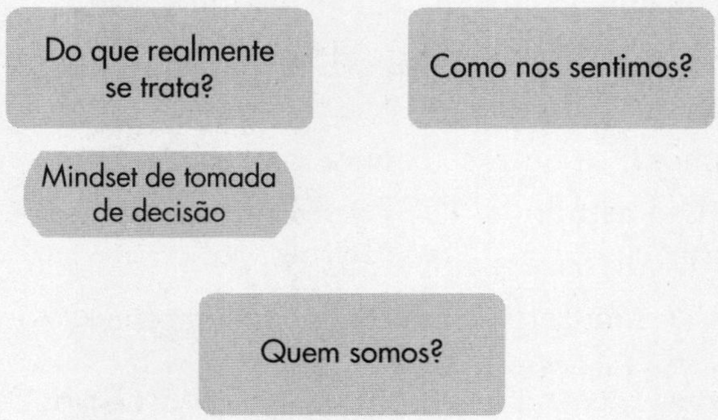

O segundo mindset — o *emocional* — emerge quando discutimos *Como nos sentimos?* e envolve estruturas neurais — o núcleo accumbens, a amígdala e o hipocampo, entre outras — que ajudam a moldar nossas crenças, emoções e memórias. Quando contamos uma história engraçada ou temos uma briga conjugal, somos dominados pelo orgulho ou pela tristeza durante uma conversa, é o mindset emocional em ação. Quando um amigo se queixa conosco sobre seu chefe, e percebemos que busca nossa empatia, não nossos conselhos, é porque estamos sintonizados em *Como nos sentimos?*.[24]

As três conversas

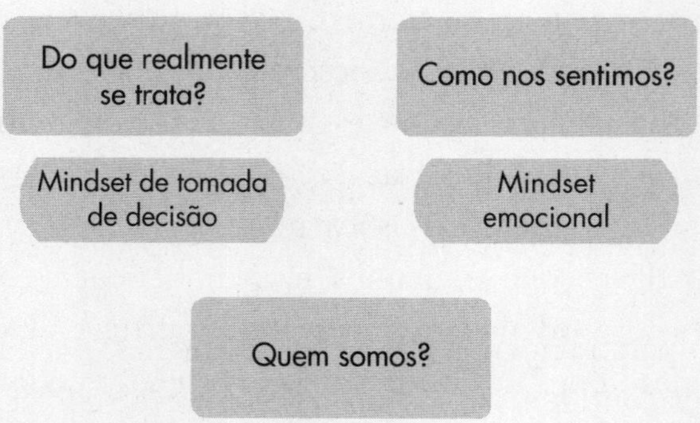

O terceiro mindset conversacional — o *social* — ocorre quando discutimos nossos relacionamentos, nossas identidades sociais, como somos vistos pelos outros e como nos vemos. São as discussões *Quem somos?*. Quando fofocamos sobre política, por exemplo, ou descobrimos alguém que conhecemos em comum, ou explicamos como nossa religião ou história familiar — ou qualquer outro marcador de identidade — nos influencia, estamos usando a rede do cérebro de modo padrão, que desempenha um papel em como pensamos "sobre os outros, nós mesmos e a relação entre nós mesmos e os outros", como escreveu o neurocientista Matthew Lieberman.[25] Um estudo de 1997 publicado na revista *Human Nature* revelou que 70% de nossas conversas são de natureza social.[26] Durante esses diálogos, o mindset social molda constantemente a maneira como escutamos e o que falamos.

As três conversas

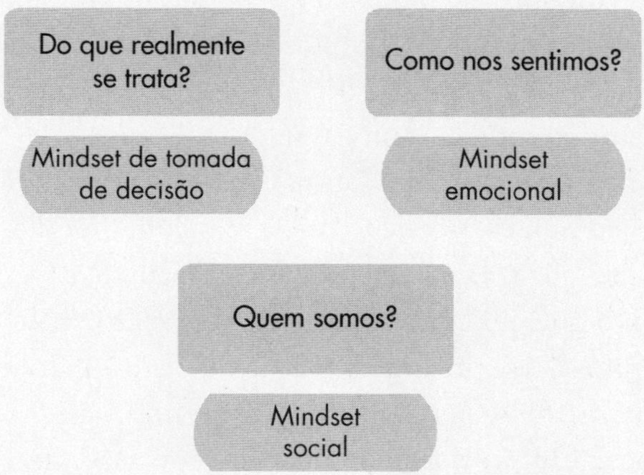

Cada uma dessas conversas — e cada mindset — está, sem dúvida, profundamente entrelaçada às demais. Muitas vezes, usamos as três num único diálogo. O importante é compreender que esses mindsets podem mudar conforme a conversa transcorre. Por exemplo, começando com um amigo pedindo ajuda para raciocinar sobre um problema (*Do que realmente se trata?*) e depois confidenciando que se sente estressado (*Como nos sentimos?*) antes de se mostrar preocupado em saber como os outros reagirão ao ficarem sabendo do problema (*Quem somos?*).

Se pudéssemos enxergar o interior do crânio de nosso amigo durante essa conversa, veríamos — estou simplificando muito aqui — o mindset de tomada de decisão sendo dominante no começo, depois o emocional assumindo a primazia e, finalmente, o mindset social afirmando sua influência.[27]

A falha de comunicação ocorre quando as pessoas têm diferentes *tipos* de conversa. Se você fala emocionalmente enquanto eu converso de modo pragmático, estamos, em essência, usando diferentes linguagens cognitivas. (Isso explica por que, quando nos queixamos sobre nosso chefe — "O Jim está me deixando louco!" — e nosso cônjuge reage com uma sugestão prática — "Por que você não convida ele para almoçar?" —, isso tende a gerar antes conflito que conexão: "Não estou pedindo para você me arrumar uma solução! Só espero um pouco de empatia".)

Os supercomunicadores sabem como evocar a sincronização encorajando as pessoas a combinar o modo como estão se comunicando. Psicólogos que estudam o casamento, por exemplo, descobriram que os cônjuges mais felizes espelham o estilo de falar do outro.[28] "O mecanismo subjacente que mantém a proximidade num casamento é a simetria", escreveu um pesquisador proeminente, John Gottman, no *Journal of Communication*.[29] Casais felizes "comunicam concordância não com o ponto de vista ou o conteúdo do que falam, mas com seu afeto", fazem mais perguntas um ao outro, repetem o que o cônjuge disse, fazem piadas para aliviar a tensão, ficam sérios juntos.[30] Da próxima vez que você sentir que a coisa caminha para uma discussão, tente perguntar a seu parceiro: "Quer conversar sobre nossas emoções? Ou precisamos tomar uma decisão juntos? Ou isso é sobre alguma outra coisa?".

A importância dessa percepção — de que a comunicação vem da conexão e do alinhamento — é tão fundamental que ficou conhecida como o *princípio da combinação*. A comunicação efetiva exige perceber que *tipo* de conversa está ocorrendo e depois procurar a *combinação* com o outro. Em um nível muito básico, se alguém parece emotivo, permita-se ficar emotivo também. Se alguém está inclinado pela tomada de decisão, iguale esse foco. Se a pessoa está preocupada com as implicações sociais, espelhe essa fixação de volta para ela.

O princípio da combinação

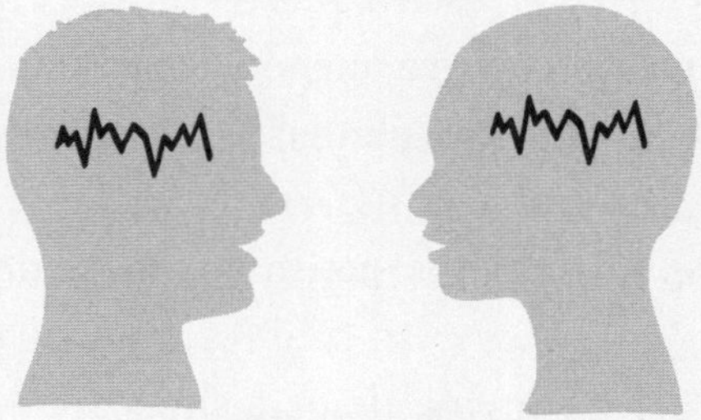

Uma comunicação bem-sucedida exige perceber que *tipo* de conversa está ocorrendo e, a seguir, *combiná-la* com o outro.

É importante notar que combinar é diferente de imitar. Como veremos nos capítulos seguintes, temos de compreender genuinamente como a pessoa se sente, o que ela quer e quem ela é. E então, para combinar, precisamos por nossa vez saber como compartilhar o que pensamos. Quando ficamos alinhados, começamos a nos conectar, e esse é o ponto de partida para uma conversa significativa.

PARA RECRUTAR UM ESPIÃO, CONECTE-SE

Após o desastroso jantar no qual revelou que trabalhava para a CIA e Yasmin havia ido embora, Lawler não achou que restasse muita esperança. Essa era sua única chance de recrutamento depois de quase um ano de trabalho. Meteu os pés pelas mãos e tinha certeza quase absoluta de que esse fracasso lhe custaria o emprego. Só havia uma opção: ligar para Yasmin e pedir a ela encarecidamente que concordasse em vê-lo uma última vez. "Enchi uma caderneta com ideias sobre o que lhe dizer, mas sabia que seria inútil", contou-me Lawler. "Nada conseguiria derrubar suas defesas."

Yasmin concordou com um último jantar. Foram a um restaurante chique onde ela permaneceu calada e tensa durante toda a refeição. Mas sua ansiedade não se devia apenas à proposta de Lawler, contou, e sim ao fato de que deveria voltar para casa em breve e estava nervosa e desanimada.

Havia esperado que a viagem lhe revelasse algo, mostrasse como viver uma vida mais significativa. Mas ali estava, prestes a regressar, e tudo continuava igual. Sentia que havia decepcionado a si mesma.

"Ela estava tão triste, tentei animá-la. Sabe como é, contar piadas, histórias engraçadas", falou-me.

Lawler lhe contou sobre um senhorio que vivia esquecendo seu nome e rememorou alguns passeios que ele e Yasmin haviam feito juntos. Ela continuou melancólica. Então a sobremesa chegou. Um silêncio dominou a mesa. Lawler se perguntou se deveria tentar dizer mais alguma coisa para convencê-la. E se oferecesse um visto para os Estados Unidos em troca de sua cooperação? Arriscado demais, decidiu. Ela poderia se levantar e ir embora de uma vez por todas.

O silêncio continuou. Lawler não tinha ideia do que dizer. A última vez em que se sentiu tão perdido foi antes de entrar para a CIA, quando trabalhava para seu pai vendendo peças de aço, em Dallas. "Eu não tinha a menor experiência como vendedor", contou-me. "Era péssimo naquilo." Certo dia, após meses de desencorajadoras visitas, ele foi ao escritório de uma potencial cliente – uma mulher com uma pequena firma de construção no oeste do Texas –, que estava ao telefone quando ele chegou, enquanto o filho de cinco anos brincava com blocos ao lado de sua mesa.

Após desligar, a mulher escutou Lawler apresentar as vigas treliçadas de aço e lhe agradeceu pela visita. Então, começou a falar sobre os desafios de equilibrar o trabalho e a maternidade. Era uma luta constante, disse. Sempre sentia que deixava alguém na mão ao ter de optar entre ser uma boa negociante e uma boa mãe.

Na época, Lawler tinha vinte e poucos anos e nenhum filho. Não tinha nada em comum com a mulher e não fazia ideia do que dizer. Mas precisava dizer *alguma coisa*. Assim, começou a tagarelar sobre sua família. O trabalho era pesado para seu pai, contou a ela. Seu irmão era um vendedor melhor, e isso causava tensão entre eles. "Ela tinha sido honesta comigo, então retribuí sendo honesto também", disse-me. "Me senti bem em contar a verdade." Ele acabou compartilhando mais coisas do que pretendia, mais do que parecia apropriado, para ser franco. Mas ela não pareceu se importar.[31]

Então Lawler retomou o discurso de vendas e "ela me disse que não precisava de nenhuma peça, mas agradeceu pela conversa", contou ele. "E fui embora pensando, bom, mais uma tentativa fracassada."

Dois meses depois, a mulher ligou e fez um pedido imenso. "Falei para ela: 'Não tenho certeza se consigo o preço que você está buscando' – para dar uma ideia do péssimo vendedor que eu era", contou-me. "E ela disse: 'Sem problema. Acho que nós dois desenvolvemos uma conexão pessoal.'"

Essa experiência mudou a forma de Lawler encarar as vendas. A partir daí, sempre que conversava com um cliente, prestava muita atenção em seu estado de espírito, suas preocupações, seus entusiasmos e tentava se identificar com isso – para mostrar que compreendia, pelo menos um pouco, o que a outra pessoa estava sentindo. Pouco a pouco, tornou-se um vendedor melhor. Não ótimo, mas melhor. "Aprendi que se escutamos alguém sendo sincero, e retribuímos com sinceridade, podemos criar uma ponte com a pessoa." Seu objetivo durante as visitas de vendas passou a ser simplesmente se conectar às pessoas. Não tentava fazer pressão nem impressionar o cliente. Apenas encontrar algo que compartilhassem. "Nem sempre funcionava", disse. "Mas funcionava o suficiente."

Enquanto comia a sobremesa com Yasmin, Lawler percebeu que havia se esquecido dessa lição. Estava considerando o recrutamento de espiões como algo muito diferente de ser vendedor. Mas, em certo sentido, eram a mesma atividade. Em ambas as situações precisava se conectar à pessoa, tinha de mostrar que estava escutando o que ela tentava dizer.

Mas percebeu que não havia agido assim com Yasmin, não de uma maneira honesta, não como fez com aquela mãe no Texas. Não demonstrou ter escutado suas ansiedades e esperanças, não foi autêntico sobre si mesmo. Não compartilhou coisas com ela da forma como ela fez com ele.

Então, assim que o garçom limpou a mesa, Lawler começou a falar sobre como se sentia. Disse a Yasmin que estava preocupado de não ser adequado para aquela vida. Havia dado muito duro para entrar na CIA, mas percebeu que lhe faltava algo, uma espécie de confiança que notou em seus colegas. Contou-lhe sobre as ocasiões em que desastradamente procurou funcionários estrangeiros, como se sentiu aterrorizado de que fossem denunciá-lo e que acabaria deportado. Descreveu seu constrangimento quando um colega lhe explicou que tentava recrutar uma agente da KGB que, ao mesmo tempo, tentava recrutá-lo. Afirmou estar preocupado de ser um fracasso só de admitir isso diante dela – mas compreendia, até certo ponto, o que ela sentia quando pensava no momento de voltar para casa. Ele se sentiu da mesma maneira no Texas, quando ansiava desesperadamente por levar uma vida significativa.

Em vez de tentar animar Yasmin, conversou sobre suas próprias frustrações e decepções, da mesma forma como ela havia feito. Pareceu a coisa mais honesta a fazer. "Não estava tentando bancar o manipulador", disse-me Lawler. "Ela já tinha se recusado e eu sabia que era impossível fazê-la mudar de ideia. Então parei de tentar. Foi uma ótima sensação parar de fingir que tinha todas as respostas."

Yasmin escutou. Disse a Lawler que compreendia. A pior parte, afirmou, era a sensação de que estava traindo a si mesma. Queria fazer algo, mas se sentia impotente. Começou a chorar.

"Lamento", Lawler disse a ela. "Não tive intenção de deixar você triste."

Isso tudo foi um erro, ele pensou. *Deveria ter deixado essa mulher em paz.* Ele teria de relatar essa conversa, em detalhes, à agência. Seria um constrangimento final para coroar um ano humilhante.

Então Yasmin recuperou a compostura. "Eu faço", sussurrou.

"Como assim?", disse Lawler.

"Eu ajudo você", ela respondeu.

"Não precisa fazer isso!", exclamou ele. Foi pego tão de surpresa que disse a primeira coisa que lhe passou pela cabeça. "A gente não precisa se ver nunca mais! Prometo que te deixarei em paz."

"Quero fazer alguma coisa significativa", disse ela. "É importante. Posso fazer isso. Sei que consigo."

Dois dias depois, Yasmin submeteu-se a um teste de polígrafo e a um treinamento em métodos de comunicação segura em uma *safe house* da CIA. "Nunca vi ninguém mais nervoso", disse-me Lawler. "Mas ela persistiu. Em nenhum momento disse que queria voltar atrás." Assim que Yasmin regressou a seu país, começou a enviar mensagens a Lawler, contando os detalhes de memorandos que lia, as autoridades recebidas pelo ministro das relações exteriores, as fofocas que escutava. "Ela se tornou uma das melhores fontes na região", disse Lawler. "Uma mina de ouro." Durante as duas décadas seguintes, à medida que a carreira de Yasmin no Ministério prosperava, ela continuou a se comunicar regularmente com a CIA, ajudando-os a compreender o que se passava nos bastidores, a contextualizar as declarações do governo, a apresentar pessoas discretamente. Sua colaboração nunca foi descoberta pelos superiores.

Lawler continuava sem saber de fato por que Yasmin havia mudado de ideia naquela noite. Nos anos que se seguiram, questionou-a inúmeras vezes, mas nem ela sabia explicar. Disse apenas que, de alguma forma, durante o jantar, quando as inseguranças de ambos ficaram aparentes, se sentiu segura com ele. Compreendiam um ao outro. Ela conseguiu escutar, pela primeira vez, o que ele estava tentando lhe dizer: que aquilo podia ser importante e que ela podia fazer diferença. E ela se sentiu genuinamente compreendida. Concordaram em confiar um no outro.

Quando combinamos nosso mindset com o de outros, uma permissão é concedida: entrar em sua cabeça, ver o mundo pelo seu olhar, compreender com o que se importam e quais são suas necessidades. E, em troca, lhes damos permissão para nos compreender — e nos escutar. "As conversas são a coisa mais poderosa do mundo", disse-me Lawler.

Mas entrar em sintonia não é fácil. O mero espelhamento dos gestos, do humor, do tom de voz não forja uma conexão real. Ceder aos desejos e às preocupações do outro tampouco funciona. Não seria uma conversa de verdade, mas um duelo de monólogos.

Em vez disso, devemos aprender a distinguir entre os três tipos de conversa: tomada de decisão, emocional e social. Precisamos compreender que tipo de questões e vulnerabilidades são poderosas e como tornar nossos próprios sentimentos mais visíveis e fáceis de interpretar. Devemos demonstrar para os outros que estamos escutando atentamente. Quando Lawler conseguiu se conectar com Yasmin naquele jantar, aconteceu mais por sorte que por qualquer outro motivo. Posteriormente, ele passaria anos tentando repetir esse sucesso e fracassando, até aperfeiçoar suas habilidades e compreender como fazer conexões autênticas.

No fim, ele se tornou um dos recrutadores de informantes no exterior mais bem-sucedidos da CIA. Quando se aposentou, em 2005, convenceu dezenas de funcionários estrangeiros a participar de conversas delicadas. Depois, ensinou seus métodos para outros agentes de inteligência. Atualmente, as técnicas de Lawler foram incorporadas ao material de treinamento da agência. Como afirma um texto sobre o recrutamento de pessoas: "O agente cria um relacionamento cada vez mais profundo mediante esse processo — desde se tornar um 'parceiro' e então um 'amigo' nas fases de avaliação para a seguir assumir o papel de 'conselheiro' e 'confidente' à medida que a situação evolui para um recrutamento [...]. O agente pode então esperar que cada novo encontro seja uma oportunidade de passar um tempo significativo com um colega a quem pode confiar a própria vida".[32]

Em outras palavras, os recrutadores da CIA aprendem a entrar em sincronia com a outra pessoa. "Quando você descobre como funciona, passa a ser algo facilmente ensinado", uma agente treinada por Lawler afirmou. "Sempre fui introvertida e, antes de começar meu treinamento, nunca tinha pensado muito sobre comunicação. Mas depois que alguém mostra como uma conversa funciona, como prestar atenção no que está acontecendo, a gente começa a notar todas essas coisas que não percebia antes." Ela não se vale dessas habilidades apenas no trabalho, contou-me, as utiliza com seus pais, seu namorado, pessoas que encontra no supermercado. Percebe quando os colegas usam seu treinamento nas reuniões: estimulando uns aos outros a se alinhar melhor, escutando atentamente, falando de maneira que facilite a compreensão dos demais. "De fora, parece como um truque mental Jedi, mas é algo que a pessoa aprende, depois põe em prática", disse-me.

Resumindo, é um conjunto de habilidades que qualquer um pode usar. Os capítulos a seguir explicam como.

Guia para usar essas ideias

Parte I

As quatro regras para uma conversa significativa

Casais felizes, negociadores bem-sucedidos, políticos persuasivos, executivos influentes e outros tipos de supercomunicadores tendem a exibir alguns comportamentos em comum. Estão interessados em deduzir que *tipo* de conversa todo mundo quer ter conforme os *assuntos* que esperam discutir. *Perguntam* mais sobre os sentimentos e a vida pessoal dos outros. Conversam sobre os próprios *objetivos* e *emoções* e se prontificam a falar sobre suas vulnerabilidades, experiências e as várias identidades que possuem — e perguntam aos outros como se sentem e sobre suas experiências. Perguntam sobre sua visão de mundo, demonstram que estão escutando e, em troca, compartilham seus próprios pontos de vista.

Ou seja, durante as conversas mais significativas, os melhores comunicadores se concentram em quatro regras básicas para ter uma *conversa instrutiva*:

A CONVERSA INSTRUTIVA

Regra 1:
Preste atenção em que *tipo* de conversa está ocorrendo.

Regra 2:
Compartilhe seus objetivos e pergunte o que
a outra pessoa está buscando.

Regra 3:
Pergunte sobre os sentimentos da outra pessoa e compartilhe os seus.

Regra 4:
Investigue se as identidades são importantes para essa discussão.

Cada uma dessas regras será explorada em uma série de guias ao longo deste livro. Por ora, vamos nos concentrar na primeira delas, que gira em torno do que aprendemos sobre o *princípio da combinação*.

Regra 1:
Preste atenção em que *tipo* de conversa está ocorrendo.

Os comunicadores mais eficientes fazem uma pausa antes de dizer qualquer coisa e se perguntam: por que estou abrindo a boca para falar?

Se não sabemos que tipo de conversa queremos ter – e que tipo de conversa a outra pessoa espera ter –, ficamos em desvantagem. Como explicado no capítulo anterior, às vezes queremos conversar sobre coisas práticas, enquanto a outra pessoa quer falar sobre seus sentimentos. Talvez estejamos querendo fofocar, enquanto ela quer fazer planos. Se ambos não tiverem o mesmo *tipo* de conversa, dificilmente haverá conexão.

Assim, o primeiro objetivo em uma conversa instrutiva é identificar que tipo de diálogo esperamos manter – e, a seguir, procurar as pistas sobre o que a outra pessoa quer.

Pode ser algo tão simples quanto tirar um momento para esclarecer, para si mesmo, o que você espera dizer e como quer dizê-lo: "Meu objetivo é perguntar a Maria se ela quer passar as férias comigo, mas sem ela se sentir na obrigação". Ou pode consistir em perguntar ao cônjuge, quando ele descreve um dia difícil: "Gostaria que eu propusesse algumas soluções ou só quer desabafar?".

Em um projeto que examinou como um grupo de executivos de um banco de investimentos se comunicavam entre si sob muita pressão,[1] os pesquisadores testaram um método simples para tornar as conversas diárias mais fáceis. Naquele ambiente, era comum tentarem ganhar a discussão no grito e competiam entre eles para fechar negócios e receber bônus. As discordâncias às vezes levavam a brigas prolongadas, e as reuniões com frequência eram tensas. Mas os pesquisadores acreditavam que podiam tornar essas batalhas menos ferozes pedindo a todo mundo para escrever apenas uma sentença, antes de cada reunião, explicando seus objetivos para a conversa que teriam dali a pouco. Assim, por uma semana, todos anotaram suas metas: "Essa reunião é para escolher um orçamento com o qual todos estejam de acordo" ou "Essa reunião é para apresentar nossas queixas e escutar as dos outros". O exercício nunca tomava mais do que alguns minutos. Algumas pessoas compartilhavam o que haviam anotado antes; outras, não.

Depois, durante cada reunião, os pesquisadores examinavam o que as pessoas haviam escrito e tomavam nota do que todos diziam. Eles observaram duas coisas. Primeiro, as frases escritas normalmente indicavam que *tipo* de conversa estavam procurando, bem como o estado de espírito que esperavam ajudar a criar. Em geral, especificavam uma meta ("apresentar nossas queixas") e um mindset ("escutar as dos outros"). Segundo, se todos escreviam seus objetivos de antemão, o bate-boca diminuía significativamente. As discordâncias não sumiam. As pessoas continuavam competitivas e mal-humoradas. Mas havia maior propensão a encerrarem a reunião satisfeitas, como se houvessem escutado e compreendido o que os demais estavam dizendo. Como haviam determinado que tipo de conversa queriam ter, puderam comunicar suas intenções com mais clareza e escutar enquanto os outros declaravam seus objetivos.

Antes de ligar para um amigo ou ter uma discussão conjugal, não precisamos escrever uma sentença sobre nossos objetivos, certamente — mas, se a conversa for importante, fazer uma pausa para formular o que esperamos dizer, e como pretendemos fazê-lo, é uma boa ideia. Depois, durante a conversa, fique atento ao comportamento da outra pessoa: *Está sendo emotiva? Parece num estado de espírito pragmático? Fica mencionando outras pessoas ou temas sociais?*

Todos nós, quando falamos, expressamos dicas sobre que tipo de conversa queremos ter. Os supercomunicadores notam essas dicas e refletem mais profundamente sobre os rumos que esperam ver a conversa tomar.

Observe:
A outra pessoa parece emotiva, prática ou focada em assuntos sociais?
A pessoa comunicou seu objetivo para essa conversa? E você?
Pergunte aos outros: Sobre o que você quer conversar?

Algumas escolas treinam professores para fazer aos estudantes perguntas destinadas a explicitar seus objetivos, porque isso ajuda todo mundo a comunicar o que quer e necessita. Quando um aluno apresenta alguma queixa, por exemplo, o professor pode perguntar: "Você espera ser ajudado, consolado ou escutado?". Diferentes necessidades exigem diferentes tipos de comunicação, e cada tipo de interação — *ajudar*, *consolar*, *escutar* — corresponde a um tipo diferente de conversa.

Você quer ser:

Ajudado?
Uma conversa prática — *Do que realmente se trata?*

Consolado?
Uma conversa emocional — *Como nos sentimos?*

Ou escutado?
Uma conversa mais social — *Quem somos?*

Quando o professor — ou qualquer um — faz uma pergunta do tipo "Você quer ser ajudado, consolado ou escutado?", o que está perguntando na verdade é: "Que tipo de conversa você está procurando?". Apenas perguntar do que a outra pessoa necessita já encoraja uma conversa instrutiva, um diálogo que nos ajuda a descobrir o que os outros querem de fato.

Na maior parte do tempo, quando dialogamos com amigos próximos ou familiares, empreendemos esse tipo de conversas informativas sem nos dar conta. Não precisamos perguntar o que a pessoa quer, pois intuímos o que ela tem em mente. Parece mais natural perguntar à pessoa como ela está se sentindo e lhe dar um abraço, um conselho ou simplesmente escutar.

Mas nem toda conversa é tão fácil. Na verdade, as mais importantes raramente são.

Numa conversa instrutiva, nosso objetivo é compreender o que se passa na mente da outra pessoa e partilhar o que ocorre na nossa. Uma conversa instrutiva nos estimula a ficar mais alertas, escutar com mais atenção, falar mais abertamente e expressar as coisas que de outro modo talvez não fossem ditas. Essa conversa induz o alinhamento, convencendo o grupo de que todos querem, de modo genuíno, compreender os demais, e revelando maneiras de nos conectar.

A CONVERSA *DO QUE REALMENTE SE TRATA?*

UM PANORAMA

Inícios de diálogos costumam ser desajeitados e tensos. Temos de tomar uma decisão atrás da outra, em rápida sucessão ("Qual será o tom correto?", "Tudo bem interromper?", "É apropriado se eu contar uma piada?", "O que essa pessoa pensa de mim?"), e há muitas oportunidades de deixar algo escapar ou não perceber o que está nas entrelinhas.

É aí que a conversa *Do que realmente se trata?* pode começar. Esse tipo de conversa tem dois objetivos. O primeiro é determinar que *assuntos* queremos discutir — do que cada um necessita nesse diálogo. O segundo é descobrir *como* a discussão vai transcorrer — com que regras e normas tácitas concordamos e como tomaremos decisões juntos.

Do que realmente se trata? geralmente ocorre no começo da conversa. Mas também pode surgir no meio, em particular quando estamos focados em fazer escolhas, considerar planos ou pensar de forma prática nos custos e benefícios. Como o capítulo a seguir examina, dentro de cada conversa há uma negociação silenciosa em que o objetivo não é vencer, mas determinar o que todos *querem*, de modo que algo significativo possa suceder.

Se a conversa *Do que realmente se trata?* não ocorre, o que sobrevém pode ser frustrante e desorientador. É provável que todo mundo já tenha passado por uma discussão em que se sentiu desta forma: "Cada um falava sobre uma coisa completamente diferente" ou "Não foi um diálogo, foram dois monólogos". A solução é aprender a perceber quando uma conversa *Do que realmente se trata?* teve início e então saber como negociar o modo como ela se desenvolverá.

2. Toda conversa é uma negociação

O julgamento de Leroy Reed

"Muito bem, senhoras e senhores", diz o assistente do tribunal às doze pessoas em volta da mesa. Ele aponta para uma pilha de documentos. "Estas são as instruções que o juiz leu para vocês" — ele aponta para outra pilha — "e estes são os formulários para o veredito."

Na sala, há sete homens e cinco mulheres com pouco em comum além do fato de que todos moram em Wisconsin e compareceram a esse tribunal, conforme instrução, em uma fria manhã de novembro em 1985.[1] Agora fazem parte de um júri encarregado de decidir o destino de um homem chamado Leroy Reed.

Ao longo dos dois dias anteriores, haviam sido informados de tudo sobre Reed, um ex-presidiário de 42 anos. Ele havia sido solto da penitenciária estadual nove anos antes e, desde então, levava uma vida tranquila em uma área empobrecida de Milwaukee. Nesse período, nunca tinha sido detido nem deixou de se apresentar ao agente de liberdade condicional. Não se envolveu em brigas nem fora motivo de queixas dos vizinhos. De acordo com todo mundo, era um cidadão modelo — até ser preso por posse de arma de fogo. Como já possuía ficha criminal, não poderia ter uma arma legalmente.

Quando o julgamento começou, o advogado de Reed reconheceu que as evidências contra seu cliente eram contundentes. "Quero admitir desde o início", disse aos jurados, "que Leroy Reed tem uma condenação antiga. E no dia 7 de dezembro do ano passado, onze meses atrás, ele comprou uma arma. Vou logo dizendo essas coisas. É algo que não se discute."

Pela lei de Wisconsin (estatuto 941.29), Reed poderia pegar uma pena de até dez anos. Mas "ele merece ser absolvido de qualquer maneira", continuou o advogado, porque o réu sofria de sérios transtornos mentais que, combinados às estranhas circunstâncias de sua prisão, sugeriam que ele não pretendia cometer crime algum. Um psicólogo testemunhou que a capacidade de leitura de Reed equivalia à de uma criança de terceiro ano, e que sua inteligência era "substancialmente abaixo da média". Uma década antes, quando foi preso por, sem saber, servir como motorista de fuga para um amigo em um roubo numa loja de conveniência, havia sido liberado antes do cumprimento da pena, em parte porque as autoridades suspeitaram que, mesmo após a condenação, Reed não tinha compreendido que um crime havia ocorrido.

Agora, nesse julgamento, os jurados eram informados sobre os estranhos eventos que levaram a essa mais recente prisão de Reed. Ele estava à procura de um emprego regular havia anos, quando, um dia, viu o anúncio em uma revista para um curso de detetive particular por correspondência. Após pagar vinte dólares, recebeu um grosso envelope contendo um distintivo de latão e instruções para, entre outras coisas, se exercitar bastante e comprar uma pistola. Reed seguiu as orientações à risca. Passou a correr todas as manhãs e, cerca de uma semana após receber o envelope, tomou o ônibus até uma loja de artigos esportivos e preencheu a papelada necessária para sair com uma arma calibre .22.

Ao chegar em casa, guardou a arma em seu armário, ainda na caixa. Pelo que todos sabiam, não voltou a pegá-la.

A compra da arma provavelmente teria passado despercebida, exceto pelo fato de que certo dia, quando perambulava pelas imediações do tribunal imaginando que alguém o contrataria para resolver um crime, um policial pediu sua identificação. Reed lhe mostrou a única coisa em seu bolso que exibia seu nome: o recibo da loja de artigos esportivos.

"Está portando essa arma?", perguntou o policial.

"Está em casa", respondeu.

O policial disse a Reed para levar a arma, sem tirar da caixa, ao xerife. Quando chegou, um policial verificou seu nome em um banco de dados e o prendeu na mesma hora.

Assim, esse julgamento determinaria se ele deveria ser preso novamente. O promotor apresentou um simples argumento pela condenação: independentemente de suas limitações mentais, "ignorância da lei não é defesa", afirmou. O júri talvez desejasse que a lei fosse diferente, mas Reed de fato havia admitido sua culpa. Teria de ir para a prisão.

O juiz pareceu concordar. Informou ao júri, antes de se reunirem para deliberar, que o estatuto 941.29 ditava que havia três questões a serem respondidas:

Reed tinha antecedentes criminais?

Ele tinha comprado a arma?

Sabia que tinha comprado uma arma?

Se a resposta a todas as perguntas fosse sim, Reed era considerado culpado.

O dever do júri, disse o juiz, era "não se deixar levar por simpatia, preconceito ou paixão. [...] Devem decidir apenas se o réu é culpado ou inocente do delito".[2] Se alguma leniência fosse necessária, o juiz a aplicaria depois, durante a sentença.

Agora, reunidos na sala de deliberação, os jurados pareciam indecisos sobre por onde começar.

"Vamos escolher alguém para presidir", disse um.

"Você", respondeu outro jurado.

Ninguém tem permissão de deixar a sala, a não ser para breves idas ao banheiro, enquanto não há um veredito unânime. Se as deliberações demorarem até tarde, devem recomeçar na manhã seguinte. Ninguém pode se abster da discussão, permanecer calado ou postergar o debate por estar cansado de falar. Devem argumentar com base em fatos e teorias, tentar convencer educadamente uns aos outros, até todos estarem de acordo.

Mas, primeiro, precisam encontrar um modo de iniciar a conversa. Precisam negociar as regras tácitas sobre como irão falar e escutar — e determinar o que todos querem e de que necessitam. Essa é uma negociação da qual todos participamos sempre que uma conversa tem início, quer percebamos, quer não. E é mais complicado do que parece.

COMO DECIDIR SOBRE O QUE FALAR?

Tente se lembrar de sua última conversa significativa. Talvez você e seu cônjuge tenham discutido sobre como dividir as tarefas domésticas. Ou quem sabe tenha sido em uma reunião no trabalho sobre o orçamento do próximo ano. Ou possivelmente você esteve discutindo com amigos sobre quem deveria ser o próximo presidente, ou fofocando sobre a separação de seus vizinhos, Pablo e Zach.

Quando a conversa começou, como você sabia tudo o que queria discutir? Alguém anunciou o assunto ("Precisamos decidir quem vai levar Aimee para a escola amanhã") ou um foco veio à tona gradualmente ("Ei, por acaso você achou o Pablo distraído no jantar ontem?")?

Após descobrir sobre o que conversar, como você intuiu o tom da conversa? Como sabia se devia falar de modo casual? Se era apropriado fazer piadas? Se poderia interromper sem problema?

É provável que você não tenha pensado nessas questões e, mesmo assim, todas elas foram de algum modo respondidas. Os pesquisadores descobriram que no início de toda conversa normalmente ocorre uma dança delicada e quase subconsciente. Essa interação emerge por meio de nosso tom de voz, nossa postura corporal, nossos apartes, nossos suspiros e nossas risadas. Mas, até chegarmos a um consenso sobre como o diálogo deve prosseguir, a conversa de verdade não pode começar.

Às vezes, os objetivos de uma conversa são declarados explicitamente ("Estamos aqui para falar sobre as projeções do trimestre"), até que percebemos, no meio da discussão, que a cabeça das pessoas na realidade está em outra coisa ("Nossa verdadeira preocupação é se haverá demissões"). Às vezes, ficamos voltando ao começo — alguém conta uma piada; outro assume um tom muito formal; há um silêncio constrangedor até uma terceira pessoa tomar a iniciativa — e, então, todos chegam a um acordo tácito sobre o foco da conversa.

Alguns pesquisadores chamam esse processo de *negociação silenciosa*: um sutil intercâmbio sobre quais tópicos serão aprofundados e quais serão evitados; as regras de como falaremos e escutaremos.

O primeiro objetivo dessa negociação é determinar o que todo mundo *espera* de uma conversa. Os desejos são com frequência revelados mediante uma série de propostas e contrapropostas, convites e recusas, que são quase subconscientes, mas evidenciam se as pessoas estão dispostas a cooperar. Essa interação pode levar apenas alguns momentos ou durar toda a conversa. E ela serve a um propósito crucial: ajudar-nos a encontrar uma série de assuntos sobre os quais estejamos todos dispostos a nos debruçar.

O segundo objetivo nessa negociação é conceber as regras de como iremos falar, escutar e tomar decisões juntos. Nem sempre explicitamos essas regras em voz alta. Na verdade, vamos experimentando para ver que normas pegam ou não. Introduzimos novos temas, enviamos sinais mediante nosso tom de voz e nossas expressões, reagimos ao que os outros dizem, projetamos diversos estados de espírito e prestamos atenção à reação de todos.

Entretanto, independentemente de como essa negociação silenciosa se desenrola, os objetivos são os mesmos. Primeiro, decidir *o que* todos necessitamos extrair dessa conversa. Então, determinar *como* falaremos e tomaremos decisões. Ou, em outras palavras, descobrir o que todos *esperam* e como fazer escolhas *juntos*.

As três conversas

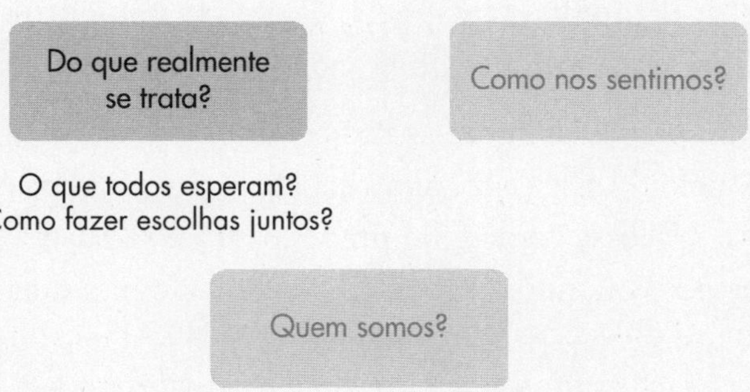

A conversa *Do que realmente se trata?*, em geral, surge quando confrontamos uma decisão. Às vezes, essas escolhas são sobre a própria conversa – *Tudo bem discordar abertamente ou devemos disfarçar nossas divergências? Isso é um papo amigável ou uma conversa séria?* Outras exigem que pensemos de forma prática ("Devemos fazer uma proposta por aquela casa?"), julguemos algo ("O que você acha do trabalho da Zoe?") ou analisemos uma escolha ("Você prefere que eu faça as compras ou busque as crianças?").

Sob todas essas decisões inequívocas há outras escolhas, potencialmente mais sérias: *Se discordamos abertamente, podemos continuar amigos? Temos condições de pagar tudo isso por uma casa? É justo eu pegar as crianças quando tenho tanto trabalho a fazer?* A menos que as partes cheguem a um acordo básico sobre o que está de fato sendo discutido, e como deve ser discutido, é difícil haver progresso.

Mas, assim que percebemos o que todo mundo espera de uma conversa, e como chegaremos a uma decisão coletiva, um diálogo mais significativo pode surgir.

COMO UM CIRURGIÃO APRENDEU A SE COMUNICAR

Em 2014, um cirurgião proeminente no centro oncológico Memorial Sloan Kettering, em Nova York – profissional admirado por sua simpatia, bondade e capacidade médica –, percebeu que por muitos anos estava conversando com os pacientes da maneira errada.

O dr. Behfar Ehdaie era especialista em tratamento de câncer de próstata.[3] Todo ano, centenas de homens o procuravam após receber a dura notícia da presença de um tumor em seus exames. E ano após ano, vários desses pacientes, a despeito de todos os esforços do dr. Ehdaie, recusavam-se a escutar o que ele estava desesperadamente tentando lhes dizer sobre a doença.

O tratamento do câncer de próstata envolve uma barganha complicada: o curso de ação mais direto é a cirurgia ou a radioterapia para impedir a proliferação do tumor. Mas, como a glândula se localiza junto aos nervos envolvidos na urina e na função sexual, alguns pacientes, após o tratamento, sofrem de incontinência e impotência, às vezes pelo resto da vida.

Assim, para a maioria dos homens com tumor na próstata, os médicos não aconselham a cirurgia nem qualquer forma de tratamento.[4] Em vez disso, pacientes de baixo risco são aconselhados a optar pela "vigilância ativa": exame de sangue de seis em seis meses e biópsia da próstata de dois em dois anos para verificar se o câncer evoluiu. Mas, de resto, nada de cirurgia, radiação, nada. A vigilância ativa sem dúvida também tem seus riscos: pode ocorrer metástase.[5] Mas o tumor de próstata em geral cresce muito lentamente — na verdade, os médicos costumam dizer que após certa idade o paciente tem muito mais chance de morrer de velhice do que de câncer de próstata.

Quase todo dia um novo paciente, consternado com o recente diagnóstico, entrava no consultório do dr. Ehdaie para enfrentar a difícil escolha: submeter-se à cirurgia e correr o risco de passar o resto da vida sofrendo de incontinência e disfunção sexual ou deixar a glândula em paz e torcer para que, caso o câncer progredisse, os exames detectassem a tempo?

O dr. Ehdaie acreditava que esses pacientes o procuravam em busca de aconselhamento médico, e desse modo seguia o que, a seu ver, parecia o caminho lógico: para a vasta maioria das pessoas, considerava que a vigilância ativa era a decisão correta, e sempre fornecia as evidências que sustentavam essa abordagem.[6] Em geral, começava mostrando os dados de que, para 97% dos homens que optavam pela vigilância ativa, o risco de proliferação do câncer era aproximadamente o mesmo em relação aos que se submetiam a tratamentos invasivos, e, portanto, a melhor estratégia seria aguardar e analisar. Entregava-lhes estudos — com as frases importantes realçadas em amarelo — explicando que os riscos de observar e esperar eram ínfimos, enquanto as desvantagens da cirurgia podiam deixar sequelas pelo resto da vida. O dr. Ehdaie costuma falar em parágrafos completos, como se fosse um livro de medicina vivo, mas nessas conversas procurava ser breve e delicado: a escolha correta era a vigilância ativa. "Eu achava que seriam as discussões mais fáceis da minha vida", contou-me ele. "Imaginava que ficariam aliviados em saber que poderiam evitar a cirurgia."

Mas, inúmeras vezes, o paciente não escutava o que ele dizia. Enquanto o dr. Ehdaie falava sobre opções de tratamento, pela cabeça da pessoa passavam questões bem diferentes: *Como minha família vai reagir a essa notícia? Estou disposto a me arriscar a morrer para continuar desfrutando da minha vida? Estou pronto para confrontar minha mortalidade?*

Como resultado, em vez de examinar os gráficos e os estudos e ficarem aliviados, os pacientes inevitavelmente começavam a perguntar: *E esses três por cento dos pacientes que não se beneficiaram da vigilância ativa? Eles morreram? Foi uma morte dolorosa?* "Passávamos a consulta toda falando sobre esses três por cento", disse o dr. Ehdaie. "E depois, numa nova consulta, a única coisa de que se lembravam eram os três por cento, e afirmavam preferir a cirurgia."

Era incompreensível. O dr. Ehdaie passou a vida aprimorando seus conhecimentos sobre tumores de próstata — esses pacientes o procuravam por ser um especialista! — e, mesmo assim, por mais que afirmasse que não precisavam de cirurgia, muitos insistiam nisso. Às vezes, a pessoa levava os estudos marcados com caneta amarela para casa e pesquisava evidências contrárias na internet, encontrando periódicos de medicina e artigos científicos obscuros até se convencer de que os dados eram todos contraditórios ou de que os médicos não sabiam do que estavam falando.

"E então, voltavam com desconfianças", contou o dr. Ehdaie. Eles perguntavam se ele estaria recomendando a vigilância ativa por ser um partidário dela. Outros simplesmente ignoravam seu conselho. Diziam coisas como "Tenho um amigo que teve câncer de próstata e ele me falou que fez cirurgia e correu tudo bem". Ou "Uma vizinha minha teve câncer no cérebro e morreu dois meses depois, então é arriscado esperar".

Esse problema não era exclusivo do dr. Ehdaie. As pesquisas indicam que até hoje cerca de 40% dos pacientes de câncer de próstata optam desnecessariamente pela cirurgia.[7, 8] Isso representa mais de 50 mil indivíduos por ano que deixam de escutar — ou decidem ignorar — os conselhos médicos.

"Quando isso passou a acontecer repetidamente, me dei conta de que o problema não era com os pacientes", afirmou o dr. Ehdaie. "O problema era comigo. Estava fazendo alguma coisa errada. Estava falhando nessas conversas."

* * *

O dr. Ehdaie começou a pedir conselhos a amigos, até que um colega lhe recomendou procurar um professor da Escola de Negócios de Harvard chamado Deepak Malhotra. O médico lhe escreveu um longo e-mail perguntando se poderiam se encontrar.

Malhotra fazia parte de um grupo de professores que estudava como as negociações ocorrem no mundo real. Em 2016, um de seus colegas ajudou o presidente da Colômbia a negociar um acordo de paz para pôr fim a uma guerra civil de 52 anos que havia matado mais de 200 mil pessoas.[9] Após a greve da National Hockey League de 2004, que cancelou metade da temporada, Malhotra analisou por que as discussões entre os jogadores e os donos dos times haviam fracassado e o que seria necessário fazer para que fossem retomadas de maneira produtiva.[10]

Quando recebeu a mensagem do dr. Ehdaie, Malhotra ficou intrigado. Sua pesquisa às vezes descreve negociações formais em que, digamos, líderes sindicais e patrões se digladiam em torno da mesa de reuniões.[11] Mas a situação do dr. Ehdaie era diferente: o médico e seus pacientes estavam envolvidos numa negociação de alto risco — o problema era que na maior parte do tempo nenhuma das partes admitia estar em negociação com a outra.

Como descobrir do que realmente se trata

Primeiro, reconheça que é uma negociação.

Malhotra viajou até o centro oncológico Sloan Kettering para obter mais informações e, enquanto acompanhava o dr. Ehdaie, identificou oportunidades para melhorar essas conversas. "Um passo importante em qualquer negociação é ter clareza sobre o que todos os participantes querem", contou-me Malhotra. Muitas vezes, o que as pessoas desejam em uma negociação não fica imediatamente óbvio. Um líder sindical pode afirmar, por exemplo, que seu objetivo é o aumento salarial. Mas depois, com o tempo, outros objetivos transparecem: a pessoa também quer obter uma boa impressão perante os membros do sindicato, há uma luta pelo poder entre grupos sindicais, ou os trabalhadores valorizam a autonomia tanto quanto um salário mais alto, mas não sabem como trazer isso à mesa de negociações. Pode levar tempo, e exigir as perguntas corretas, para definir o que as pessoas querem. Assim, uma tarefa importante em qualquer negociação é perguntar muito.[12]

Mas, em suas interações com os pacientes, o dr. Ehdaie não estava fazendo as perguntas certas. Ele não os entrevistava para descobrir o que era mais importante para eles. Não pensava em questões como: *Será que ainda gostariam de prolongar suas vidas se o tratamento os impedisse de fazer coisas como viagens e sexo? A pessoa pode preferir cinco anos extras se isso implica sofrimento constante? Até que ponto a decisão de alguém era ditada antes por sua própria vontade do que pelos desejos da família? Estaria o paciente secretamente torcendo para seu médico lhe dizer o que fazer?*

O maior erro de Ehdaie era presumir, no início das conversas, que sabia o que o paciente queria: um conselho médico objetivo, um sumário das alternativas para fazer uma escolha bem-informada.

"Não convém começarmos uma negociação presumindo que sabemos o que a outra parte deseja", afirmou Malhotra. Essa é a primeira parte da conversa *Do que realmente se trata?*: descobrir sobre o que todos os demais querem falar. O método mais simples de identificar os desejos alheios, sem dúvida, é perguntar *O que você quer?*. Mas essa abordagem pode fracassar se a pessoa não sabe ou tem vergonha de dizer, ou não tem certeza sobre como expressar seus desejos, ou está preocupada de que revelar demais pode deixá-la numa posição desvantajosa.

Como descobrir do que realmente se trata

Primeiro, reconheça que é uma negociação.

A seguir, determine: o que todo mundo *quer?*

Assim, Malhotra sugeriu que o dr. Ehdaie tentasse uma estratégia diferente. Em vez de começar a conversa apresentando ao paciente uma visão geral das opções, deveria fazer perguntas abertas para levá-lo a falar sobre seus valores e o que esperava da vida.

"O que esse diagnóstico de câncer significa para o senhor?", o dr. Ehdaie perguntou a um paciente de 62 anos algumas semanas depois.[13]

"Bem", respondeu o homem, "me faz pensar no meu pai, porque ele morreu quando eu era novo, e isso foi difícil para minha mãe. Odiaria fazer minha família passar pela mesma coisa." O homem falou sobre seus filhos, e sobre como não queria deixá-los traumatizados. Falou sobre suas preocupações relativas ao mundo que seus netos herdariam, com a mudança climática e tudo mais.

Ehdaie esperava que o homem fosse perguntar sobre questões médicas, falar sobre sua mortalidade ou querer saber sobre dor. Em vez disso, suas preocupações giravam em torno da família. O que ele realmente queria saber era qual tratamento daria menos aborrecimentos para sua esposa e seus filhos. Ele não se importava com os dados. Queria discutir como evitar transtornos para os entes queridos.

Um padrão similar surgiu em outras conversas. O dr. Ehdaie começava com uma pergunta ampla — "O que sua esposa disse quando você lhe contou sobre o diagnóstico?" — e, em vez de falar sobre a doença, o paciente falava sobre o casamento, lembranças da doença de um pai ou mãe, traumas sem relação com questões médicas, como divórcios ou falências. Alguns falavam sobre o futuro, como queriam passar a aposentadoria, que legado esperavam deixar. Começavam a refletir sobre como processar a *ideia* do câncer em suas vidas, debatendo o *significado* da doença. É assim que funciona uma negociação tranquila: um processo em que decidimos juntos que assuntos serão discutidos e como serão discutidos. É uma tentativa de descobrir o que todos esperamos de uma conversa, mesmo que nós próprios não tenhamos muita certeza, no começo.

As perguntas do dr. Ehdaie revelaram que alguns pacientes estavam assustados e queriam conforto emocional. Outros tentavam se sentir no controle. Alguns — buscando uma prova social de que não estavam assumindo riscos incomuns — queriam saber como outras pessoas haviam tomado essa decisão. Outros ainda queriam o tratamento mais avançado disponível.

Muitas vezes, o dr. Ehdaie só conseguia descobrir sobre o que os pacientes queriam falar fazendo as mesmas perguntas básicas, repetidamente, de diferentes maneiras. "No fim, acabavam dizendo algo revelador do que era importante para eles", contou-me. Isso explicava por que o médico havia fracassado tantas vezes em se comunicar com seus pacientes ao longo dos anos: não estava fazendo as perguntas certas. Não perguntou sobre suas necessidades e seus desejos, o que *esperavam* da conversa. Presumiu que já soubesse. E, como não se deu ao trabalho de descobrir o que era importante para eles, os inundou com informações que não os interessavam. Resolveu mudar a forma como se comunicava: abandonar o tom professoral e começar a fazer perguntas melhores, para ensejar um diálogo propriamente dito.

Seis meses após o dr. Ehdaie adotar essa abordagem mais inclusiva, a quantidade de pacientes que optava pela cirurgia caiu 30%. Atualmente, ele dá treinamento para cirurgiões negociarem temas como uso de opioides, tratamentos para câncer de mama e decisões sobre cuidados paliativos.[14] É uma abordagem que todos podemos usar, mesmo em discussões menos graves, quando estivermos conversando, digamos, com um amigo sobre sua vida romântica, com um colega de trabalho sobre um projeto, com um cônjuge sobre como criar os filhos. Em muitas conversas, há um tema na superfície — mas também um assunto mais profundo e significativo que, quando trazido à tona, revela o que todos esperam extrair do diálogo. "É importante perguntar o que as pessoas querem", disse-me o dr. Ehdaie. "É um convite para lhe dizerem quem são."

O SUPERCOMUNICADOR NA SALA DO JÚRI

"Sei que alguns júris gostam de votar logo de cara", diz o recém-nomeado presidente aos demais membros. Mas talvez, sugeriu, as pessoas pudessem evitar se comprometer de imediato com uma posição e, em vez disso, conversar entre si e oferecer suas impressões gerais do julgamento.

Seu objetivo obviamente é prevenir reações impulsivas, mas alguns jurados não conseguem deixar de escolher um lado na mesma hora. Um deles, um bombeiro chamado Karl, afirma que na sua cabeça não há dúvida de que

Leroy Reed é culpado. "Para mim, ficou provado sem margem de dúvida", declara. "As circunstâncias atenuantes em relação a ele ser culpado ou inocente, no que diz respeito a sua intenção, conhecimento da lei, capacidade de ler e entender, não cabe a nós determinar. Quem deve levar isso em consideração é o juiz, quando der a sentença." Ele repete para todo mundo as três questões que o juiz os instruiu a responder: se Reed tinha alguma condenação criminal, se havia adquirido uma arma, se tinha consciência de que o havia feito.

"Na minha opinião, as três foram atendidas — o ônus da prova", diz Karl.

Dois outros jurados logo concordaram com ele: Leroy Reed era culpado.

Mas os demais não tinham tanta certeza. "Acho que tecnicamente o réu é culpado das três acusações, mas sinto que também deveríamos levar em consideração o fato de ele ser quase um analfabeto funcional", afirma uma professora chamada Lorraine. Outro jurado, Henry, também está indeciso. "Tecnicamente, o homem é culpado, sem dúvida", diz. "Mas estou inclinado a considerar Leroy inocente porque acho que não tem total clareza da lei."

Após todos os presentes se pronunciarem, parece haver três pessoas determinadas a condenar Reed, duas tendendo fortemente à absolvição e sete em cima do muro. "Temos uma discussão muito filosófica nas mãos", diz uma das indecisas, uma psicóloga escolar chamada Barbara. "Nós, enquanto júri, somos obrigados a seguir a letra da lei e considerá-lo culpado? Ou nossa obrigação é usar nosso nível elevado de conhecimento?"

Se a essa altura um observador tentasse adivinhar como isso terminaria, a resposta seria fácil: Leroy Reed voltaria para a prisão. Numerosos estudos descobriram que júris, independentemente das incertezas iniciais, em geral acabam votando pela condenação, em particular quando o réu já tem antecedentes criminais.[15]

No entanto, há alguma coisa diferente com esse júri. No início, é imperceptível, mas vai ganhando contornos quando um sujeito de trinta e poucos anos, chamado John Boly, começa a falar. Boly parece compreender que todos os jurados estão envolvidos em uma negociação coletiva. Ele também reconhece que o primeiro passo é descobrir o que todos *querem* nessa conversa.

"Definitivamente, não tenho tanta certeza sobre o que acho ou sinto em relação a esse caso", diz Boly aos outros quando chega sua vez de falar. "Não está em discussão que esse homem tem antecedentes e que comprou uma arma de fogo." Seu tom é um pouco formal. "Mas o cara lê essas revistas e vive num mundo de fantasia", diz Boly. "Não tenho tanta certeza...", repete ele. "Quero escutar todo mundo e conversar sobre isso para descobrirmos juntos, conforme a gente prosseguir."[16]

Os demais parecem um pouco confusos com Boly. Muitos usam jeans, enquanto ele veste terno. Uns são aposentados, outros, operários de fábrica, alguns trabalham em casa e cuidam dos filhos, conforme deram a entender. Boly é professor de literatura contemporânea na Universidade Marquette, onde se especializou em Jacques Derrida. Como me contou posteriormente um jurado, "Quando a certa altura ele começou a falar em Kafka e em processos, fiquei, tipo, do que você tá falando, cara? De que planeta você veio?".

Contudo, Boly também difere dos demais de uma maneira menos óbvia: ele é um supercomunicador. Sabe que deve descobrir o que cada jurado espera da discussão, o que cada um precisa, e sabe que isso exige, como um primeiro passo, formular muitas questões. Assim, começa a perguntar conforme todos vão falando: *Qual sua opinião sobre armas? O que pensou quando Leroy pareceu confuso, sem entender o que estava acontecendo? Você tem uma arma? Podemos conversar sobre o que significa "porte"? O que é justiça?*

Para os outros jurados, essas perguntas soam inocentes, quase apartes casuais. Mas Boly escuta com atenção o que as pessoas respondem, catalogando cada jurado em sua cabeça, tentando descobrir o que cada um quer discutir. Alguns desejam falar sobre moralidade e imparcialidade ("Não me interessa o que a lei diz. A justiça foi feita?"), ou sobre autonomia ("Não sou um computador... Quero ficar aqui pensando e falando sobre isso, e não só concluir, logo de cara, que ele é culpado porque incorreu nessas três acusações"), ou simplesmente estão entediados ("A gente pode ficar aqui filosofando pelo resto da vida").

Conforme escuta, Boly faz uma lista em sua cabeça do que cada um está procurando: Henry quer orientação; Barbara deseja compaixão; Karl espera seguir a lei sem questionamentos. Boly está empenhado na primeira parte da conversa *Do que realmente se trata?*: descobrir o que todos querem.

Mas também há uma segunda parte envolvida nessa pergunta: determinar como todos vão conversar entre si e cooperar na tomada de decisões. Em toda conversa ocorrem inúmeras decisões, das mais triviais ("Interrupções serão toleradas?") às mais cruciais ("Devemos condenar esse homem à prisão?"). Assim, em meio à negociação, precisamos descobrir também como fazer escolhas *juntos*.

Como descobrir do que realmente se trata

Primeiro, reconheça que é uma negociação.

A seguir, determine: o que todo mundo *quer*?

Então, como fazer escolhas *juntos*?

O OBJETIVO DO NEGOCIADOR É A SATISFAÇÃO DA MAIORIA

Nosso entendimento dessa segunda parte da discussão *Do que realmente se trata?* – "Como fazer escolhas juntos?" – passou por uma transformação nos últimos quarenta anos.

Em 1979, um hoje famoso grupo de professores – Roger Fisher, William Ury e Bruce Patton – fundou o Projeto de Negociação de Harvard. Seu objetivo era "aperfeiçoar a teoria e a prática da negociação e da gestão de conflito",[17] que, até aquele momento, receberam relativamente pouca atenção no mundo acadêmico. Dois anos depois, eles publicaram um livro baseado em sua pesquisa, *Como chegar ao sim: Como negociar acordos sem fazer concessões*, que virou de cabeça para baixo o modo convencional de compreender a questão.

Até então, muitas pessoas costumavam presumir que negociações fossem jogos de soma zero: sempre que um ganhasse alguma coisa na mesa de negociações, outro perdia. "Uma geração atrás", lemos em *Como chegar ao sim*, "ao contemplar uma negociação, a pergunta mais comum na cabeça das pessoas era 'Quem vai vencer e quem vai perder?'." Mas Fisher, professor de Direito em Harvard, achou que essa abordagem era completamente errada.[18] Em sua juventude, ajudou a implementar o Plano Marshall na Europa e, mais tarde, colaborou na busca de saídas para encerrar a Guerra do Vietnã. Também trabalhou nos Acordos de Camp David em 1978 e na liberação de 52 reféns americanos no Irã, em 1981.

Nessas e em outras negociações, Fisher percebeu algo diferente em andamento: os melhores negociadores não puxavam a brasa para a sardinha de ninguém. Em vez disso, focavam em encontrar soluções em que todos se sentissem de algum modo vitoriosos e terminassem mais satisfeitos que antes. O conceito de que ambas as partes pudessem "vencer" uma negociação, escreveram Fisher e seus colegas, podia parecer impossível, mas "cada vez mais se reconhece que há maneiras cooperativas de negociar nossas diferenças e que mesmo que uma solução *win-win* não possa ser obtida, um acordo sensato e melhor para ambas as partes ainda assim pode muitas vezes ser atingido".[19]

Desde que *Como chegar ao sim* foi originalmente publicado, centenas de estudos revelaram amplas evidências para sustentar essa ideia. Diplomatas renomados explicam que seu objetivo na mesa de negociação não é obter a vitória, mas antes convencer o outro lado a colaborar para encontrar novas soluções em que ninguém pensou antes. A negociação, entre seus principais praticantes, não é uma batalha. É um ato de criatividade.

Essa estratégia passou a ser conhecida como *negociação baseada no interesse* e seu primeiro passo é muito semelhante ao que Boly empreendeu na sala do júri ou ao que o dr. Ehdaie realizou com seus pacientes no Sloan Kettering. Fazer perguntas abertas e escutar com atenção. Estimular as pessoas a falar sobre como veem o mundo e o que tem mais valor para elas. Mesmo que não descubramos, de imediato, o que os outros estão buscando — eles próprios talvez não saibam —, ao menos os inspiramos a também escutar. "Se você espera que o outro lado preze seus interesses", escreveu Fisher, "comece demonstrando que você preza os dele."

Escutar, porém, é apenas o primeiro passo. A tarefa seguinte é abordar a segunda questão inerente à conversa *Do que realmente se trata?*: como tomamos decisões juntos? Quais são as regras desse diálogo?

Frequentemente, a melhor maneira de descobrir essas regras é testando várias abordagens de conversa e verificando como os outros reagem. Por exemplo, os negociadores muitas vezes conduzem experimentos — *primeiro vou interrompê-lo, depois serei educado, a seguir introduzirei um novo assunto ou farei uma concessão inesperada e observarei o que você faz* — até todos decidirem, juntos, quais normas são aceitas e como essa conversa deve transcorrer. Esses experimentos podem assumir a forma de propostas ou soluções, sugestões imprevistas ou novos assuntos introduzidos repentinamente. Em cada um desses casos, o objetivo é o mesmo: verificar se essa sondagem revela um caminho a seguir. "Grandes negociadores são artistas", disse Michele Gelfand, professora da escola de negócios de Stanford. "Conduzem a conversa a direções inesperadas."

Entre os métodos mais seguros para incentivar esse tipo de experimentação está introduzir novos temas e questões, trazendo elementos ao debate até que a conversa tenha mudado o suficiente para que novas possibilidades sejam reveladas. "Se estiver negociando salários, por exemplo, e não sair do lugar", disse Gelfand, "introduza algo novo à conversa: 'Estamos focados nos salários, mas e se em vez de aumentar a remuneração, aumentarmos os dias de licença por doença? E se deixarmos que as pessoas trabalhem de casa?'."

"O desafio não é eliminar o conflito", escreveu Fisher em *Como chegar ao sim*, "mas transformá-lo." Todos nós conduzimos esse tipo de experimento em nossas conversas cotidianas, com frequência, sem perceber. Quando fazemos uma piada ou uma pergunta mais profunda, quando de repente ficamos mais sérios ou mais brincalhões, estamos em certo sentido fazendo um teste para ver se o interlocutor aceitará nosso convite, se vai entrar em nosso jogo.

Como numa negociação baseada em interesses, a conversa *Do que realmente se trata?* é bem-sucedida quando transforma a disputa sobre os rumos do diálogo em uma colaboração, um experimento em grupo, em que a finalidade seja descobrir o que estamos buscando e quais são os objetivos e valores compartilhados por todos.

Para um observador externo, o casal pode estar simplesmente discutindo quem buscará as crianças e fará as compras. Mas nós, que participamos dessa negociação, temos consciência dos subtextos e das entrelinhas, dos experimentos se desenrolando. Propomos perguntas abertas ("Estou fazendo o suficiente para ajudar?") e trazemos elementos à conversa ("E se eu fizer as compras e lavar a louça e você buscar as crianças e dobrar a roupa lavada?") até que seu rumo tenha mudado o suficiente para esclarecer o que todos querem de verdade e quais são as regras compactuadas: "Quero respeitar seus horários, e o trabalho é importante, então que tal se eu sair para comprar alguma comida pronta e pedir ao tio Arvind para pegar as crianças, assim nós dois podemos voltar para casa mais tarde?".

A conversa *Do que realmente se trata?* é uma negociação — só que o objetivo não é vencer, e sim ajudar todo mundo a chegar a um acordo sobre os assuntos sendo discutidos e sobre como as decisões serão tomadas em conjunto.

Voltando à sala do júri, Boly realizou a primeira parte da conversa *Do que realmente se trata?*: fez perguntas e procurou entender o que os demais jurados queriam.

Parte do que Boly escuta indica que o veredito de culpado parece cada vez mais provável. O presidente do júri afirma se inclinar pela condenação e, então, outro jurado, antes em cima do muro, concorda com ele. Karl, o bombeiro, reafirma seu voto. Leroy Reed não causou mal a ninguém dessa vez, afirma, mas e da próxima? "A lei existe pra isso, é por isso que indivíduos com antecedentes não podem ter arma", afirma Karl. Outros concordam: "E se Reed tivesse comprado a arma e matado algum inocente por aí?".

Segundo indicam estudos sobre a dinâmica das salas de tribunal, é assim que o veredito de um júri muitas vezes começa a se consolidar. Esse é o momento — quando um ou dois jurados assumem uma posição irredutível e os demais, por indecisão ou maleabilidade, seguem a deixa — que uma condenação se torna inevitável.

Mas Barbara, a psicóloga, ainda não se convenceu. "Me pergunto se não poderíamos encontrar alguma brecha", diz ela, "para o fato de que talvez ele não *soubesse*, no pleno sentido da palavra, que estivesse cometendo um crime, assim como não *soubesse*, no pleno sentido da palavra, que possuía uma arma de fogo."

"A única coisa que me incomoda", retruca o presidente do júri, "foi que o juiz disse qualquer coisa no sentido de que ignorância não é desculpa." A conversa vai ficando acalorada. As vozes começam a se elevar.

Nesse ponto, Boly volta a falar, mas de forma diferente do que fez antes. Para ele, basta de perguntas. É hora da segunda parte da conversa *Do que realmente se trata?*: descobrir como todos chegarão a um acordo sobre as escolhas.

Ele começa por introduzir um novo elemento à conversa e imagina como é estar na pele de Leroy Reed.

"Uma das coisas que notei", diz Boly, interrompendo a tensão crescente com um tom de voz despreocupado, "tem a ver com a arma." "Se prestarmos atenção", diz ele, "parece um brinquedo." Esse comentário soa incongruente. Os outros fitam Boly com perplexidade. "Aposto com vocês que se eu comprasse uma arma", continua, "e tivesse um coldre, a primeira coisa que eu faria seria deixá-la aqui", ele faz um gesto na direção de sua cintura, "e sair andando por Milwaukee, vejam, sem nunca me preocupar com o que poderia aparecer de trás de um poste ao passar por uma ponte ou uma passarela, ou qualquer coisa assim. Sou um gigante! Tenho meu trabuco aqui comigo!"

Os demais jurados ficam confusos. O que está acontecendo? O que "trabuco" quer dizer? A única coisa que todos sabem com certeza é que Boly nunca deveria ter permissão para andar armado.

Mas Boly não está falando de verdade sobre armas. Está falando sobre algo maior. Conduzindo um experimento.

"Então", continua, "o fato de que ele manuseia a arma como se fosse uma coisa sagrada, deixando na caixa, guardando num armário trancado", isso é um detalhe importante, diz Boly. "Ele não a põe num coldre, nem no bolso, nem a leva na cintura, nada disso."

Outro jurado — alguém que até esse momento parecia inclinado em seguir a tendência da maioria pela condenação — vai na onda. "É verdade", repete, "ele nem tirou da caixa."

Outro jurado concorda: "A gente não pode nem afirmar que ele sabe como usar uma arma".

É pura conjectura. Durante o julgamento, ninguém ofereceu evidências sugerindo que Leroy Reed ignorasse como usar uma arma de fogo. Mas agora os jurados estão construindo uma narrativa em suas mentes: *Talvez ele nem soubesse como portar uma arma. Talvez nem percebesse que uma arma precisa de balas.* Em poucos minutos, uma nova versão sobre Leroy Reed se materializou: era alguém que, ainda que *possuísse* uma arma, talvez não *compreendesse* que a possuía. Nesse caso, a terceira questão do juiz – "Ele sabia que havia adquirido uma arma?" – assumia uma nova dimensão.

Boly mudou os rumos da conversa. Deu novo teor à discussão experimentando uma ideia, convidando os jurados a imaginar novas possibilidades, concebendo diferentes maneiras de analisar as questões apresentadas. Estão negociando como chegarão *juntos* a uma decisão.

A tendência ao consenso do veredito de culpado perdeu o ímpeto, mas estão muito longe de uma decisão unânime.

COMO A PERSUASÃO ACONTECE

Discussões do tipo *Do que realmente se trata?* costumam recair em um de dois grupos. Há conversas em que as pessoas sinalizam estar com um mindset prático: querem resolver um problema ou raciocinar sobre uma ideia. Querem decidir quanto oferecer por um imóvel – e o que isso significa para a vida do casal – ou quem contratar para o cargo anunciado – e se de fato precisam de mais um funcionário. Tais discussões exigem análise e lucidez. Os psicólogos se referem a esse tipo de pensamento como a *lógica dos custos e benefícios.*[20] Quando as pessoas adotam raciocínio lógico e cálculos práticos, quando concordam que a tomada de decisão racional é o método mais convincente para fazer escolhas juntos, estão concordando em contrastar os potenciais custos aos benefícios esperados.

Mas em algumas outras conversas *Do que realmente se trata?*, o objetivo é diferente. Às vezes as pessoas esperam fazer escolhas conjuntas que talvez não estejam alinhadas à lógica e à razão. Querem explorar assuntos além da fria racionalidade. Querem exercer sua compaixão, falar sobre valores, discutir questões de certo e errado em decisões conjuntas. Querem recorrer a suas experiências, mesmo que não se apliquem inteiramente à situação do momento.

Nesse tipo de conversa, os fatos são menos persuasivos. Se alguém diz algo sobre seus sentimentos, o outro não apresenta contra-argumentos. Em vez disso, simpatiza, ri, partilha de sua sensação de indignação ou orgulho. Geralmente, nessas conversas não tomamos decisões fazendo uma análise dos custos e benefícios, mas olhando para nossas experiências passadas e nos perguntando: "O que pessoas como eu costumam fazer nessa situação?". Estamos aplicando o que os psicólogos chamam de *lógica das similaridades*. Esse tipo de lógica é importante porque, sem ela, não sentiríamos compaixão quando alguém descrevesse sua tristeza ou decepção, ou não saberíamos como aliviar a tensão de uma situação, nem perceber se alguém está falando sério ou brincando. A lógica nos diz quando sentir empatia.

Que tipo de lógica estão usando?

{ A lógica dos custos e benefícios } { A lógica das similaridades }

Esses dois tipos de lógica coexistem lado a lado em nosso cérebro.* Mas, muitas vezes, são contraditórios ou mutuamente exclusivos. Assim, quando estamos negociando como uma conversa deve transcorrer — como tomaremos decisões juntos —, uma questão a se fazer é: que tipo de lógica todos consideram persuasiva?

Para o dr. Ehdaie, compreender a diferença entre o pragmatismo da *lógica dos custos e benefícios* e a empatia da *lógica das similaridades* foi crucial. Alguns pacientes o procuravam com questões analíticas e queriam dados.

* É possível perceber similaridades com os diferentes tipos de cognição que Daniel Kahneman descreve em seu livro *Rápido e devagar: Duas formas de pensar*. Para Kahneman, o cérebro contém dois sistemas: o Sistema 1 é instintivo e pode produzir juízos instantâneos, como a lógica das similaridades. O Sistema 2 é mais lento, deliberado e racional, como a lógica dos custos e benefícios.

Estavam claramente num mindset prático, analítico — e assim sabiam que seriam persuadidos por meio de evidências: estudos e dados.

Esta é uma discussão prática?

↓

Apoiada por dados e raciocínio.

Mas outros contaram ao dr. Ehdaie histórias sobre seu passado e suas ansiedades. Falaram sobre seus valores e suas crenças. Esses pacientes estavam com um mindset de empatia. Assim, o dr. Ehdaie sabia que precisava convencê-los por meio de compaixão e histórias. Dizia-lhes que, apesar de ser um cirurgião e adorar o que fazia, aconselharia seu próprio pai a não optar pela operação. Contava a eles o que outros pacientes haviam feito, pois num mindset empático somos influenciados por narrativas. "As histórias contornam o instinto do cérebro em procurar razões para a desconfiança", afirma Emily Falk, professora da Universidade da Pensilvânia. Somos atraídos por histórias porque dão a *sensação* de estar certas.

Esta é uma discussão empática?

↓

Apoiada por narrativas e compaixão.

Há uma lição a se tirar aqui: o primeiro passo de uma negociação tranquila é descobrir o que as pessoas esperam de uma conversa. O segundo é determinar como fazer escolhas juntos — e isso significa decidir se a conversa é racional ou empática. Tomaremos decisões mediante a análise e a razão ou a empatia e as narrativas?

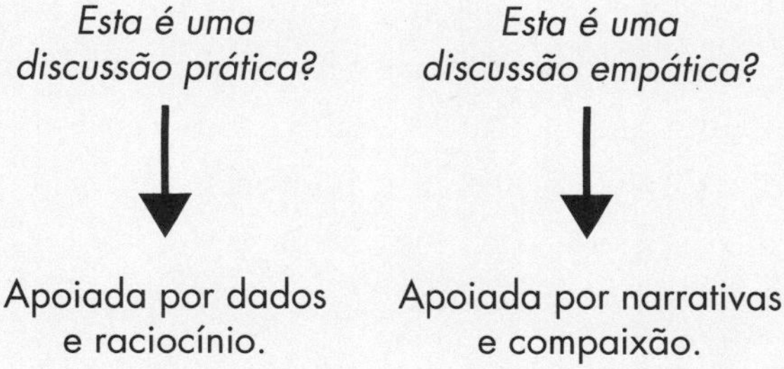

É fácil se confundir nesse processo. Na verdade, já cometi esse erro muitas vezes. Quando um primo me falou sobre teorias da conspiração absurdas ("Lojas de colchões são fachadas de lavagem de dinheiro!"), tentei convencê-lo de que estava errado usando dados e fatos ("Na verdade, a maioria delas é de capital aberto, você pode verificar as finanças delas na internet"). Então fiquei surpreso quando ele disse que *eu* havia sofrido uma lavagem cerebral. Sua lógica se baseava em histórias que havia escutado sobre elites se aproveitando de outras pessoas, uma *lógica de similaridades* que dizia que devemos desconfiar das corporações porque já mentiram antes. Meus argumentos razoáveis, minha *lógica de custos e benefícios*, não foi minimamente persuasiva para ele.

Ou digamos que você ligou para um serviço de atendimento ao consumidor para fazer uma reclamação. Presumimos que o sujeito queira escutar nossa história ("Meu filho estava brincando com meu celular e não sei como acabou comprando mil dólares em Lego"), mas descobrimos logo que ele não se importa ("Senhor, por favor, forneça a data da transação"). Ele não quer saber exatamente o que aconteceu. Está num mindset prático e só quer encontrar uma solução para passar logo à ligação seguinte.

Quando John Boly ouviu seus colegas de júri contando histórias sobre suas vidas e falando em conceitos como justiça e ética, sentiu que alguns esperavam por uma conversa que fosse além da análise e do raciocínio. Estavam em um estado de espírito empático. Boly reagiu falando de como uma pessoa portando uma arma devia *se sentir*, imaginando o que teria passado pela cabeça de Leroy Reed. Começou a criar uma narrativa: "Ele manuseia a arma como se fosse uma coisa sagrada". Nada de histórias profundas ou elaboradas, apenas fragmentos de uma narrativa, mas o suficiente para prontificar os demais a imaginar como seria estar na pele de Reed, a começarem a elaborar suas próprias narrativas. "A gente não pode nem afirmar", comenta um jurado, "que ele sabe como usar uma arma."

Por mais sutilmente que fosse, Boly mudou sua forma de falar e a lógica empregada, e isso bastou para convencer seus colegas de júri de que a conversa ainda não estava encerrada.

A NEGOCIAÇÃO É CONCLUÍDA

Os jurados estavam reunidos na sala havia pouco mais de uma hora quando um deles sugeriu que fizessem uma votação formal. Cada um escreveu seu veredito num pedaço de papel. O presidente fez a contagem. As opiniões haviam mudado: agora eram nove votos pela absolvição, contra três pela condenação.[21]

Mas vereditos precisam ser unânimes, claro. De outro modo, o julgamento é anulado. Estudos de júris indicam que momentos assim — quando um pequeno grupo se compromete verbalmente com uma decisão específica — são complicados. Uma vez que pessoas como Karl e o presidente do júri sustentem com veemência a culpa do réu, é difícil fazer com que mudem de ideia. Basta um jurado irredutível, convicto de que o acusado deve ser condenado, para o julgamento ser anulado.

Na sala, três pessoas continuam a considerar Leroy Reed culpado.

Mas as narrativas estão se desenrolando em suas cabeças.

O presidente limpa a garganta. "Tenho algo a dizer", anuncia.

Ele tinha declarado seu voto pela condenação, afirma. Mas, escutando os demais, começou a se imaginar na pele de Leroy. Em particular, contou-me mais tarde, lembrou-se de uma ocasião em que fora parado por excesso de velocidade, e "quando o policial falou comigo, aleguei que não achava certo ele me multar, não era justo, porque eu não havia arriscado a vida de ninguém ultrapassando um pouco o limite de velocidade".[22]

Essa lógica fez sentido para ele na ocasião. E agora, na sala do júri, ocorre-lhe que Leroy Reed está na mesma situação, sendo acusado de um crime em que não oferecia risco à vida de ninguém. Se alguém compra uma arma e a esconde no armário, talvez seja tecnicamente uma infração da lei, mas isso significa que deve ser punido? Será que condiz com as histórias que contamos a nós mesmos sobre justiça e imparcialidade?

"Entendo que haja espaço para dúvida, por menor que seja", diz o presidente aos outros. Ele mudou de ideia.

Outro jurado também parece disposto a mudar de ideia. Olhar para os fatos da perspectiva de Reed fez com que repensasse as coisas, afirma. Às vezes, as histórias que escutamos são suficientes para nos ajudar a enxergar uma situação pelo olhar do outro, a sentir empatia e a reconsiderar. Outras vezes, a razão desapaixonada leva a melhor. Mas só podemos tomar decisões conjuntas se todos concordamos com qual *tipo* de lógica é mais persuasiva. Uma vez alinhadas, nossas mentes ficam mais abertas para o que os outros têm a dizer.

Agora resta um único voto de culpado. Uma última negociação para que o júri possa dar o trabalho por encerrado.

Mas esse voto é de Karl, e mesmo após todas essas conversas, ele continua convicto de que Reed é culpado. "A gente está exagerando na psicologia dele", afirmou aos demais. "Estamos tentando adivinhar o que estava pensando, adivinhar o que sabia, adivinhar o que não sabia." Leroy era um ex-condenado e comprou uma arma. Era tudo que Karl precisava saber.

Durante a deliberação, Karl não contou nenhuma história íntima. Os outros jurados haviam entremeado seus comentários com apartes pessoais — episódios de suas vidas, revelações sobre o passado —, mas não Karl. O filho de Karl me contou que seu pai, falecido em 2000, era um bombeiro exemplar, "o tipo de cara que cumpria todas as normas e respeitava a hierarquia". Karl aprendeu a confiar no caráter prático e analítico da *lógica dos custos e benefícios* porque, em uma emergência, esse modo de pensar salvava vidas.

Então Boly adota outra estratégia de negociação.

Ela começa quando um jurado faz uma pergunta aberta para Karl: "Parece que sua decisão sobre a culpa desse homem é muito importante e está totalmente formada na sua cabeça. Explique um pouco mais para nós, por favor".

Karl se ajeita na cadeira. "Não sei como..." Faz uma pausa. "Não sou uma pessoa com instrução ou estudo para me pôr no mesmo nível de vocês e compreender como a mente humana funciona ou o que passa pela cabeça das pessoas", diz ele. "Sei que parece muito frio e simplista pegar três motivos e dizer, o.k., foram todos atendidos" — mas, para Karl, o caso se resumia a isso.

"Deixa eu perguntar só uma coisa", diz outro jurado. "Você acha que num processo podem ser feitas exceções?"

"Claro", responde Karl. "Quando estava lá fora e olhei pro Reed, pra mim ele não parece uma pessoa capaz de fazer mal a ninguém. Não acho que tenha más intenções. Não sinto que seja uma ameaça à sociedade."

Mas ele explica também que há uma questão mais importante a considerar ali, uma relação entre custos e benefícios. Se um júri não se guiasse pela lei, seria a anarquia. Absolver Leroy Reed poderia encorajar outras pessoas a infringirem-na.

Em nome da segurança pública, continua Karl, ele poderia abrir uma exceção e considerar o réu inocente. Mas não consegue ver como isso seria um benefício, no caso de Reed.

Algo importante acaba de acontecer: Karl revelou seu desejo mais profundo. Ele valoriza a segurança pública acima de tudo. Por isso está insistindo no veredito de culpado — em seu mindset prático, a condenação preserva a lei e a ordem, zela pela proteção da sociedade.

Boly reconhece isso como uma oportunidade de acrescentar um novo elemento à discussão, de experimentar uma abordagem diferente. Por exemplo: e se o veredito de *inocente* for ainda mais seguro para a sociedade?

Ele dirige a palavra a todos na sala, embora seu alvo seja Karl: "Acho que esse é um bom aspecto da lei e não quero dizer nem fazer nada para sugerir que não a levo a sério". Mas, mesmo assim, está frustrado. "Parte da minha motivação é que tenho um monte de outras coisas para fazer. Estou em semana de provas", e tem muito trabalho na universidade. Além do mais, "vários alunos meus têm sido vítimas de crimes. Uma semana atrás, uma mulher foi agredida quando ia para minha aula. [...] E uma outra também, agredida e estuprada".

"Então, olha, quero cumprir meu dever cívico", continua ele. "Tenho um monte de outras coisas para fazer. Chego aqui no tribunal e o promotor me vem com esse caso e apesar de ser tudo lindo e maravilhoso e de todas essas pessoas serem muito sérias e de todo esse espetáculo e de toda essa ladainha ser legal, eu meio que fiquei aqui pensando, estão de brincadeira. Quer dizer, não sinto de verdade que isso tudo justifique o gasto do meu tempo." Eles poderiam estar prendendo um ladrão, um estuprador, um assassino. Mas, em vez disso, estão debatendo se Leroy Reed — alguém que não oferece a menor ameaça à segurança pública — deve ou não ser condenado. "Pensei num recado que gostaria de mandar para o escritório da promotoria. Falando sério, adoraria mandar uma mensagem para eles assim: vão se catar, e eu aqui com medo de caminhar até meu carro no estacionamento! Minhas alunas sendo assaltadas, algumas agredidas, uma foi estuprada. Meus alunos também. Vivem sendo assaltados. E vocês me aparecem com o Leroy."

Se absolverem Reed, Boly diz ao grupo, estarão enviando um recado para a polícia e o promotor: concentrem-se nos criminosos de verdade. Concentrem-se em manter o público realmente protegido. Se os jurados considerarem Reed inocente, na realidade, estarão *ajudando* a segurança pública. É uma abordagem criativa da situação, sem dúvida, mas ele está aplicando a razão, comparando potenciais desvantagens com ganhos esperados. Está usando uma lógica prática e analítica para acrescentar novas opções à conversa. Está se alinhando a Karl e argumentado que, se de fato querem impedir a criminalidade, a escolha racional é absolver Reed.

"Definitivamente, ele nem devia estar aqui", concorda Karl. Mas ainda não estava completamente convencido.

Assim, Boly tenta uma última sugestão. "Tenho o maior respeito por sua convicção sobre a importância da lei", diz a Karl. "Seu desejo de tomar a atitude correta e sua dedicação à integridade do processo judicial."

Há um preço a ser pago quando mudamos de ideia, Boly sabe, e quem o paga é nosso ego. Mas também há um benefício: a estima e o autorrespeito por fazer a coisa certa.

Conforme a conversa prossegue, não fica claro se Karl processou tudo isso. Mas ele está pensando.

"Que tal se a gente votasse?", sugere o presidente depois de quase duas horas e meia de deliberação.

Os doze jurados pegam um pedaço de papel e dão seu veredito.

E em todos eles está escrito: "Inocente".

Leroy Reed será absolvido.

Durante uma conversa do tipo *Do que realmente se trata?*, como nos conectamos?

O primeiro passo é tentar descobrir o que cada um de nós espera de uma discussão, o que pretendemos com esse diálogo. É assim que chegamos às questões mais profundas que estão abaixo da superfície.

Boly criou uma conexão com seus colegas de júri, compreendendo que cada um queria uma coisa diferente: uns, falar sobre justiça; outros estavam focados na lei e na ordem; alguns queriam os fatos; outros ansiavam por empatia. O dr. Ehdaie se conectou com seus pacientes perguntando-lhes o que era mais importante para eles. O modo de revelar o desejo de cada um é parar e perguntar: *Do que realmente se trata?*.

Quando alguém diz "Podemos conversar sobre a próxima reunião?", ou comenta "Aquele memorando foi um absurdo, não?", ou externa suas preocupações, como, "Não tenho certeza se ele consegue fazer esse trabalho", a pessoa está nos convidando a uma discussão *Do que realmente se trata?*, sinalizando que há algo mais profundo sobre o qual quer falar. Boly sabia como ficar atento a esses sinais e o dr. Ehdaie aprendeu a procurá-los.

Então, uma vez que sabemos o que as pessoas esperam de uma conversa, precisamos pensar em como lhes dar o que querem — como empreender uma negociação tranquila —, de modo que suas necessidades sejam atendidas, assim como as nossas. Isso exige conduzir experimentos para revelar como tomaremos decisões juntos. É o *princípio da combinação* em funcionamento, levando-nos a reconhecer que *tipo* de conversa está ocorrendo e então nos alinhar aos outros e convidá-los a se alinhar conosco. Boly e o dr. Ehdaie compreenderam que combinação não é imitação; não basta simplesmente parecer preocupado e repetir o que os outros disseram.

Na verdade, combinar é compreender o mindset da pessoa — que tipo de lógica ela acha convincente, que tom de voz e abordagem fazem sentido para ela — e a seguir falar sua língua. E isso exige explicar com clareza como nós, de nossa parte, pensamos e fazemos escolhas, de forma que os outros possam, por sua vez, criar uma combinação conosco. Quando alguém conta um problema pessoal narrando uma história, está sinalizando que espera nossa compaixão, não uma solução. Quando a pessoa descreve os fatos analiticamente, está sinalizando que seu interesse é antes uma conversa racional do que emocional. Podemos todos aprender a notar melhor essas pistas e a conduzir experimentos que as revelem.

A dádiva mais profunda da conversa *Do que realmente se trata?* é uma chance de aprender sobre o que os outros querem falar, o que precisam extrair de uma discussão e convidar todos a fazer as escolhas juntos. É nesse momento que começamos a compreender uns aos outros e a encontrar soluções melhores do que qualquer coisa que possamos ser capazes de conceber por conta própria.

Guia para usar essas ideias

Parte II

Fazendo perguntas e notando as pistas

A partir de 2018, pesquisadores em Harvard passaram a registrar centenas de conversas entre amigos, estranhos e colegas de trabalho, procurando lançar luz sobre uma questão: como as pessoas sinalizam a respeito de que querem conversar?[1] Em outras palavras, como determinamos *Do que realmente se trata?*.

Os participantes do experimento conversavam presencialmente e por videochamada. Recebiam sugestões de temas para começar — "Você trabalha com quê?", "Você é uma pessoa religiosa?" —, mas podiam enveredar por qualquer outro assunto. Em seguida, eram perguntados se tinham apreciado a conversa.

A resposta de muitos foi, essencialmente, "não". As pessoas tentavam mudar de assunto, sugerindo que queriam falar sobre algo novo, indicando quando estavam entediadas, introduzindo novos temas. Experimentaram diferentes abordagens, mas os seus parceiros não conseguiam perceber.

Os sinais de que esperavam alguma outra coisa dessa conversa eram óbvios, constataram os pesquisadores, contanto que a pessoa estivesse atenta a eles. Mas, na rapidez da língua falada, essas pistas passaram facilmente batido. Quando alguém diz algo e ri em seguida — mesmo que não tenha graça —, é um sinal de que estão apreciando a conversa. Quando alguém faz certas interjeições conforme escuta ("Sei", "Hum-hum", "Interessante"), é um sinal de envolvimento, o que os linguistas chamam de *marcadores conversacionais*. Quando alguém nos interrompe ("Como assim?", "Por que você acha que ele disse isso?"), é um sinal de interesse, ao passo que mudanças de assunto ("Deixe-me perguntar outra coisa") indicam que o interesse se esgotou.

"Embora as pessoas tenham preenchido seu discurso conversacional com informações sobre suas preferências de assunto", escreveram os pesquisadores, "seus parceiros foram incapazes de captar (ou ignoraram) muitas dessas pistas e demoraram a tomar alguma atitude em relação a elas. Considerados em seu conjunto, nossos resultados sugerem que há ampla margem para melhorias."

Esses resultados não são exatamente chocantes, claro. Todos já passamos por isso algum dia. Às vezes, as pessoas não notam os sinais que estamos tentando enviar porque não são treinadas a prestar atenção. Não aprenderam a experimentar diferentes assuntos e estratégias de conversação.

Mas aprender a captar essas pistas e a conduzir esse tipo de experimento é importante porque interferem na segunda regra de uma conversa instrutiva.

> *Regra 2:*
> Compartilhe seus objetivos e pergunte o que a outra pessoa está buscando.

Conseguimos isso de quatro maneiras: preparando-nos antes de uma conversa; fazendo perguntas; notando os sinais no decorrer do diálogo; experimentando e acrescentando elementos à discussão.

PREPARANDO-SE PARA UMA CONVERSA

Uma conversa *Do que realmente se trata?* muitas vezes ocorre no início de uma discussão e, portanto, pode ser produtivo fazer alguns preparativos antes de um diálogo começar.

Pesquisadores em Harvard e outras universidades examinaram que tipo de preparação é de fato útil.[2] Eles instruíram os participantes de um estudo a enumerar por escrito alguns assuntos que gostariam de abordar antes do início de uma conversa. Esse exercício levou cerca de apenas trinta segundos; muitas vezes, depois que a discussão começou, nem se falou nos tópicos anotados.

Mas só de preparar uma lista, descobriram os pesquisadores, a conversa fluía melhor. Com menos pausas desconfortáveis, menos ansiedade e, ao final, as pessoas afirmaram que haviam se sentido mais envolvidas. Assim, momentos antes de iniciar uma conversa, vale a pena especificar para si mesmo:

- **Dois temas que eu gostaria de discutir.** (Sem problema se forem um pouco superficiais: *O jogo de ontem à noite* e *Os programas de que você gosta*.)
- **Uma coisa que espero dizer.**
- **Uma pergunta que quero fazer.**

Prepare-se para a conversa

Falar sobre o jogo de ontem à noite.
Mencionar um novo emprego.
Onde passar as férias?

Anote alguns assuntos para discutir.

O bom desse exercício é que, mesmo que em nenhum momento esses assuntos apareçam, eles ficarão à nossa disposição caso a conversa pareça não avançar. E tendemos a nos sentir mais confiantes apenas por antecipar o que será discutido.

Assim que esse exercício se tornar um hábito natural — e isso acontece rapidamente —, podemos deixar nossa preparação um pouco mais sólida:

- **Quais são os dois assuntos *que mais quero* discutir?**
- **O que espero dizer para *demonstrar sobre o que quero falar*?**
- **Qual pergunta vou fazer para *revelar o que os outros querem*?**

Há uma negociação silenciosa no cerne de uma conversa *Do que realmente se trata?*, que vem à tona quando precisamos tomar uma decisão ou delinear um plano. Às vezes, ela é rápida: um amigo diz "Precisamos falar sobre a programação de sábado", respondemos "Tudo bem!", e a negociação está resolvida. Mas, para uma conversa mais significativa e complexa, essa negociação é mais prolongada e sutil. Podemos começar com amenidades, depois passar a um tema descomplicado – falar sobre o tempo ou um amigo em comum –, para, enfim, chegar ao que queremos discutir de fato: "Estava pensando se você se interessaria em investir em minha nova empresa".

Independentemente de como essa negociação se desenrole, há um formato comum: alguém faz um *convite* e o interlocutor *aceita* ou *responde com outro convite.*

Às vezes, queremos que o outro fale primeiro. O modo mais fácil de conseguir isso é fazendo perguntas abertas (como as que o dr. Ehdaie dirigiu a seus pacientes). E as questões abertas são fáceis de elaborar, quando focamos em:

- **Perguntar sobre as crenças e valores da pessoa ("Como você decidiu virar professor?")**
- **Pedir à pessoa para emitir um juízo ("Você ficou feliz quando entrou na faculdade de direito?")**
- **Perguntar sobre as experiências da pessoa ("Como foi sua viagem à Europa?")**

Questões como essas não soam intrusivas – perguntar "Como você decidiu virar professor?" não parece excessivamente pessoal – e são um convite para que o interlocutor compartilhe suas crenças sobre educação ou o que ele valoriza em um emprego. "Você ficou feliz quando entrou na faculdade de direito?" convida a pessoa a refletir sobre suas escolhas, e não apenas descrever seu trabalho. Uma pergunta aberta pode ser superficial ou profunda. Mas, como veremos no próximo capítulo, questões sobre valores, crenças, juízos e experiências são extremamente poderosas – e mais fáceis de propor do que imaginamos.

Faça perguntas

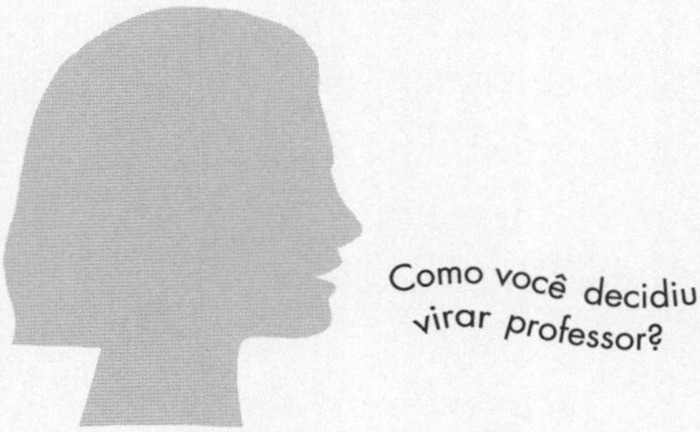

Pergunte sobre crenças, valores, juízos e experiências.

OBSERVE AS PISTAS DURANTE A CONVERSA

Em outras conversas, em vez de esperar que nossos interlocutores expressem suas necessidades e objetivos, podemos primeiro procurar expressar os nossos. Nesses momentos, quando fazemos um convite – "Vamos conversar sobre a programação de sábado?" ou "Estava pensando se você se interessaria em investir em minha nova empresa" –, o modo como a outra pessoa reage é importante, e assim devemos nos treinar para perceber os sinais tácitos.

Alguns elementos importantes para prestar atenção:

- **A pessoa se inclina na sua direção, faz contato visual, sorri, utiliza marcadores conversacionais ("interessante", "hum") ou te interrompe?**

Esses são sinais de que o interlocutor quer aceitar seu convite. (As interrupções, ao contrário do que imaginamos, em geral significam o desejo de acrescentar alguma coisa.)

- **A pessoa fica calada, com expressão impassível, fixa o olhar em um ponto além do seu rosto? Parece excessivamente contemplativa? Recebe seus comentários sem acrescentar suas próprias reflexões?**

É comum interpretarmos de maneira equívoca essas reações como um sinal de que o interlocutor está escutando. Mas, em geral, não está. (Na verdade, como veremos nos próximos capítulos, escutar é algo muito mais ativo.) Indica antes que a pessoa está rejeitando nosso convite e gostaria de falar sobre outra coisa – nesse caso, precisamos continuar a sondar e a experimentar para descobrir o que ela quer.

Observe as pistas

A pessoa se inclina em sua direção e mostra interesse?
Ou tem uma expressão distante e passiva?

É fácil não notar essas reações, em parte porque falar exige muito de nossa capacidade mental. Mas se nos treinarmos para perceber esses sinais, isso nos ajuda a responder *Do que realmente se trata*?

TENTE ACRESCENTAR ELEMENTOS À DISCUSSÃO

Quando alguém rejeita nosso convite, podemos nos sentir paralisados. Em tais momentos, vale a pena lembrar a lição da negociação baseada no interesse: seja criativo. Comece experimentando novos assuntos e estratégias até que um caminho para progredir se revele, da mesma forma como John Boly introduziu um novo modo de pensar sobre segurança pública para Karl.

Uma forma de descobrir que novos temas e abordagens podem se revelar produtivos seria prestar atenção a detalhes como:

- **Alguém contou uma história ou fez uma piada?** Caso sim, a pessoa talvez esteja num mindset empático de *lógica de similaridades*. Com esse tipo de mindset, as pessoas não estão em busca de debater ou analisar escolhas; querem compartilhar coisas, se relacionar, se solidarizar.

- **As pessoas estão falando sobre planos e decisões ou avaliando opções?** Tocaram em assuntos políticos ou financeiros ou comentaram sobre a escolha de onde passarão as férias do próximo ano? ("Maine ou Flórida: o que é melhor em junho?"). Nesse caso, podem estar num mindset mais prático de *lógica de custos e benefícios* e é bom você ficar mais analítico também.
- **Fique de ouvidos atentos para mudanças de assunto.** As pessoas nos informam sobre o que querem falar por meio de comentários aleatórios, apartes e mudanças súbitas na conversa – ou, em outras palavras, com os experimentos que *elas* conduzem. Se alguém me faz a mesma pergunta de diferentes maneiras, ou introduz abruptamente um novo assunto, isso é um sinal de que quer acrescentar algo à discussão, e o mais sensato é permitir que prossiga.
- **Finalmente, experimente.** Conte uma piada. Faça uma pergunta inesperada. Introduza uma nova ideia. Tente interromper e depois não interromper. Observe se os interlocutores entram no jogo. Em caso afirmativo, é um indicativo do modo como querem tomar decisões em conjunto, das regras e normas que aceitam. Estão sinalizando como gostariam que a conversa prosseguisse.

Adicione temperos à conversa

As pessoas estão contando histórias ou fazendo planos? Estão mudando de assunto?

É provável que todo mundo já tenha esses instintos, mas nós os esquecemos com facilidade. E não é preciso abraçar todas essas táticas ao mesmo tempo. Podemos incorporá-las gradativamente a nossas conversas até que, um dia, negociar a respeito *Do que realmente se trata?* pareça natural.

A CONVERSA *COMO NOS SENTIMOS?*

UM PANORAMA

As emoções modelam cada conversa. Elas pautam o que dizemos e como escutamos, muitas vezes de maneiras de que não nos damos conta. Toda discussão é, em algum aspecto, sobre *Como nos sentimos?*

Devido à importância desse tipo de diálogo, os três capítulos a seguir são voltados a conversas emotivas. Quando se trata de falar de emoções, escutar é fundamental. Precisamos ficar atentos às vulnerabilidades, perceber o que fica nas entrelinhas e, igualmente importante, devemos *demonstrar* que estamos ouvindo. Uma boa escuta, quando eficaz, revela novos mundos sob a superfície das palavras ditas pela outra pessoa.

O capítulo 3 explica como escutar mais profundamente e o que fazer quando escutamos alguém dizer coisas significativas. O capítulo 4 examina como podemos melhorar em dar ouvidos às emoções que não são exteriorizadas de modo verbal — como a linguagem corporal, os tons de voz, os gestos e as expressões são tão eloquentes quanto nossas palavras. O capítulo 5 detalha como as emoções podem alimentar conflitos ou ajudar a resolvê-los e como criar ambientes mais seguros para discutir as discordâncias, seja nas redes sociais, seja na vida fora da internet.

A conversa *Como nos sentimos?* é essencial para que haja conexão. Os três capítulos seguintes exploram como expressar — e como escutar — o que sentimos.

3. Escutar para curar

Investidores com sentimentos

As pessoas lotando o auditório de um fundo de investimentos de Connecticut pareciam todas vindas do Planeta Dinheiro. Muitos usavam ternos sob medida e alguns exibiam relógios que custavam mais que alguns carros. Enquanto aguardavam o início desse evento exclusivo, conversavam sobre suas mais recentes aquisições de arte e projetos imobiliários ou se queixavam de como as ilhas Seychelles e Martha's Vineyard viviam lotadas. Alguns, na tentativa de mostrar sua singularidade, usavam contas de cabala ou um tênis de edição limitada. Um deles exibia uma barba somente sob o lábio inferior, um *soul patch*.

Mas, a despeito de tanto esforço em se destacar, todos — investidores profissionais de dezenas de firmas de Wall Street que supervisionavam bilhões de dólares — passavam seus dias praticamente da mesma maneira: conversando com CEOs e se relacionando com executivos de bancos de investimento, debruçando-se sobre relatórios financeiros e percorrendo conferências da indústria, na eterna esperança de encontrar qualquer informação capaz de ajudá-los a prever quais ações subiriam ou cairiam.

Nesse dia, porém, era diferente. Estavam ali aguardando um professor de psicologia de 43 anos da Universidade de Chicago, Nicholas Epley, que faria uma apresentação sobre como aprender a escutar. Todos ali sabiam, muitos por experiência própria, que a inabilidade em escutar podia ser muito custosa. Um dos presentes chegou a perder 20 milhões de dólares numa única tarde após não se dar conta de que um corretor que, em geral, era alegre e inabalável, havia gritado com um garçom durante um almoço regado a martíni e saído da mesa diversas vezes para atender o celular. O homem sempre voltava com uma justificativa aceitável, mas o gestor de fundo de investimentos descobriu posteriormente que a empresa dele estava indo à falência e que ele não tinha percebido os sinais. Um pequeno erro — não escutar a hesitação na voz de alguém durante uma reunião, ignorar uma resposta evasiva a uma pergunta direta — pode ser a diferença entre o sucesso e o fracasso.

Assim, os organizadores desse evento convidaram Epley para mostrar a todos como melhorar a capacidade de ouvir coisas que deixamos facilmente escapar. Epley era a pessoa certa para a tarefa porque havia dedicado a maior parte de sua carreira a estudar como às vezes *escutamos errado*.[1] Por que, por exemplo, algumas pessoas eram incapazes de identificar as emoções na voz dos outros? Como era possível duas pessoas comparecerem a uma mesma reunião e depois discordarem por completo sobre o que havia sido conversado?

Muitos na plateia presumiram que Epley apresentaria um PowerPoint com uma série de estratégias para escutar melhor: "Sempre mantenha contato visual", "Balance a cabeça de forma encorajadora para mostrar que está prestando atenção", "Sorria bastante". Em outras palavras, o tipo de dicas populares vistas em infomerciais e nas mídias sociais.

Mas a pesquisa de Epley indicava que tais métodos, em particular quando forçados, sabotavam a verdadeira comunicação. Balançar a cabeça não significa que estamos escutando. Sorrisos constantes e contato visual podem ser um pouco... intensos. Além do mais, acreditava Epley, todo mundo já sabe como escutar com atenção. "Não precisamos que ninguém nos ensine a escutar um podcast interessante ou uma boa piada", contou-me. "Quando estamos numa ótima conversa, ninguém tem dificuldade em acompanhar o que está sendo dito. Se algo é interessante, escutamos sem nem pensar a respeito."

Epley queria incentivar esse grupo a explorar suas habilidades naturais de escutar, o que significava ajudá-los a aprender a ter conversas mais interessantes e significativas. Estava convencido de que para isso era necessário fazer com que falassem sobre coisas mais íntimas. Em particular, acreditava que as pessoas deveriam falar sobre suas emoções. Quando discutimos nossos sentimentos, algo mágico ocorre: os outros não conseguem deixar de nos escutar. E a seguir passam a revelar suas próprias emoções, o que por sua vez faz com que escutemos. Se o gestor do fundo de investimentos que perdeu 20 milhões, por exemplo, houvesse perguntado ao sujeito no almoço qual era o problema, se houvesse insistido em perguntar sobre seu estado emocional, provavelmente teria percebido que o homem estava estressado. Teria notado os indícios de que havia alguma coisa errada.

Epley queria estimular os gestores a ter uma conversa do tipo *Como nos sentimos?* "Quando nos abrimos para alguém", contou-me, "a pessoa fica absorvida no que dizemos."

Entretanto, ele sabia que muitos de nós evitamos discutir assuntos íntimos ou emocionais porque consideramos constrangedor, pouco profissional, receamos dizer a coisa errada ou que a pessoa reaja mal, ou não conseguimos parar de nos preocupar com o que ela pensará a nosso respeito.

Epley acreditava ter encontrado um modo de contornar esse tipo de armadilha. A chave para começar uma conversa sobre *Como nos sentimos?* era ensinar as pessoas a fazer tipos específicos de perguntas que, de início, não *parecem* emocionais, mas que tornam os sentimentos mais fáceis de admitir.[2] Epley havia passado a década anterior ensinando as pessoas a fazerem perguntas como essas e agora queria ver se suas técnicas funcionariam com um grupo de investidores, pessoas em geral alérgicas a manifestações sentimentais. Assim, uma vez na frente do público, ele explicou o que aconteceria: todos deveriam encontrar um parceiro, alguém que não conhecessem. E durante os dez minutos seguintes, conversariam.

Em seguida, Epley revelou as perguntas que fariam uns aos outros, num total de três. A terceira era: "Consegue descrever uma ocasião em que chorou na frente de outra pessoa?".

"Ai, droga", exclamou alguém na primeira fileira. "Isso vai ser horrível."

Chega um momento, em muitos diálogos, em que precisamos decidir: devo permitir que essa conversa tome um rumo emocional? Ou vou conservar o tom frio e distanciado?

Talvez você esteja discutindo planos para o fim de semana com um amigo e, após um silêncio, a pessoa diz: "Acho que vou precisar resolver uns problemas". Pode ser que estejamos pondo o papo em dia com um colega de trabalho e escutemos um suspiro insinuando tristeza e preocupação. Talvez seja uma referência a uma emergência familiar, ou uma menção de como a pessoa está orgulhosa dos filhos. Nesses momentos, ficamos diante de uma decisão: deixar que o comentário seja feito sem pedir maiores explicações ou reconhecer que ela está manifestando seus sentimentos e reagir emocionalmente a eles. É aí que a conversa *Como nos sentimos?* tem início — se permitirmos.

Seja qual for a nossa escolha, o certo é que as emoções *já* estão influenciando a conversa. Diversos estudos mostram que as emoções entram em jogo quase todas as vezes que abrimos a boca ou ouvimos o que os outros têm a dizer. Elas influenciam o que dizemos e escutamos e, na verdade, já entraram na conversa por meio daquele suspiro, daquele lampejo de orgulho ou de 1 milhão de outras maneiras que mal notamos. As emoções começam a operar assim que o tête-à-tête começa, moldando como reagimos e pensamos, e qual o motivo de estarmos ali, afinal de contas. No entanto, podemos ignorar o suspiro ou a expressão de orgulho, minimizando o valor de *Como nos sentimos?* e nos atendo a um território mais seguro: a superficialidade de um simples bate-papo.

Na maioria das vezes, essa é a escolha errada. Errada porque nos nega acesso a um potente processo neural que evoluiu por milhões de anos para nos ajudar a estreitar laços. Errada porque deixa todos os lados menos satisfeitos e nos dá a sensação de que a conversa ficou incompleta. Errada porque ao reconhecermos a vulnerabilidade alheia e retribuirmos admitindo nossas próprias vulnerabilidades, geramos confiança, compreensão e conexão. Quando optamos por adotar a conversa *Como nos sentimos?*, tiramos proveito de um processo neuroquímico que alimenta nossos relacionamentos mais importantes.

A conversa *Como nos sentimos?* é fundamental porque revela o que se passa em nossa mente e abre caminho para nos conectarmos.

O PODER DAS PERGUNTAS

Nick Epley não costumava dar ouvidos a ninguém. Sua recusa a escutar os outros era tão grave, na verdade, que quase arruinou sua vida. Ele cresceu em uma pequena cidade em Iowa e havia sido uma estrela de futebol no ensino médio, tão arrogante e cheio de si quanto se pode imaginar. Então, certa noite, em seu terceiro ano, ele voltava para casa bêbado após uma festa, ziguezagueando entre as faixas, quando foi parado por uma viatura. O policial notou sua jaqueta de time de futebol, e isso pareceu despertar nele uma certa condescendência pela estupidez juvenil. Assim, em vez de algemá-lo, preferiu lhe dar um sermão, afirmando que se não mudasse de vida, acabaria se metendo numa fria de verdade. Depois ligou para seus pais e solicitou que fossem buscá-lo.

Nas semanas seguintes, seus pais o repreenderam incansavelmente sobre os riscos do caminho que estava seguindo. Disseram a Epley que compreendiam como era difícil ser adolescente, que percebiam como queria impressionar os amigos e testar seus limites e que se solidarizavam com seu desejo de experimentar coisas novas. Afinal, um dia também haviam sido jovens. Mas estavam preocupados com as más escolhas que ele andava fazendo. Epley mal prestou atenção: "As palavras deles entravam por um ouvido e saíam pelo outro. Só as baboseiras de sempre dos adultos".

Meses depois, foi parado por embriaguez outra vez. Um policial diferente lhe passou um sermão parecido e, novamente, Epley se safou com uma ligação para os pais. Mas, dessa vez, eles decidiram que era hora de procurar ajuda profissional.

Epley começou a fazer terapia, esperando ouvir mais repreensões e críticas. Mas a terapeuta era completamente diferente de seus pais, para não mencionar a maioria dos outros adultos que conhecia. Não fez sermões nem lhe disse que precisava mudar de vida. Não afirmou compreender de onde vinha nem lhe deu conselhos. Na verdade, apenas fez perguntas: "Por que você estava bebendo?", "O que teria feito se tivesse atropelado alguém?", "O que teria acontecido com sua vida se você tivesse sido preso, se ferido ou matado outra pessoa?".

"Precisei refletir sobre isso", contou-me Epley. "Não podia fingir que não sabia as respostas."[3]

As perguntas em si não se referiam a suas emoções, mas, inevitavelmente, conforme procurava respostas, ficou emotivo. Elas o forçaram a falar sobre suas crenças e seus valores, como se sentia, quais eram suas ansiedades e seus medos. Após as sessões, voltava para casa exausto, envergonhado, assustado, com raiva e, acima de tudo, confuso, uma mistura complicada de sentimentos que, em geral, levava dias para desemaranhar. Essas foram algumas das conversas emocionalmente mais intensas da sua vida, mesmo que a terapeuta não tenha lhe pedido em nenhum momento para descrever o que sentia.

As sessões também pareceram desbloquear alguma coisa. Epley começou a falar com seus pais sobre como se sentia — e a escutar, pela primeira vez, quando descreviam seu próprio estado emocional. Seu pai mencionou um dia, anos antes, em que Epley saiu de casa pela manhã sem avisar ninguém. Eles desceram ao porão à sua procura e viram que faltava um rifle. Então entraram em pânico. Temeram que estivesse pensando em cometer suicídio. Seu pai descreveu o desespero e o terror que passaram até o garoto voltar para casa, ileso e irritado com a preocupação, explicando impacientemente que havia ido caçar com os amigos. Conforme seu pai falava sobre esse dia, Epley rememorou o episódio, a consternação de seu pai, como desdenhou o pânico deles porque na época lhe pareceu ridículo. Não foi capaz de escutar o que estavam tentando lhe dizer: queriam que percebesse como era amado. Mas o amor implica a obrigação de zelar pela própria segurança, dar satisfação aos outros sobre aonde vamos, não ignorar as preocupações dos pais. "Essa conversa mudou nosso relacionamento", contou-me. "Me senti muito sortudo por enfim ser capaz de enxergar meu pai como uma pessoa real e complexa."

Após a segunda sessão de terapia, decidiu parar de beber. Começou a levar a escola a sério. Então se matriculou no St. Olaf College e resolveu estudar psicologia. Depois de se formar, entrou para um programa de ph.D. na Universidade de Cornell.

A partir daí, passou a refletir com mais profundidade sobre o motivo para continuar sendo inicialmente tão relutante em dar ouvidos a quem quer que fosse, mesmo após escapar por um triz de ser preso em duas ocasiões diferentes. "Às vezes a gente olha pra trás e pensa, *por que era tão difícil escutar?*" Por que os sermões dos policiais não exerceram efeito algum? Por que havia sido tão fácil ignorar seus pais quando imploraram e tentaram com todas suas forças convencê-lo e ajudá-lo?

Em 2005, Epley dava aulas na Universidade de Chicago. Agora casado e com filhos, morria de medo de que um dia, quando fossem adolescentes, pudessem lhe dar as costas e se recusar a ouvir o que tinha a dizer. Queria compreender como fazer com que o escutassem.

Na época, uma teoria prevalecente na psicologia afirmava que, para compreender os outros — e convencê-los a nos escutar —, devemos nos empenhar no que é conhecido como *tomada de perspectiva*: tentar enxergar a situação de seu ponto de vista e demonstrar nossa empatia. Publicações de psicologia observavam que "para nos comunicarmos efetivamente, devemos adotar a perspectiva da outra pessoa tanto ao falar como ao escutar".[4] Livros nos ensinaram que "assumir a perspectiva do outro não apenas promove mais compreensão interpessoal"[5] como também "constitui uma habilidade vital para negociadores muito capazes".[6]

Quando Epley relembrou suas experiências no ensino médio, percebeu que seus pais, a seu modo, haviam tentado assumir sua perspectiva após ele quase ter sido preso por dirigir embriagado. Haviam tentado se colocar na sua pele, forjar uma conexão, imaginando como devia se sentir pressionado. Esperavam que demonstrar empatia o convenceria a escutar seus conselhos.

Mas se alguma coisa tinha ficado clara para Epley era como, naquele momento, a tentativa de seus pais de assumir seu ponto de vista revelava como *não* o compreendiam. Conforme tentavam se solidarizar e compartilhar histórias de seus próprios erros juvenis, tudo o que ele escutava eram adultos que não faziam mais ideia do que era ser um adolescente.

Seus pais não conseguiram se conectar com ele porque não compreenderam como ele se *sentia*. E não compreenderam isso porque em nenhum momento perguntaram. Não quiseram saber a respeito de sua raiva ou insegurança nem por que sentia necessidade de se provar, bebendo todas aquelas cervejas. Mas, mesmo que o tivessem feito, Epley não teria conseguido responder. Ele próprio não entendia bem o que se passava em sua cabeça até começar a conversar com a terapeuta e ela, em vez de tentar se colocar em seu lugar, simplesmente lhe fez perguntas que suscitaram respostas emocionais: "Por que está fazendo essas escolhas?"; "É isso que você quer ser?". Então ela escutou e fez perguntas pertinentes com base no que ele havia dito, e isso de algum modo o inspirou a escutar o que ela tinha a dizer e, depois, a escutar seu próprio coração, até se dar conta de que precisava mudar.

Agora, como adulto, Epley se perguntava se os livros de psicologia estavam errados.[7] Talvez tentar "se colocar na pele do outro" não fosse a abordagem correta. Afinal, isso é impossível. Em vez disso, a melhor estratégia talvez seja fazer perguntas. Perguntar sobre a vida da pessoa, o que estava sentindo, suas esperanças e seus medos, e depois escutá-la falar de suas dificuldades, decepções, alegrias e ambições.

Escutar o outro descrever sua vida emocional é importante porque, quando falamos sobre nossos sentimentos, descrevemos não só o que aconteceu conosco, como também por que fizemos determinadas escolhas e como vemos o mundo. "Quando alguém descreve como se sente, está fornecendo à outra pessoa um mapa das coisas com as quais se importa", disse Epley. "Por isso me conectei com meus pais, pois finalmente compreendi o que era importante para eles. Compreendi como estavam assustados e preocupados e que só queriam minha segurança."

Por isso a conversa *Como nos sentimos?* é tão crucial. Toda discussão é moldada por nossas emoções, e quando trazemos os sentimentos à baila — quando os compartilhamos com alguém e nos abrimos para que compartilhem os seus conosco —, começamos a enxergar a possibilidade de alinhamento.

As três conversas

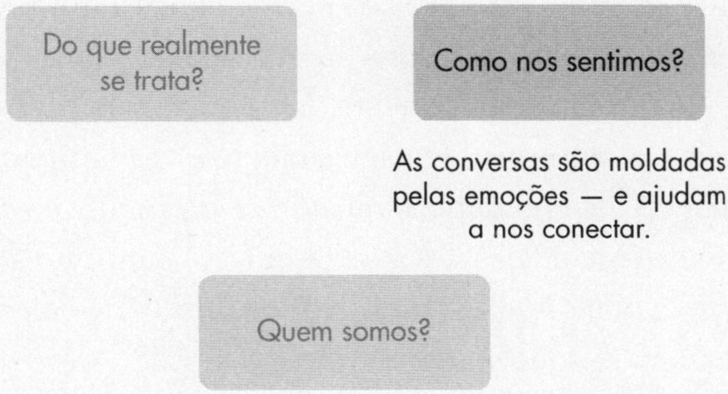

Epley começou a pensar que devia haver uma alternativa à tomada de perspectiva alheia. Talvez houvesse uma técnica diferente para ajudar a fazer perguntas que estimulassem a pessoa a se abrir e a falar de suas emoções. Talvez, em lugar de *assumir* uma perspectiva, devêssemos focar em *obter* uma perspectiva, pedindo às pessoas que descrevam sua vida interior, seus valores, suas crenças e seus sentimentos, as coisas que mais importam para elas. Epley intuiu que alguma coisa no ato de perguntar — fazer as perguntas certas — continha as sementes da verdadeira compreensão.[8]

Mas quais perguntas seriam as certas?

AS PERGUNTAS CERTAS

Em 1995, o casal Elaine e Arthur Aron, pesquisadores de psicologia na Universidade Stony Brook, colocaram duas cadeiras sobre um tapete laranja brilhante em uma sala sem janelas e convidaram estranhos, formando duplas, para sentar e se revezar fazendo uma lista de perguntas uns aos outros. Nenhum dos participantes — mais de trezentos — se conhecia antes de entrar na sala e cada sessão durava apenas sessenta minutos. As questões haviam sido selecionadas de antemão pelos pesquisadores e iam de frívolas ("Quando foi a última vez que cantou sozinho?") a profundas ("Se você morresse hoje, do que ficaria mais arrependido por não ter dito a alguém?").

Em seguida, os pares se despediam e iam embora, cada qual para seu lado. No entanto, quando os pesquisadores entraram em contato com os participantes sete semanas depois, descobriram que 57% deles haviam procurado o parceiro de conversa alguns dias ou semanas após o experimento, e que 35% se encontraram socialmente. Uma dupla saiu para jantar, depois foram ao cinema algumas vezes, começaram a se ver nos fins de semana e feriados. Cerca de um ano depois, quando se casaram, convidaram todos do laboratório de psicologia para a cerimônia. "O impacto superou as expectativas de todo mundo", contou-me Arthur Aron. "Até hoje fico surpreso. Não fazíamos ideia do que aquilo se tornaria."

Os Aron haviam concebido seu estudo para ver se havia "uma metodologia prática para criar intimidade", uma técnica que pudesse gerar conexão.[9] Em particular, queriam ver se era possível transformar estranhos em amigos. Outros experimentos haviam revelado uma longa lista de fatores sem o menor impacto. Os pesquisadores descobriram que, simplesmente porque duas pessoas tinham experiências ou crenças em comum — se ambas iam à mesma igreja e fumavam ou eram ateus e odiavam cigarro —, essas similaridades, por si só, não bastavam para promover uma camaradagem entre elas. Estudos mostram que instruir as pessoas a bater papo, resolver um quebra-cabeça juntas ou contar piadas umas às outras não ajuda a gerar sensação de proximidade. Apenas informar os participantes do estudo de que "temos nos esforçado muito para combinar os parceiros" e "esperamos que você e seu parceiro se gostem"[10] não necessariamente significa que as pessoas vão gostar uma da outra.

Na verdade, houve apenas um método confiável testado pelos Aron capaz de criar uma conexão entre estranhos: uma série de 36 perguntas que, como escreveram Elaine e Arthur mais tarde, suscitaram "revelações íntimas de forma sustentada, progressiva, recíproca e personalizada". Essas questões — intituladas como "As 36 perguntas que farão você se apaixonar"* — tornaram-se um protocolo famoso** entre sociólogos, psicólogos e leitores de artigos.[11]

* Uma lista completa delas pode ser encontrada na seção de notas no fim do livro.

** A lista de questões também é conhecida como *Fast Friends Procedure*. Na tradução, é referida desse ponto em diante apenas como "protocolo" ou "protocolo de Aron". (N. T.)

Algo particularmente interessante sobre esse protocolo é que as questões foram escolhidas mais ou menos ao acaso, pelo menos a princípio. Algumas vieram de um jogo chamado "The Ungame", popular entre maconheiros e universitários (grupo demográfico que incluía boa parte dos assistentes de pesquisa de Aron). Outras questões foram pensadas durante pausas para o café ou por quem quer que estivesse por perto quando todos iam a um bar. "Não houve muito do que poderíamos chamar de 'ciência rigorosa' na maneira como inicialmente formulamos as perguntas", contou-me Ed Melinat, um dos alunos de Aron. "A gente criava, sei lá, duzentas perguntas, depois testava para descobrir quais funcionavam melhor."

Os pesquisadores presumiram que a melhor abordagem era começar com perguntas superficiais e seguras ("Quem você gostaria de convidar para jantar?") e então, aos poucos, avançar para coisas mais profundas. "Pareceu esquisito pedir às pessoas para desnudarem a alma logo de cara", disse Melinat. "Assim, decidimos começar pelo mais simples."

Quando chegava a sétima pergunta ("Você tem alguma intuição secreta sobre como vai morrer?"), esperava-se que o participante revelasse suas ansiedades mais profundas. Na vigésima quarta ("Como é seu relacionamento com sua mãe?") e vigésima nona ("Compartilhe com seu parceiro um momento constrangedor"), que descrevesse seus relacionamentos mais íntimos e suas lembranças mais dolorosas. A questão 35 ("Entre todas as pessoas da sua família, a morte de quem o deixaria mais transtornado?") soava tão íntima que os participantes muitas vezes a faziam, e a respondiam, quase num sussurro. A última pergunta era aberta ("Conte um problema pessoal a seu parceiro e lhe peça um conselho") e, a essa altura, ambos os participantes estavam frequentemente chorando.

A IMPORTÂNCIA DA VULNERABILIDADE

Conforme a equipe de Stony Brook tentava descobrir as melhores perguntas para usar, ficaram perdidos com um problema que parece simples: como diferenciar perguntas emocionais de não emocionais?

Algumas delas, como "Você gostaria de ser famoso?", podiam ser tanto uma coisa como outra. Para certas pessoas, a resposta seria um simples sim ou não. Para outras, abriria as comportas para confissões de sonhos não realizados e ambições malogradas. Essa pergunta é um convite confiável à autorrevelação emocional ou só um exemplo de conversa-fiada?

No fim, os pesquisadores descobriram como avaliar se uma questão poderia provocar uma resposta emocional: perguntas sobre experiências cotidianas ou opiniões incontroversas — "Como você comemorou o último Halloween?" ou "Qual foi o melhor presente que já ganhou?" — tendiam a render respostas desprovidas de emoção.[12]

Por outro lado, as que estimulavam a pessoa a descrever suas crenças, valores ou experiências significativas poderiam resultar em respostas emotivas, mesmo que as questões em si não parecessem ter um conteúdo emocional. Essas perguntas eram poderosas porque muitas vezes predispunham a pessoa a revelar vulnerabilidades.[13] Quando alguém indaga "O que você mais valoriza numa amizade?" (pergunta 16), talvez não pareça particularmente inquisitivo do ponto de vista emocional, mas ela, com frequência, suscita respostas reveladoras sobre mágoas ou traições passadas, ou expressões de amor por amigos, ou outras ansiedades ou momentos prazerosos. Elas abrem caminho para outras cada vez mais profundas ("O que você disse depois que ele terminou com você?").

Em outras palavras, a diferença entre uma questão superficial e uma que enseje a oportunidade para uma conexão emocional é a vulnerabilidade, e é isso que torna a conversa *Como nos sentimos?* tão poderosa.

CONTÁGIO EMOCIONAL

Para os Aron, a ideia de que a vulnerabilidade era importante fazia todo o sentido, em parte porque se alinhava com um fenômeno psicológico bem documentado conhecido como "contágio emocional".[14] No início da década de 1990, uma série de experimentos havia demonstrado que os humanos normalmente "sincronizavam suas emoções com as emoções manifestadas pelos que os rodeiam". Essa sincronização às vezes é deliberada, por exemplo, quando optamos por mostrar empatia por uma pessoa; na maioria das vezes, no entanto, é automática, acontecendo sem que tenhamos consciência, levando-nos a chorar ou a sentir raiva ou orgulho pelos outros, queiramos ou não.

Esse contágio está na raiz da conversa *Como nos sentimos?* e explica por que as emoções influenciam nossos diálogos, mesmo quando não as percebemos. "O contágio emocional é um processo razoavelmente primitivo", observou um estudo publicado em 2010. "Homens e mulheres tendem a 'captar' manifestações de alegria, amor, raiva, medo e tristeza." O contágio emocional, acreditam os estudiosos, evoluiu porque ajudava os humanos a formar laços entre si. É algo que vem praticamente de berço: um estudo revelou que "bebês de dez semanas conseguiam imitar as expressões de felicidade, tristeza e raiva de suas mães".[15] Esse instinto evoluiu em nosso cérebro para que nos sintamos bem quando nos conectamos com outras pessoas e, assim, tenhamos maior probabilidade de construir alianças e amizades, famílias e sociedades.

Porém, o contágio emocional deve ser acionado por algo, e um dos gatilhos mais confiáveis é a vulnerabilidade. Ficamos mais propensos ao contágio emocional quando escutamos alguém expressar (ou quando revelamos) crenças e valores profundos ou quando descrevemos experiências que foram significativas para nós, ou se expomos algo que nos sujeita ao julgamento de outros. Esses são os mesmos fatores que os Aron usaram para distinguir as perguntas profundas das superficiais.

Em outras palavras, ficamos mais suscetíveis ao contágio emocional, e de nossa parte mais emocionalmente contagiosos, quando compartilhamos algo que parece visceral, algo que talvez leve a outra pessoa a nos julgar. Podemos não nos importar com seu julgamento, podemos esquecê-lo assim que o escutamos, mas o ato de nos expor ao escrutínio alheio engendra uma sensação de intimidade. Para nos aprofundar na conversa, temos que oferecer nossa vulnerabilidade. "Quanto mais intensa a emoção, maior a probabilidade de ocorrer o contágio", contou-me Amit Goldenberg, um pesquisador de psicologia em Harvard. "E a vulnerabilidade é uma de nossas emoções mais intensas. Somos programados para notá-la."

Isso explica por que o protocolo de Aron é tão eficaz e lança luz sobre que tipo de questões apresentam maior tendência a ajudar as pessoas a se alinharem emocionalmente. É um ciclo: fazer perguntas profundas sobre sentimentos, valores, crenças e experiências gera vulnerabilidade. Essa vulnerabilidade aciona o contágio emocional. E isso, por sua vez, ajuda a conexão.

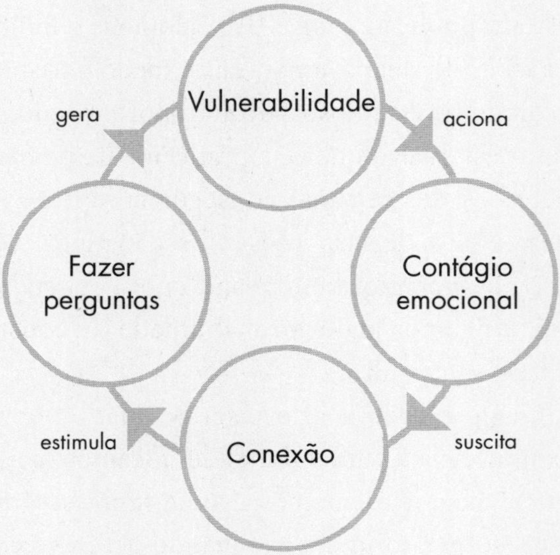

À medida que os Aron continuavam explorando esse tipo de fenômenos, descobriram outro detalhe interessante: o protocolo funcionava apenas quando os participantes se revezavam fazendo as perguntas. Em um experimento separado, cada um era instruído a responder todas as 36 questões sucessivamente, enquanto seu parceiro escutava, depois trocavam de lugar.[16] Os voluntários consideraram a experiência esquisita e entediante. Ninguém sentiu proximidade depois dela. Mas quando os Aron disseram às pessoas para alternar as falas e "compartilhar a resposta com o parceiro, depois deixar que ele compartilhasse com você sua resposta à mesma questão", os participantes começaram a se conectar. "A reciprocidade é fundamental", disse-me Arthur Aron. "É uma das forças mais poderosas do mundo. Se não houver reciprocidade, as pessoas não alinham entre si seus altos e baixos."

Novamente, está em funcionamento o *princípio da combinação* — segundo o qual a comunicação exige reconhecer que tipo de conversa está ocorrendo para, a seguir, combiná-la. Essas 36 questões são eficazes porque ajudam as pessoas a se alinhar emocionalmente, enquanto o revezamento encoraja todo mundo a retribuir expondo as próprias vulnerabilidades.[17] Isso também demonstra por que o comportamento de imitação não é suficiente. "A reciprocidade é sutil", afirmou Margaret Clark, professora de psicologia em Yale.[18] Se alguém revela algo devastador, como um diagnóstico apavorante ou a morte de um dos pais, não contribui para a proximidade usar isso como pretexto para falar sobre a própria saúde ou um familiar que morreu há muito tempo. "Não é interessante monopolizar os holofotes", disse-me Clark. Pelo contrário, reciprocidade significa *pensar* sobre como demonstrar empatia. Às vezes exige apenas reconhecer as emoções de alguém e lhe mostrar que nos importamos. "Significa reagir às necessidades alheias", afirma Clark.

Além disso, a vulnerabilidade pode significar diferentes coisas em diferentes circunstâncias. Por exemplo, os cientistas identificaram um preocupante padrão de dois pesos e duas medidas em alguns locais de trabalho: quando os homens expressam emoções como raiva ou impaciência, isso é em geral visto como sinal de autoconfiança e até de liderança eficaz. Se um homem chora no trabalho, é uma evidência de como se importa. Mas quando mulheres manifestam emoções como raiva ou tristeza, "têm maior probabilidade de sofrer consequências sociais e profissionais negativas", descobriu um estudo de 2016.[19] "As mulheres são socioeconomicamente punidas por expressar emoções tipificadas como masculinas [...]. Ao mesmo tempo, quando expressam emoções tipificadas como femininas, são julgadas como excessivamente emotivas e sem controle emocional, o que acaba por solapar a competência e legitimidade profissional feminina." Padrões desiguais como esses dão a sensação de que nem sempre é seguro manifestar vulnerabilidade.*

* As preocupantes discrepâncias sobre quem tem permissão de mostrar vulnerabilidade em vários ambientes têm implicações significativas. Para mais detalhes, ver notas de fim.

Entretanto, a despeito dessas complexidades, as conclusões do protocolo, aliadas à pesquisa de Epley, são úteis porque nos proporcionam uma estrutura para a conexão emocional: se queremos nos conectar com alguém, devemos perguntar como se sente e depois revelar nossas próprias emoções. Se a outra pessoa descrever uma memória dolorosa ou um momento de alegria, e revelarmos nossas decepções ou algo que nos deixa orgulhosos, isso proporciona uma chance de tirar proveito das substâncias neuroquímicas que evoluíram para ajudar a nos sentir mais próximos. Cria uma oportunidade para o contágio emocional.

A conversa *Como nos sentimos?* é uma ferramenta que funciona convidando os outros a revelar suas vulnerabilidades e depois retribuindo com nossa própria vulnerabilidade.

CONEXÃO EMOCIONAL

é acionada fazendo questões profundas
e retribuindo com nossa própria vulnerabilidade.

Essas descobertas são úteis, mas isso não as torna conselhos práticos. É fácil, afinal, fazer perguntas profundas dentro de um laboratório, quando um cientista forneceu uma lista com a qual trabalhar. Mas como nos aprofundar no mundo real?

APROFUNDANDO-SE RÁPIDO

Imagine uma situação em que uma pessoa acaba de conhecer outra. Pode ser uma nova amizade, um colega de trabalho recém-contratado ou quem sabe um encontro. Ambas se apresentam, contam um pouco de sua história. A conversa *Do que realmente se trata?* já foi resolvida. Então sobrevém uma pausa, um silêncio expectante.

O que dizer em seguida?

O protocolo sugere fazer uma pergunta. Mas não temos como repassar todas as suas 36 questões, não dessa vez. Assim, pulamos para a pergunta três: "Antes de dar um telefonema, você ensaia o que vai dizer?". Ou, considerando que o tempo é curto, vai mais fundo com a questão dezoito: "Qual sua lembrança mais terrível?".

Não é preciso ser nenhum doutor em psicologia para perceber que esse não é um plano muito bom. Perguntar a um estranho esse tipo de coisa, fora de um laboratório de pesquisa, certamente nos deixará falando sozinhos. No mundo real, as 36 questões são de pouca ajuda.

Então que tipo de questões devem ser feitas?

Em 2016, um grupo de cientistas de Harvard começou a se perguntar a mesma coisa. Eles analisaram centenas de conversas gravadas em situações como encontros-relâmpago e avaliaram quais foram bem-sucedidas (o grau de sucesso era medido pelas pessoas dizendo que gostariam de prosseguir para um encontro de verdade) e quais não eram (quando as pessoas indicavam que não queriam um novo encontro). Descobriram que nas conversas bem-sucedidas, as pessoas tendiam a perguntar umas às outras o tipo de questões em que expressavam suas "necessidades, objetivos, crenças [e] emoções", como escreveram posteriormente os pesquisadores.[20] Nas conversas malsucedidas, as pessoas falavam mais sobre si mesmas ou faziam perguntas superficiais, que não revelavam coisa alguma sobre como sua dupla se sentia.

Em outras palavras, se queremos ter uma conversa bem-sucedida com alguém, não temos de lhe perguntar sobre suas piores lembranças nem como se prepara para telefonemas. Apenas precisamos lhe pedir para descrever *como se sente* sobre sua vida — não quais são os fatos de sua vida — e depois fazer diversas perguntas de aprofundamento.

Questões sobre fatos ("Onde você mora?"; "Em qual faculdade estudou?") costumam ser um beco sem saída conversacional. Não extraem valores nem experiências. Não convidam à vulnerabilidade.

Entretanto, essas mesmas inquirições, se ligeiramente reformuladas ("Do que você mais gosta no lugar onde mora?"; "Qual foi a melhor parte da faculdade?"), convidam a outra pessoa a partilhar preferências, crenças e valores e a descrever experiências que a levaram a crescer ou mudar. Essas perguntas facilitam as respostas emocionais e são quase um convite para que quem pergunta possa retribuir — explique, em troca, o que aprecia no lugar onde mora, do que mais gostou na faculdade — até ambos estarem envolvidos, revezando-se em perguntar e responder.

"Talvez pareça difícil reformular questões de uma maneira vulnerável", contou-me Epley. "Mas na verdade é bem fácil quando começamos a tentar. É como estar no metrô, conversando com alguém que vai para o trabalho. Podemos perguntar, 'Você trabalha no quê?'. E depois dizer, 'Gosta do que faz?' ou 'Preferiria fazer alguma outra coisa?'. E bem aí, com apenas duas perguntas, chegamos aos sonhos da pessoa."

PERGUNTAS SUPERFICIAIS...
... PODEM FICAR PROFUNDAS

Onde você mora?
Do que você gosta no lugar onde mora?

Você trabalha com o quê?
Qual foi seu emprego favorito?

Em que faculdade você estudou?
Do que mais gostou na faculdade?

Você é casado?
Me fale sobre sua família.

Há quanto tempo mora aqui?
Qual é o melhor lugar no qual já morou?

Você tem algum hobby?
Se pudesse aprender qualquer coisa, o que gostaria que fosse?

Onde fez o ensino médio?
Que conselho daria para um aluno do ensino médio?

Onde você nasceu?
Qual a melhor coisa do lugar onde você cresceu?

Além do mais, esse tipo de questões mais profundas pode ajudar a combater discrepâncias injustas em como homens e mulheres, bem como outros grupos, têm permissão de manifestar emoções. Em parte, essas perguntas são bem-sucedidas porque ensejam respostas vulneráveis sem exigi-las. Não parecem intrusivas ou deslocadas em um ambiente de trabalho, por exemplo, e contribuem para eliminar o comportamento de dois pesos e duas medidas, estimulando as pessoas a raciocinarem um pouco mais sobre como responder. "Um motivo para as mulheres serem penalizadas por falar sobre emoções é que isso reforça os estereótipos", afirmou Madeline Heilman, professora de psicologia na Universidade de Nova York que estuda gêneros e preconceito. Os humanos tendem a ser cognitivamente preguiçosos: baseamo-nos em estereótipos e pressupostos, porque eles nos permitem emitir juízos sem precisar pensar muito. "Assim, quando uma mulher fala sobre suas emoções, isso pode ser prejudicial porque dá ao ouvinte a permissão de presumir que um estereótipo — mulheres são excessivamente emotivas — seja verdade." Mas os estudos mostram que elas, bem como outros grupos sub-representados, quando fazem perguntas profundas, "podem levar a pessoa a reavaliar como as enxergam", disse Heilman. Quando fazemos uma pergunta significativa, como "Do que você mais gosta em trabalhar aqui?", isso pressiona a pessoa a pensar antes de responder e "às vezes isso basta para fazê-la começar a questionar suas suposições e escutar mais", disse Heilman.[21]

O estudo de Harvard sobre encontros-relâmpago revelou outro dado crucial: as perguntas de aprofundamento são em particular poderosas. "Essas questões são um sinal de que estamos escutando, de que queremos saber mais coisas", um dos pesquisadores, Michael Yeomans, me explicou.[22] Elas facilitam a reciprocidade ("A sua parte favorita da faculdade foi jogar *ultimate frisbee*? A minha também! Ainda gosta de jogar?"). "E permitem a autorrevelação sem que pareça uma obsessão consigo mesmo", afirmou Yeomans. "Fazem a conversa fluir."

É assim que propomos questões emocionais no mundo real: pergunte a alguém como *se sente* em relação a qualquer coisa e depois aprofunde a conversa com questões que revelem como você se sente. É o mesmo contexto para a conexão emocional descrito antes, mas sob uma roupagem ligeiramente diferente: se apresentamos questões que forcem a pessoa a pensar e falar sobre seus valores, suas crenças e suas experiências, e depois retribuímos com nossas próprias emoções, a reciprocidade em escutar é inevitável. "As pessoas que mais sabem escutar não estão apenas escutando", disse Margaret Clark, a psicóloga de Yale. "Estão propondo questões que despertam emoções, expressando suas próprias emoções, fazendo coisas que prontificam a outra pessoa a dizer algo real."

"Como mencionei", afirmou Epley ao público de gestores de fundos, "quero que formem duplas com alguém que não conhecem para uma conversa de dez minutos." Muitos participantes vinham de longe e nunca haviam se encontrado antes. Ele explicou que estava conduzindo um experimento e que cada um precisaria fazer e responder algumas questões específicas com o parceiro:[23] "Se tivesse uma bola de cristal para lhe mostrar o futuro, o que você gostaria de saber?", "Pelo que se sente mais grato?", "Pode descrever uma ocasião em que chorou na frente de outra pessoa?".

Epley poderia ter começado devagar — com uma questão como "Onde passou suas últimas férias?" — antes de se aprofundar. Os Aron, quando criaram o protocolo, haviam presumido que era preciso começar com perguntas superficiais.

Mas Epley suspeitava que essa suposição estava errada.[24] Sua hipótese era de que perguntas profundas, expondo vulnerabilidades, fossem mais fáceis de fazer — e mais agradáveis de responder — do que a maioria se dava conta. Agora tinha uma chance de testar sua teoria.[25]

Antes de iniciarem as conversas, Epley pediu que todos pegassem o celular e realizassem uma rápida pesquisa para avaliar antecipadamente o quão desconfortável achavam que seria essa conversa. Os dados foram recebidos e revelaram uma resposta clara: os participantes estavam apreensivos com a ideia de fazer o exercício. Previam que "não gostariam muito do parceiro, não apreciariam muito a experiência, e que ela seria bastante constrangedora", contou-me.

A seguir, todos formaram duplas e começaram a conversar. Epley não conseguia escutar a maior parte do que era dito, mas após alguns minutos viu alguém enxugando lágrimas do rosto. Não muito depois, um homem e uma mulher se abraçaram. Após dez minutos, instruiu todo mundo a parar. Foi ignorado. Ele tentou outra vez. "Com licença", disse, mais alto dessa vez. "Poderiam por favor interromper a conversa?" Finalmente, após vinte minutos, conseguiu aquietar os presentes.

Então, os participantes voltaram a pegar o celular e completaram outra pesquisa sobre o grau *real* de desconforto da conversa. Enquanto os dados eram coletados, Epley lhes pediu para descreverem o que havia ocorrido.

"Foi incrível", disse um participante. Em princípio, não tinha ficado nem um pouco entusiasmado com o exercício, explicou, mas algo aconteceu quando a questão emotiva foi feita: ele respondeu do modo mais honesto que podia, descrevendo o enterro de um primo próximo. E então seu parceiro se aproximou, colocou as mãos em seu ombro e começou a confortá-lo, dizendo-lhe que estava tudo bem, também emocionado. A seguir, o parceiro revelou coisas sobre si mesmo — coisas íntimas e pessoais — sem ser solicitado. "Foi a melhor conversa que tive em muitos meses", disse o homem.

Quando Epley relatou mais tarde sobre essa e outras iterações do experimento no *Journal of Personality and Social Psychology*, em 2021, escreveu que a maioria dos participantes "esperava que as conversas fossem mais constrangedoras e levassem a conexões mais fracas e menos felicidade do que na realidade foi".[26] Ele conduziu versões desse exercício com estudantes, estranhos em parques públicos, políticos, advogados, funcionários de tecnologia e pessoas recrutadas pela internet. Em todas as ocasiões, os resultados foram os mesmos: os dados mostram que as pessoas se sentem "significativamente mais conectadas a seu parceiro de uma conversação profunda" após perguntar e responder apenas algumas questões. O senso de vulnerabilidade decorrente de "compartilhar informação pessoal sobre as experiências, preferências ou crenças" e dizer em voz alta coisas que "deixam as pessoas se sentindo mais vulneráveis à avaliação das outras" leva os participantes a se sentirem "mais conectados", "mais afetuosos" e a "escutarem com atenção". Quando Epley procurou uma diferença nas experiências de homens e mulheres, não encontrou nada significativo, explicou-me. Dos investidores mais ricos aos estranhos on-line mais distantes, "todos anseiam por conexões reais", disse Epley. Todo mundo quer ter uma conversa significativa.

Dezenas de outros estudos da Universidade de Utah, da Universidade da Pensilvânia, Emory e outras descobriram que pessoas que fazem muitas perguntas durante conversas — em particular, questões que convidam a uma reação vulnerável — são mais populares entre seus pares e mais frequentemente vistas como líderes.[27] Elas têm maior influência social e são procuradas com mais frequência para fazer amizade e dar conselhos.

Qualquer um de nós pode fazer isso em quase qualquer ambiente ou conversa, seja com um colega de quarto, um colega de escritório ou alguém que acabamos de conhecer. Precisamos apenas perguntar à pessoa como se sente e retribuir a vulnerabilidade que ela compartilha conosco.

Em um experimento, os pesquisadores instruíram os participantes a perguntar a estranhos e amigos questões como "Você já cometeu algum crime?". Os pesquisadores descobriram que "quem fazia as perguntas presumia que propor questões delicadas deixaria seus parceiros de conversa constrangidos e prejudicaria o relacionamento. Mas, na verdade, constatamos consistentemente que estavam errados em ambas as coisas".[28] Fazer perguntas profundas é mais fácil do que a maioria se dá conta e mais gratificante do que esperamos.

DIÁLOGOS EMOCIONAIS SÃO OS MAIS DIFÍCEIS DE COMBINAR

Quando telefonei a Epley pela primeira vez para entrevistá-lo para este livro, tinha uma longa lista de tópicos que esperava cobrir, desde sua pesquisa até a última vez que *ele* havia chorado na frente de outra pessoa. (No dia anterior, respondeu. Quando conversava sobre os filhos, na hora do almoço.)

Em questão de minutos, porém, Epley redirecionou nossa conversa, conduzindo-a com uma série de questões próprias. Perguntou-me por que eu tinha decidido me tornar jornalista, o que despertou meu interesse por esse tema, como foi minha experiência vivendo na Califórnia durante a pandemia. Eu tentava voltar para a *minha* lista de perguntas, com questões práticas e diretas sobre seu trabalho. Mas ele seguia perguntando e aprofundando a conversa cada vez mais com suas indagações, até que me peguei contando sobre minha família, sobre um irmão que enfrentava problemas com a justiça, sobre minha esperança de que este livro pudesse ajudar as pessoas a se compreenderem um pouco melhor. Falei sem parar sobre mim — algo que um jornalista nunca deveria fazer.

"Desculpe por fazer tantas perguntas", disse Epley a certa altura. "Não tive intenção de desperdiçar seu tempo." Mas não fiquei com a sensação de perda de tempo. A conversa pareceu importante.

Sabemos que é crucial compreender que tipo de conversa estamos tendo e que é necessário, no início da discussão, estabelecer as regras básicas e determinar qual lógica usaremos para fazer escolhas juntos.

Mas isso não basta para criar um vínculo real e duradouro. Para isso, precisamos de conexão emocional. Diálogos emocionais são vitais porque nos ajudam a descobrir com quem estamos conversando, o que se passa em sua cabeça, o que a pessoa mais valoriza. Uma conversa *Como nos sentimos?* pode parecer geradora de ansiedade. Às vezes parece mais fácil fingir que não escutamos a emotividade na voz de alguém ou ignorar uma revelação, em vez de admitir uma vulnerabilidade e fazermos nossas próprias revelações. Mas as emoções são nossa forma de nos conectar.

Quando meu pai faleceu, há alguns anos, e eu contava às pessoas que havia comparecido recentemente ao seu enterro, algumas me ofereceram suas condolências. Mas quase ninguém fazia perguntas. Pelo contrário, logo mudavam de assunto. A verdade era que eu estava desesperado para falar sobre o que tinha acontecido, sobre meu pai, sobre os elogios que me deixaram tão orgulhoso e triste, sobre como é a sensação de saber que nunca mais poderei ligar para lhe contar boas notícias. Sua morte foi um dos eventos mais importantes — mais emotivos e profundos — da minha vida. Adoraria que alguém tivesse perguntado "Como era seu pai?". Mas, com exceção de meus amigos mais próximos e meus familiares, ninguém perguntou nada, talvez por não encontrar uma maneira de fazê-lo, por parecer indelicado, por não saber se eu queria falar a respeito, ou por ficarem preocupados de que não saberiam o que dizer em seguida.

"É mais fácil julgar um homem por suas perguntas do que por suas respostas", escreveu Pierre-Marc-Gaston de Lévis, filósofo do século XIX, e, no entanto, ele nada disse sobre quais questões exatamente deveriam ser feitas. A ciência sugeriu uma direção: pergunte às pessoas sobre suas crenças e seus valores, sobre suas experiências e os momentos que mudaram sua vida, sobre como se sentem, não sobre fatos. Reformule suas questões para serem mais profundas. Continue a perguntar. E, à medida que a pessoa expõe suas vulnerabilidades, revele algo sobre si mesmo. Será menos desconfortável e mais fascinante do que você imagina. E pode levar a um momento de conexão autêntica.

Às vezes, porém, é difícil descobrir como manifestar nossas emoções e assim expressamos nossos sentimentos não por meio de palavras, mas da linguagem corporal, das inflexões vocais, dos suspiros e das risadas. Como sermos ouvintes emocionalmente inteligentes quando a outra pessoa não está falando com clareza? Como podemos escutar alguém expor suas vulnerabilidades quando falamos sobre tudo *menos* como nos sentimos?

4. Como perceber emoções que não são expressas em palavras?

A série The Big Bang Theory

A proposta original de *The Big Bang Theory* – que se tornaria um dos seriados de maior sucesso na história da TV – era muito simples: fazer um programa sobre um grupo de gênios desajustados que têm dificuldades para se conectar com as pessoas a menos que elas falem Klingon ou apreciem piadas de mecânica quântica.

Os criadores da série, Bill Prady e Chuck Lorre, tiveram a ideia durante uma sessão de brainstorming em 2005. Prady chegou a Hollywood por uma rota tortuosa, trabalhando como engenheiro de software antes da parceria com Lorre, um veterano da TV conhecido como o "rei dos seriados". Um dia, os dois pensavam em conceitos para novos programas quando Prady começou a descrever os personagens estranhos e fascinantes que tinha conhecido em seus tempos de programador. Havia um sujeito, contou a Lorre, que era brilhante em escrever código, mas péssimo em interações humanas. Sempre que saíam para almoçar, o outro passava uma eternidade calculando quanto deveria dar de gorjeta à atendente.[1] "Ele dizia coisas do tipo: 'Bem, ela sorriu para mim, então acho que posso aumentar a gorjeta em dois por cento, mas só encheu meu copo d'água uma vez, assim devo deduzir três por cento, mas não sei como contabilizar o fato de que pareceu flertar um pouco comigo, só que também esqueceu meu nome'", contava

Prady. "Ele levava vinte minutos para pagar a conta. Não conseguia enfiar na cabeça qual era o papel das pessoas no que quer que fosse."

"Nunca vi alguém assim na TV", disse Lorre. "Quem sabe não daria para fazer um programa com isso?"

Começaram a esboçar roteiros e personagens. Concluíram que programadores de computador eram maçantes demais — não faziam outra coisa a não ser olhar para uma tela —, assim imaginaram um grupo de jovens físicos.[2] Seriam o tipo de pessoa capaz de explicar com facilidade conceitos científicos complexos, como a aproximação de Born-Oppenheimer e o gato de Schrödinger, mas ficavam perdidos num encontro ou desesperados se alguém se sentasse em sua poltrona favorita durante *Battlestar Galactica*.[3]

Cada físico teria suas próprias peculiaridades. O personagem principal, Sheldon, seria nervoso, analítico e emocionalmente sem noção, quase incapaz de interpretar os sentimentos alheios ou expressar os seus. Seu colega de quarto, Leonard, sonharia em arrumar uma namorada, mas seria tão desajeitado socialmente que convidaria uma garota para comer comida indiana explicando que o "curry é um laxante natural". Outro personagem, Raj, ficaria emudecido sempre que houvesse uma mulher presente. O quarto, Howard, estaria mais para engenheiro do que físico — sendo desdenhado pelos demais por isso —, mas falaria Klingon e arranharia élfico, e se vangloriaria de um repertório de cantadas ultrajantes. Acima de tudo, os personagens compartilhariam um traço em comum: uma inépcia social geral, uma tendência a interpretar de maneira equivocada as emoções alheias e não saber comunicar seus próprios sentimentos. Seria um programa sobre como até as pessoas mais inteligentes podem ter dificuldade em lidar com os outros.

Lorre e Prady propuseram sua ideia aos executivos do estúdio antes mesmo de terem escrito o primeiro roteiro. Todo mundo adorou. Aqueles personagens eram muito originais! Um piloto foi encomendado. Mas quando os roteiristas começaram a pensar no episódio inicial, surgiu um problema: "O seriado só vai funcionar se a gente souber como os personagens se sentem", contou-me Prady.

Seriados desse tipo são tão acelerados, piada após piada e reviravolta após reviravolta, que, para serem bem-sucedidos, o público precisa compreender o estado emocional de cada personagem assim que ele aparece na tela. Além do mais, "precisa perceber as relações emocionais entre os personagens", disse Prady. "Tem de saber se duas pessoas estão brigando porque se odeiam, porque se amam ou porque estão fingindo se odiar quando na verdade estão apaixonados." Emoções são tudo na TV. "Elas precisam ser óbvias", ele afirmou. Em outras palavras, é fundamental que o telespectador "escute" os sentimentos do personagem, mesmo quando essas emoções não são enunciadas.

Mas isso criou uma complicação, pois os personagens em *The Big Bang Theory* eram *feitos* para serem ruins em expressar seus sentimentos. Sheldon, por exemplo, via as emoções como um aborrecimento, e achava que a melhor maneira de confortar um amigo era observar que "você tem uma vida inteira de decisões ruins pela frente".[4] Leonard podia explicar $E = mc^2$, mas era incapaz de compreender por que alguém ficaria irritado se ele lesse seu diário íntimo. Esse tipo de confusão era o eixo do humor do programa. Como, então, escrever um roteiro convincente quando seus personagens são incapazes de mostrar o que sentem?

Uma opção era simplesmente fazer com que anunciassem seus sentimentos — dizendo, não demonstrando. Mas há um problema com essa abordagem. "Podemos escrever um diálogo, algo como 'Estou furioso porque você se atrasou para o jantar!'", contou-me Prady. "Mas, na vida real, ninguém fala assim." As pessoas não anunciam suas emoções. Elas as manifestam. "Alguém exclama 'Fiz seu jantar, seu ingrato!', e assim ficamos sabendo que está furioso", disse Prady. Os psicólogos se referem a esse tipo de comunicação como *expressões emocionais não verbais* e elas compreendem uma vasta parte de como comunicamos nossos sentimentos no dia a dia. "As emoções das pessoas raramente são expressas em palavras", escreveu o psicólogo Daniel Goleman.[5] "O segredo para intuir os sentimentos dos outros reside na habilidade de interpretar os canais não verbais: o tom de voz, os gestos, as expressões faciais e coisas assim."

Lorre e Prady enfrentavam um dilema: não podiam fazer seus personagens anunciarem o que estavam sentindo, porque isso era inverossímil e não funcionaria na TV, e não podiam fazê-los demonstrar o que sentiam, porque, da forma como eram concebidos, deveriam ser ruins em demonstrar suas emoções. Assim, os roteiristas experimentaram fazer uma justaposição dos físicos com outros personagens emocionalmente mais fluidos, para estabelecer contrastes. Eles criaram Katie, uma vizinha desiludida recém-saída de um relacionamento cujo pessimismo amargo destaca a falta de maturidade dos personagens principais. E para enfatizar o anseio deles pelas relações humanas, inventaram uma física chamada Gilda, cuja liberalidade sexual põe em relevo a ingenuidade masculina — no episódio piloto, ela conta que, certa vez, transou a caráter em uma convenção de *Jornada nas estrelas*.

O roteiro foi finalizado, houve testes de elenco e o piloto foi produzido e entregue aos executivos do estúdio, que recrutaram pessoas para uma exibição teste a fim de fornecer o feedback.[6] No entanto, isso era visto sobretudo como uma formalidade. Tinham certeza de que o público iria adorar.

As pessoas detestaram. Não simpatizaram nem um pouco com os personagens, em particular Gilda e Katie, que lhes pareceram tóxicas e ameaçadoras. Porém, mais do que tudo, ficaram confusas. Não sabiam muito bem como se *sentiam* em relação aos personagens. Os físicos seriam crianças inocentes ou adultos sexualizados? Adoráveis prodígios ou tolos e crédulos? Nenhum dos personagens parecia se entender entre si. O programa era emocionalmente confuso.[7]

"Não se pode produzir um seriado em que o público não saiba como se sentir", disse-me Prady. "É impossível ter 22 minutos de piada sem nada para dar liga emocional."

The Big Bang Theory não conseguiu despertar interesse. Mas os executivos do estúdio ofereceram uma segunda chance a Lorre e Prady: se reescrevessem o roteiro, poderiam filmar um novo piloto e tentar outra vez. Quando ficou sabendo, Lorre disse para Prady: "A gente precisa dar um jeito de deixar bem claro quem realmente são esses incríveis gênios desajustados".

SENTIMENTOS ASTRONÁUTICOS EM CRIOGENIA

Desde a infância, mesmo antes de aprendermos a falar, absorvemos como inferir as emoções das pessoas com base no comportamento: sua linguagem corporal, as inflexões vocais, relances e caretas, suspiros e risadas.[8] À medida que crescemos, porém, essa capacidade pode se atrofiar. Começamos a prestar atenção cada vez mais ao que as pessoas dizem, não a suas ações, até chegar a um ponto em que podemos deixar de notar os sinais não linguísticos. A linguagem falada é tão rica em informação, criamos dependência com tanta facilidade, que ela nos leva a ignorar os sinais de que alguém possa estar, digamos, chateado — como braços cruzados, cenho franzido, o olhar para baixo —, e, em vez disso, focar em suas palavras, "Não é nada. Está tudo bem".[9]

Algumas pessoas, porém, têm um talento para detectar emoções a despeito do que falamos. Elas exibem uma inteligência emocional que parece ajudá-las a escutar as coisas que ficam por serem ditas. Todo mundo conhece alguém assim: amigos que parecem intuir quando estamos de baixo astral, mesmo que não digamos nada; chefes que percebem a necessidade de uma palavra gentil, ou de algumas palavras duras, para nos ajudar a superar o desânimo no trabalho. É natural presumir que essas pessoas são extraordinariamente observadoras ou perceptivas. Às vezes são. Mas anos de pesquisa indicam que se trata de uma habilidade que qualquer um pode desenvolver. É possível aprender a identificar as pistas não verbais que indicam as verdadeiras emoções dos outros e usar esses indícios para compreender o que estão sentindo.

Na década de 1980, um psiquiatra da Nasa chamado Terence McGuire[10] refletiu sobre isso e sobre a possibilidade de testar se alguém — digamos, um candidato a emprego — possuía a habilidade de perceber os sentimentos alheios. McGuire queria identificar quais candidatos a astronauta tinham talento para a comunicação emocional. Sendo o psiquiatra chefe da Nasa para voos tripulados, era responsável pela seleção dos milhares de homens e mulheres que se candidatavam todo ano à carreira de astronauta. Sua função era avaliar se estavam psicologicamente aptos para o estresse de uma viagem espacial.

A Nasa, nessa época, enfrentava um novo tipo de desafio. Durante a maior parte de sua história, os voos espaciais tripulados haviam sido até que breves, normalmente de apenas um ou dois dias, não excedendo uns dez dias.[11] Mas, em 1984, o presidente Ronald Reagan ordenou que a Nasa começasse a trabalhar numa estação espacial internacional em que as pessoas ficassem por um ano.[12] Para McGuire, isso significava que a Nasa precisava de um novo tipo de astronauta — e novos métodos de avaliação psicológica. "A chegada da estação espacial, com estadias mínimas de seis meses em um ambiente apertado e sem privacidade, sugere a necessidade de maior atenção a fatores de personalidade",[13] escreveu McGuire para seus superiores, em 1987.

A Nasa já possuía padrões excepcionalmente altos para os potenciais astronautas: os candidatos tinham de se submeter a exames físicos extenuantes; precisavam ter formação em ciências ou engenharia e experiência em coisas como pilotar caças; não podiam ser muito altos (alguém com mais de um metro e oitenta e poucos não caberia num traje espacial) nem muito baixos (se a pessoa tivesse menos de um metro e meio seus pés não alcançariam o chão e ela poderia escapar do cinto de segurança); tinham de demonstrar sua capacidade de permanecer calmos — em certo teste, precisavam manter a pressão arterial estável durante manobras sob a água — e lidar com o estresse (e de preferência não vomitar) em um avião simulando gravidade zero.

Mas agora McGuire estava convencido de que a Nasa precisava começar a testar uma nova habilidade: inteligência emocional. O conceito havia acabado de ser definido por dois psicólogos de Yale, argumentando que havia uma forma de "inteligência social que envolve a capacidade de monitorar tanto os próprios sentimentos e as próprias emoções como as dos demais".[14] Pessoas dotadas de inteligência emocional sabiam não só desenvolver relacionamentos e ter empatia pelos outros, mas também regular sua própria emotividade e as emoções dos demais a seu redor. "Esses indivíduos", escreveram os pesquisadores de Yale na revista *Imagination, Cognition and Personality* em 1990, "estão cientes dos próprios sentimentos e dos alheios. São abertos a aspectos positivos e negativos da experiência interna, são capazes de rotulá-los e, quando apropriado, os comunicam. [...] A pessoa emocionalmente inteligente é com frequência uma companhia agradável e faz com que os outros sintam-se melhor. A pessoa emocionalmente inteligente, entretanto, não busca prazer de maneira imprudente e presta atenção nas emoções como um caminho para o crescimento."

Alguns eventos recentes evidenciaram a importância da inteligência emocional para os voos espaciais. Em 1976, uma missão espacial soviética foi interrompida quando a tripulação começou a sofrer alucinações coletivas, como se queixar de um odor que posteriormente foi determinado como imaginário. Tanto os Estados Unidos como a União Soviética haviam diagnosticado a depressão entre astronautas e cosmonautas durante e após as missões espaciais, e descobriram que o abatimento levava a briga, paranoia e comportamento defensivo entre os colegas.[15]

Mas as maiores preocupações da Nasa diziam respeito aos problemas de comunicação. A agência continuava traumatizada com os eventos de 1968, quando a tripulação da Apollo 7 começou a discutir com o controle da missão enquanto atravessavam a atmosfera. As brigas tiveram causas específicas no começo: os três astronautas se queixaram de que estavam sendo pressionados a completar as tarefas às pressas e recebendo instruções pouco claras. Mas gradualmente passaram a uma raiva de contornos mal definidos e expressões de descontentamento geral, até implicarem com questões menores: a qualidade da comida, a ordem da Nasa para aparecerem em uma transmissão televisionada, pontos fracos do projeto que dificultaram o uso do banheiro, o tom de voz do controle da missão.[16] Incitando essas brigas estava o comandante a bordo, Wally Schirra, um ex-piloto de testes da Marinha com uma carreira até então exemplar. Os psicólogos da Nasa sugeriram mais tarde que, devido às tensões emocionais da missão e ao luto pelas mortes recentes de três outros astronautas em um incêndio na cabine, Schirra foi ficando beligerante e desconfiado à medida que a viagem progredia. Após voltarem à Terra, Schirra e seus companheiros nunca mais foram mandados ao espaço.

A Nasa precisava de pessoas capazes de controlar suas emoções, de se sensibilizar com os sentimentos alheios e se relacionar com os colegas, mesmo nos momentos de maior tensão e estando presos numa cápsula a centenas de quilômetros da Terra. McGuire foi contratado mais ou menos na mesma época do fiasco da Apollo 7 e, durante os vinte anos seguintes, foi responsável por avaliar candidatos a astronauta, investigando sinais de que pudessem ser propensos a depressão ou belicosidade. Mas agora, à medida que as missões espaciais se programavam para serem mais longas, ele achou que seria necessária alguma coisa a mais: o problema da Nasa não era encontrar astronautas livres de fraquezas psicológicas, mas, na verdade, o contrário: pessoas com inteligência emocional suficiente para conviver com os colegas no espaço conforme lidavam com as tensões, o tédio, as discussões e a ansiedade naturais de estarem presos numa diminuta área de trabalho que ao mesmo tempo servia de habitação, cercados pelo vácuo, por meses a fio.

No entanto, McGuire também sabia como era difícil investigar essas características testando os candidatos. O maior problema era que quase todas as avaliações psicológicas pareciam quase iguais. Não importava qual teste ele usasse, qual pergunta fizesse, não conseguia penetrar o suficiente na mente dos candidatos para descobrir como reagiriam em uma missão de seis meses ou em uma crise no espaço. Todos pareciam saber o que deveria ser dito durante as entrevistas. Haviam praticado como descrever seus maiores pontos fracos e piores arrependimentos, aprimorado a explicação de como administravam o estresse. As avaliações psicológicas de McGuire eram incapazes de diferenciar os emocionalmente inteligentes dos que sabiam fingir muito bem. "Assim como meus antecessores, utilizei uma formidável bateria de testes psicológicos", escreveu McGuire para seus chefes na Nasa. "Mas me decepcionei com os resultados."

Assim McGuire voltou a examinar vinte anos de gravações de áudio de antigas entrevistas, procurando pistas que houvesse deixado escapar, os tipos de sinais que diferenciavam os emocionalmente inteligentes de todos os demais. Ele tinha acesso aos registros pessoais, então sabia, entre os que haviam sido selecionados, quais candidatos se tornaram líderes assertivos no futuro e quais foram descartados por não conseguirem se entender com os outros.

Foi quando escutava essas gravações que McGuire percebeu algo que não havia notado antes: alguns candidatos *riam* diferente.

RINDO DO QUE NÃO TEM GRAÇA

A risada pode parecer um lugar estranho para procurar pela inteligência emocional, mas, na verdade, é um exemplo de uma verdade básica da comunicação emocional: o importante não é apenas escutar os sentimentos da outra pessoa, mas *demonstrar* que os escutamos. O riso é uma maneira de provar que percebemos como alguém se sente.

Em meados da década de 1980, alguns anos antes de McGuire começar a procurar novas maneiras de testar candidatos a astronauta, um psicólogo na Universidade de Maryland chamado Robert Provine investigou quando e por que as pessoas riam.[17] Provine e um grupo de assistentes observaram pessoas em shopping centers, bares e ônibus, munidos de equipamento de gravação oculto. Por fim, coletaram 1200 observações em primeira mão de "risadas humanas ocorrendo naturalmente".[18]

A hipótese não muito surpreendente de Provine, no começo, era que as pessoas riam porque se deparavam com algo engraçado. Ele logo percebeu que estava errado. "Contrariando as nossas expectativas", relatou no periódico *American Scientist*, "descobrimos que a maioria das risadas durante uma conversa não são uma reação a tentativas estruturadas de humor, como piadas ou anedotas. Menos de vinte por cento das risadas em nossa amostra eram uma reação a qualquer coisa semelhante a uma tentativa formal de humor."

Na verdade, as pessoas riam porque queriam se conectar com o interlocutor. A maioria das risadas, escreveu Provine, "parecia vir após comentários um tanto banais", como "Alguém tem um elástico?", "Foi um prazer conhecê-lo" e "Acho que pra mim já deu".

"Brincadeiras mútuas, senso de grupo e tom emocional positivo — não cômico — marcam o contexto social da maioria das risadas que ocorrem naturalmente", concluiu Provine. O riso é poderoso, escreveu ele, porque é contagiante, "imediato e involuntário, envolvendo a comunicação mais direta possível entre as pessoas: de cérebro para cérebro".[19]

Em outras palavras, rimos para mostrar que queremos nos conectar — e o interlocutor retribui a risada para demonstrar que também quer se conectar conosco. É o mesmo tipo de reciprocidade presente no protocolo de Aron. Um exemplo de contágio emocional. E disso se depreende que exibimos inteligência emocional não só quando escutamos os sentimentos alheios, mas também *demonstrando* que estamos escutando. A risada e outras expressões não linguísticas, como ofegar e suspirar, sorrir e franzir o rosto, são exemplos do *princípio da combinação*, segundo o qual nos comunicamos alinhando nossos comportamentos até que nossos cérebros fiquem sincronizados.

Mas *o modo* como fazemos essa combinação com os outros é importante. Ao analisar gravações antigas, Provine notou uma coisa interessante: se duas pessoas riam ao mesmo tempo, mas uma gargalhava com gosto e a outra apenas ria discretamente, em geral não se sentiam mais próximas no futuro. Quando rimos juntos, não é apenas a risada que importa. A semelhança da intensidade — evidenciando o desejo de se conectar — é fundamental. Se um ri sem muita vontade enquanto o outro se dobra de tanto rir, "é provável que estejamos presenciando uma relação de dominação/submissão ou aceitação/rejeição", escreveu Provine. Quando o entusiasmo é morno, percebemos isso como um sinal de que não há alinhamento, "de que não estamos em sincronia — ou pior, de que um está se esforçando demais, e o outro não o suficiente".

A inteligência emocional...

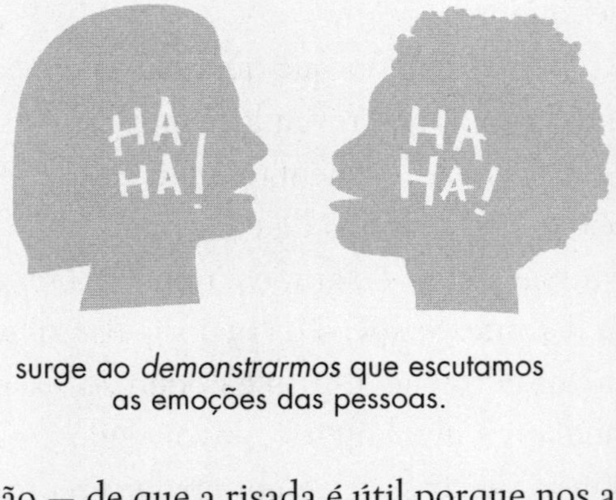

surge ao *demonstrarmos* que escutamos as emoções das pessoas.

Essa observação — de que a risada é útil porque nos ajuda a determinar se os outros querem genuinamente se conectar — é importante porque nos informa algo sobre como funciona o *princípio da combinação*: a razão para não sentirmos proximidade quando um apenas imita a risada de outro, ou suas palavras ou expressões, é que isso na realidade não prova nada. Apenas copiar o comportamento de alguém não demonstra um verdadeiro desejo de compreender a pessoa. Se você gargalha alto e eu me limito a sorrir, não passo a impressão de que quero me conectar, mas de que estou desinteressado ou achando que sou tratado com condescendência. O importante não é falar e agir de forma parecida, mas sinalizar o *desejo* de estabelecer um alinhamento genuíno com o outro.

Em um estudo publicado em 2016, participantes que escutaram gravações por apenas um segundo de pessoas dando risada conseguiram distinguir com precisão entre amigos rindo juntos e estranhos tentando rir de forma semelhante. O riso, como muitas expressões não verbais, é útil porque dificilmente pode ser fingido. Sabemos dizer quando alguém está rindo com sinceridade. Os participantes, ao escutar tais gravações, com base em apenas um segundo de som descontextualizado, conseguiam dizer quando as pessoas se sentiam alinhadas e quando talvez estavam forçando a barra.[20] Uma piada pode não ser engraçada, mas se ambos concordamos em rir de forma similar, estamos sinalizando mutuamente que queremos nos conectar.

HUMOR E ENERGIA

Desse modo, como sinalizamos aos outros que estamos tentando estabelecer uma conexão? Como demonstramos que escutamos seus sentimentos, e não meramente imitamos o que dizem e como agem?

A resposta começa com um sistema que evoluiu em nosso cérebro, uma espécie de método aproximado para avaliar o estado emocional da outra pessoa, no qual normalmente confiamos de forma subconsciente. Esse sistema entra em ação sempre que encontramos alguém e nos obriga a prestar atenção em seu "humor" ou, conforme psicólogos denominam, a *valência emocional*, e sua "energia",[21] ou nível de *excitação*.*

* Como sabe qualquer um que já leu um periódico de psicologia, os pesquisadores podem ser bem específicos sobre termos como *humor* e *energia*. Para mais informações sobre a linguagem usada neste capítulo, ver as notas de fim.

Quando nos deparamos com uma pessoa que manifesta um comportamento emotivo — como uma risada, uma carranca ou um sorriso —, a primeira coisa que geralmente notamos é seu estado de espírito (*positivo ou negativo?*)[22] e seu nível de energia (*alta ou baixa?*). Por exemplo, se encontramos alguém de cara amarrada (*negativo*) e calado (*baixa energia*), podemos presumir que está triste ou frustrado, mas que não representa uma ameaça. Nosso cérebro não nos alerta para sair correndo.

No entanto, se a pessoa estiver com uma carranca (*negativo*) e gritando, de olhos arregalados (*alta energia*), inferimos que está furiosa e pode representar uma ameaça, então ficamos cautelosos. Nosso cérebro gera uma leve ansiedade que nos prepara para nos afastarmos rapidamente. Tudo que precisamos para fazer uma previsão é observar o humor e a energia de alguém. Isso é suficiente para avaliarmos o que ele sente.

Podemos não estar cientes por completo de que percebemos o humor e a energia de uma pessoa assim que a encontramos. Isso costuma ocorrer de forma não consciente e parece ser instintivo. No entanto, nosso cérebro evoluiu para usar a informação sobre humor e energia de modo a avaliar se é um amigo ou uma possível ameaça.[23] Uma vantagem dessa capacidade é que podemos julgar os estados emocionais dos outros rapidamente, apenas com um olhar, mesmo sem nunca ter visto a pessoa antes. Notar o humor e a energia nos permite determinar imediatamente se devemos correr ou não, se é um amigo ou inimigo em potencial. Isso pode ser útil, digamos, quando queremos decidir se um estranho está perdido e frustrado, precisando de nossa ajuda, ou furioso e instável, propenso a descontar sua raiva em nós.

O humor e a energia muitas vezes se manifestam mediante sinais não verbais. Tais sinais são importantes porque, embora seja ótimo saber num relance se alguém está com raiva ou frustrado, esses tipos de emoções específicas "são dificílimos de interpretar com algum grau de precisão", afirmou Hillary Anger Elfenbein, uma professora de comportamento organizacional na Universidade de Washington em St. Louis. O sujeito de cenho franzido está ansioso ou apenas concentrado? Um sorriso indica que ficou feliz em nos ver ou sugere empolgação *excessiva* e uma certa lubricidade? Mesmo que queiramos genuinamente compreender e combinar nossas emoções às da pessoa, isso é difícil de conseguir, porque não podemos saber com precisão o que ela está sentindo.

ENERGIA \ HUMOR	Positivo	Negativo
Baixa	Alto-astral, entusiasmado, alegre e empolgado	Furioso, indignado, ofendido e ultrajado
Alta	Exultante, contente, agradecido e satisfeito	Frustrado, irritado, rabugento e desanimado

Assim, em vez disso, nosso cérebro desenvolveu esse sistema de ação rápida para examinar o humor e a energia, captando um senso geral, numa fração de segundo, do estado emocional de alguém. Isso geralmente basta para descobrirmos como nos alinhar e se devemos nos sentir seguros ou alarmados.

À medida que os pesquisadores do riso conduziam seus estudos, uma interessante descoberta veio à tona: quando as pessoas riem juntas com sinceridade, seu humor e energia quase sempre combinavam. Se uma pessoa apenas ri baixinho (*positivo, baixa energia*) e sua dupla ri de maneira semelhante, em geral sentem-se alinhadas. Se outra pessoa explode numa gargalhada (*positivo, alta energia*) e sua dupla ri basicamente em um mesmo volume, cadência e força, sentem-se conectadas.

No entanto, é perceptível quando as pessoas não se conectavam entre si — se uma ria e a outra o fazia só por educação —, pois, mesmo que o comportamento pareça similar, o estado de humor e os níveis de energia *não* combinavam. Sem dúvida, ambas estavam rindo. Mas uma ria efusivamente, enquanto a outra reagia com uma leve risada. Se não prestássemos muita atenção, poderiam até soar semelhantes. Escutando atentamente, porém, ficava claro que o volume e a cadência — sua energia e seu humor — estavam fora de sincronia. As risadas tinham algo de parecidas, mas quando a valência e a excitação não batiam, ficava claro que não estavam alinhadas.

Exibimos inteligência emocional demonstrando às pessoas que escutamos suas emoções — e o modo como fazemos isso é notando, e depois equiparando, seu humor e sua energia. Humor e energia são ferramentas não verbais que promovem conexão emocional. Quando combinamos nosso humor[24] e nossa energia com alguém, estamos lhe mostrando que queremos nos alinhar. Às vezes, podemos querer nos equiparar exatamente a alguém, como rir de maneira alegre se a outra pessoa está rindo assim. Em outros momentos, podemos querer demonstrar que percebemos suas emoções ("Você parece triste") e, em vez de nos equipararmos precisamente à pessoa, oferecemos nossa ajuda ("Como alegrar você?"). Mas em cada um desses casos estamos enviando uma mensagem: percebo seus sentimentos. Esse desejo claro de se conectar é um passo essencial para ajudar a formar laços.

O mesmo padrão se manifesta também em outros comportamentos não verbais. Quando choramos, sorrimos ou fazemos cara feia, acreditamos que os outros estão correspondendo ao reagir com energia e humor parecidos. Não é preciso que chorem junto conosco, mas precisam igualar nossa excitação e valência. É o que nos leva a acreditar que compreendem o que sentimos. Se a pessoa se comporta com semelhança na superfície, mas seu humor e sua energia são diferentes, algo parece fora do lugar. "Nossas expressões faciais podem ser as mesmas, e as palavras que dizemos podem ser quase exatamente iguais – praticamente, tudo pode ser igual –, mas se nossa valência emocional for diferente, saberemos que não estamos sentindo a mesma coisa", disse Elfenbein.

Um dos motivos para supercomunicadores serem tão talentosos em captar como os outros se sentem é porque têm o hábito de notar a energia nos gestos dos outros, o volume de suas vozes, a velocidade com que falam, sua cadência e afetividade. Eles prestam atenção à postura para perceber se a pessoa está deprimida ou empolgada. Supercomunicadores se permitem equiparar a energia e o humor, ou pelo menos reconhecê-los, tornando evidente que *desejam* se conectar. Ajudam-nos a enxergar e escutar nossos sentimentos por meio de seus corpos e suas vozes. Harmonizando-se a nosso humor e nossa energia, evidenciam que estão tentando se conectar.

QUER OUVIR UMA PIADA DE ASTRONAUTA?

Terence McGuire era um leitor ávido de artigos de psicologia, e parte de seu trabalho na Nasa consistia em frequentar regularmente as conferências nas quais estudiosos como Provine divulgavam seus trabalhos mais recentes. Assim, quando analisava suas gravações com vinte anos de entrevistas com potenciais astronautas, ele estava por dentro das pesquisas mais recentes sobre as expressões não verbais e a importância do humor e da energia. Então começou a se perguntar se não haveria algumas percepções capazes de ajudá-lo a medir a inteligência emocional dos candidatos por meio de suspiros e resmungos, risadas e tom de voz. Conforme escutava as gravações, passou a registrar em listas como eles haviam comunicado suas emoções sem recorrer às palavras.

Finalmente, McGuire notou algo: às vezes, quando ria durante a entrevista, alguns candidatos – os que posteriormente se tornaram ótimos astronautas – equiparavam seu humor e sua energia. Riam suavemente como ele havia feito, mesmo se o que houvesse acabado de dizer não tivesse graça. Quando dava uma gargalhada, faziam o mesmo. Para McGuire, não se tratava de tentativas de manipulação. Eram reações naturais e espontâneas. Soavam como honestas. E ele relembrou então como nesses momentos se sentia relaxado e compreendido, um pouco mais próximo do entrevistado.

Depois, havia outros candidatos – incluindo muitos que se revelaram escolhas menos bem-sucedidas para a Nasa – que riam junto com ele, mas exibiam níveis de humor e energia diferentes. Quando McGuire ria com vontade, apenas riam baixinho. Quando ele ria suavemente, davam uma gargalhada, algo que soava como bajulação. Esses candidatos haviam compreendido que deviam rir junto – era uma gentileza social básica –, mas não se empenharam muito em fazer isso.

Conforme compunha suas listas, McGuire identificou diversas outras expressões emocionais além da risada em que os mesmos padrões emergiam. Em algumas fitas, se ele mencionava uma emoção, as expressões não verbais do candidato – as inflexões vocais, o tom de voz e o ritmo, as interjeições que fazia – harmonizavam-se ou divergiam. Esse tipo de "palavras, tons, posturas, gestos e expressões faciais", escreveu posteriormente a seus superiores na Nasa, "podem ser uma mina de ouro de informação". As pistas não verbais eram sinais que indicavam se alguém queria se conectar de maneira genuína, se tinha aptidão para isso ou se não considerava a conexão emocional uma prioridade. Caso a pessoa conseguisse se conectar dessa forma durante uma entrevista, McGuire suspeitava que também seria boa em se alinhar com os colegas durante uma viagem espacial.[25]

Assim, na rodada seguinte, ele decidiu tentar algo novo: expressaria deliberadamente mais emoções ao longo das entrevistas e depois pediria aos candidatos para descrever seus estados emocionais. A seguir, empreenderia uma variação em seus níveis de humor e energia e observaria se o candidato os equiparava ou não.

Meses mais tarde, McGuire entrevistou um homem na casa dos trinta anos, de cabelo cuidadosamente cortado e uniforme bem passado. O candidato, em termos físicos, era apto, tinha doutorado em química atmosférica e quinze anos de serviço exemplar na Marinha. Em outras palavras, era o candidato perfeito.

Quando McGuire entrou na sala, deixou deliberadamente seus papéis caírem no chão, como que por acidente, e, ao se abaixar para pegá-los, comentou que sua gravata — amarelo berrante, com bexigas coloridas — havia sido um presente do filho. O menino insistiu que ele a usasse nesse dia, explicou. "E agora estou parecendo um palhaço!", disse, rindo alto. O candidato sorriu, mas o tom da risada do pesquisador não foi correspondido.

Durante a entrevista, pediu que o candidato descrevesse um período difícil em sua vida. O homem contou que seu pai havia morrido em um acidente de carro cerca de um ano antes e que sua família ficara devastada. Ele tinha conversado com um pastor sobre seu luto e todas as coisas que gostaria de ter dito a seu pai, e aos poucos estava se conformando. Era uma resposta perfeita, honesta e vulnerável. Mostrava que estava em contato com suas emoções, mas não dominado por elas. Exatamente a reação que a Nasa buscava em um futuro astronauta. Em outros tempos, McGuire teria lhe atribuído uma alta pontuação.

Mas, dessa vez, McGuire resolveu insistir: contou ao candidato que sua irmã também havia falecido subitamente e, conforme falava, deixou que sua voz ficasse trêmula. Descreveu sua infância, como a irmã tinha sido importante para ele. Deixou bem evidente a sua tristeza.

Após alguns minutos, McGuire pediu ao homem para falar sobre seu pai.

"Era muito bondoso", disse. "Amável com todo mundo que conhecia."

E então se calou, aguardando a pergunta seguinte. Não entrou em detalhes nem descreveu as qualidades do pai. Não fez pergunta alguma sobre a irmã de McGuire.

O homem não passou na seleção para astronauta. "Ficou claro para mim que empatia não era seu forte", contou-me McGuire. Talvez fosse o tipo de pessoa que não apreciava falar sobre sua vida pessoal. Talvez a morte do pai ainda fosse dolorosa demais para ser facilmente discutida. Nada disso constituía uma falha de caráter – mas indicava alguém com pouca prática em conexão emocional. Sua rejeição não se deveu apenas a isso, "mas contribuiu", disse McGuire. A Nasa tinha candidatos qualificados de sobra e podia se dar ao luxo de ser exigente. "Precisávamos dos melhores dentre os melhores e isso significava pessoas excepcionais em inteligência emocional."

Meses depois, antes de começar a entrevistar outro candidato, McGuire voltou a derrubar de propósito sua papelada ao entrar na sala e fez a mesma piada sobre sua gravata. O candidato riu no mesmo tom e se levantou rapidamente para ajudá-lo a pegar suas coisas. Quando pediu que o candidato descrevesse um momento difícil em sua vida, o homem falou sobre um amigo que havia falecido, mas afirmou que de resto era um sujeito de sorte: seus pais continuavam vivos, havia se casado aos dezenove anos e ainda amava a esposa, seus filhos eram saudáveis. Então McGuire mencionou a morte de sua irmã. O candidato começou a fazer perguntas: vocês eram próximos, como isso impactou sua mãe, ainda pensa bastante nela? O candidato contou que por vários meses após o falecimento de seu amigo havia sonhado que estavam conversando. McGuire afirmou para mim que "ficou claro que ele queria entender pelo que eu estava passando e partilhar alguma coisa". Esse homem foi aprovado.

McGuire desenvolveu uma lista de critérios para as entrevistas. Como os candidatos reagiam a elogios? E quanto ao ceticismo? Como descreviam a rejeição e a solidão? Ele faria perguntas destinadas a avaliar como os candidatos expressavam suas emoções. Em que momento haviam sido mais felizes? Já haviam ficado deprimidos? Prestaria muita atenção à linguagem corporal e às expressões faciais conforme respondiam as perguntas, observando se estavam tensos ou relaxados. Pareciam convidá-lo a partilhar de seus sentimentos? Estavam *demonstrando* que queriam se conectar?

A cada vez que fazia uma dessas perguntas, após o candidato ter oportunidade de falar, o próprio entrevistador também a respondia — expressando felicidade ou remorso, demonstrando enfaticamente sua raiva, alegria ou incerteza. Então prestava cuidadosa atenção para ver se o candidato tentava se sintonizar. Ele retribuía com um sorriso? Tentava confortá-lo? "Virtualmente, todos os astronautas selecionados apresentam uma base cognitiva sólida", escreveu depois. "Mas só uma minoria tem grande consciência ou sensibilidade no nível emocional."

As emoções específicas que um candidato exibia eram menos importantes do que *o modo* como as expressava. Alguns manifestavam suas paixões rapidamente, enquanto outros mostravam maior serenidade. No entanto, o mais importante era se prestavam atenção às manifestações sentimentais de McGuire e a seguir sintonizavam sua energia e seu humor. Para uns candidatos, fazer essa combinação parecia instintivo; para outros, uma habilidade aprendida. Enquanto, com alguns, simplesmente nem acontecia. Essas distinções ajudaram McGuire a diferenciar entre os que suspeitava que pudessem se conectar a outras pessoas com facilidade e os que, sob uma situação de estresse elevado, tinham maior probabilidade de se fechar, ficar na defensiva ou reagir com hostilidade. "O confinamento prolongado em um ambiente apertado é em geral menos estressante para aqueles cuja sensibilidade e empatia lhes permitem reconhecer os problemas humanos de antemão e lidar efetivamente com eles", escreveu para o comando da Nasa.

Quando a Nasa selecionou a turma de 1990,[26] composta de cinco mulheres e dezoito homens, incluindo sete pilotos, três físicos e um médico, McGuire havia chegado à conclusão sobre o que estava procurando: os candidatos deixavam evidente que *tentavam* se alinhar a seu humor e sua energia? Se a resposta fosse afirmativa, indicava que a pessoa provavelmente levava a comunicação emocional a sério.

Essa constatação oferece lições para todos nós. É difícil determinar com precisão o que uma pessoa está sentindo, se está com raiva, chateada, frustrada, irritada ou com alguma combinação de emoções. Às vezes, nem ela sabe.

Assim, em vez de tentar decifrar emoções específicas, preste atenção ao humor (*negativo ou positivo?*) e ao nível de energia (*baixo ou alto?*) da pessoa. A seguir, concentre-se em combinar esses dois atributos. Se essa sintonia servir apenas para exacerbar as tensões, demonstre que compreende as emoções da pessoa reconhecendo como ela se sente. Deixe claro que está trabalhando para compreender seus sentimentos. E quando for a sua vez de expressar as próprias emoções, observe como ela reage. A pessoa está tentando se alinhar com sua energia e seu humor? Essa técnica é tão poderosa que, em alguns serviços de atendimento ao cliente, os operadores são treinados a igualar o volume e tom de voz do cliente de forma a ajudá-lo a se sentir ouvido. O software desenvolvido pela empresa Cogito orienta os atendentes, por meio de pop-ups em sua tela, a acelerar ou desacelerar a fala, a colocar mais energia em sua voz ou a se igualar à calma do cliente. (Soube por empresas que utilizam o software que isso melhora muito as chamadas do SAC — contanto que o cliente não saiba que há um computador instruindo o operador sobre como falar.)

Quando combinamos ou admitimos o humor e a energia de outra pessoa, demonstramos para ela que queremos compreender sua vida emocional. É uma forma de generosidade que se transforma em empatia. Facilita a discussão sobre *Como nos sentimos?*

UM BIG BANG EMOCIONAL

Quando Chuck Lorre e Bill Prady descobriram que teriam uma segunda chance de reescrever e produzir seu episódio piloto, meses haviam se passado desde a primeira gravação. "Cheguei bem perto de pegar o telefone e dizer *estou fora*", afirmou Lorre.[27]

Mas eles sentiram que deveriam tentar de novo. A essa altura, os atores haviam começado a tentar novos projetos, então Prady e Lorre precisavam agir rapidamente. Assim, tomaram algumas decisões importantes: Katie, a vizinha cínica, foi cortada, assim como Gilda, a fã de *Jornada nas estrelas* sexualmente aventureira. Agora introduziriam uma nova personagem: Penny, uma simpática aspirante a atriz que trabalhava de garçonete enquanto esperava ser descoberta. "Fomos em outra direção e fizemos Penny como uma pessoa leve e animada", contou-me Prady. "Alguém que, embora não intelectualizada, fosse inteligente no trato com as pessoas."

O problema agora era como estabelecer a relação entre Penny e os físicos desajustados. O mesmo dilema ainda existia: o programa precisava deixar claro para o público quais emoções os personagens estavam sentindo, ao mesmo tempo em que mantinha a autenticidade da inépcia de Sheldon e Leonard em se comunicar emocionalmente.

Enquanto Lorre e Prady trabalhavam no novo piloto, refletiram muito sobre a cena em que os físicos conhecem Penny. Haviam decidido que isso aconteceria quando ela estivesse se mudando para o apartamento vizinho. Mas Sheldon e Leonard deveriam parecer agitados e nervosos? Ou calmos e desinteressados? Nada disso soava certo.

Finalmente, uma abordagem diferente apareceu: e se em vez de se concentrar nas emoções particulares de Sheldon e Leonard, cada ator simplesmente repetisse a palavra "Oi!", com a energia e o humor parecidos. Ao menos teria graça. E talvez demonstrasse para o público que todos estavam tentando se conectar, por mais desastroso que fosse. Os roteiristas não conceberam a cena especificamente em termos de humor e energia, claro — roteiristas de TV "não pensam dessa forma", contou-me Prady, "e a maior parte do que sabemos sobre psicologia vem de nossas próprias sessões no divã" —, mas sua abordagem se alinha ao que sabemos sobre a comunicação emocional: contanto que os personagens demonstrassem inequivocamente que *queriam* se conectar, o público intuiria o que estavam sentindo — mesmo que fossem péssimos em expressar seus sentimentos.

A versão final, quando filmada, ficou assim:[28]

SHELDON E LEONARD VEEM UMA LINDA GAROTA, PENNY, PELA PORTA ABERTA.

LEONARD

(*PARA SHELDON*)

Vizinha nova?

SHELDON

(*PARA LEONARD*)

Evidentemente.

LEONARD

Um belo progresso em relação ao vizinho anterior.

PENNY VÊ OS DOIS DO CORREDOR E SORRI.

PENNY

(*ALEGRE E ANIMADA*)

Ah, oi!

LEONARD

(*MESMO VOLUME E VELOCIDADE, MAS ANSIOSO*)

Oi.

SHELDON

(*MESMO VOLUME E VELOCIDADE, MAS HESITANTE*)

Oi.

LEONARD

(*AGORA EM PÂNICO*)

Oi.

SHELDON

(*CONFUSO*)

Oi.

PENNY

(*TENTANDO ENTENDER O QUE ESTÁ ACONTECENDO*)

Oi?

Um minuto depois, Sheldon e Leonard se preparam para bater na porta de Penny e convidá-la para o almoço:

LEONARD

Vou perguntar se ela não quer almoçar. Uma refeição agradável e um bate-papo.

SHELDON

Bate-papo? Não fazemos isso, só on-line.

LEONARD BATE NA PORTA DE PENNY.

LEONARD

(*HESITANTE*)

Oi… de novo.

PENNY

(*MESMO VOLUME E VELOCIDADE, MAS ANIMADAMENTE*)

Oi!

SHELDON

(*CONTRARIADO*)

Oi.

LEONARD

(*EM PÂNICO*)

Oi.

PENNY

(*EXASPERADA*)

Oooi.

Quando filmaram a cena, meses depois, diante de um público ao vivo, foi um sucesso. Os atores imprimiram a cada "oi" uma série de inflexões vocais, gestos e tiques que evidenciavam sua confusão, hesitação e ansiedade, ao mesmo tempo deixando óbvio como queriam muito se tornar amigos. Assim que os atores alinharam sua energia e seu humor, o público compreendeu: todos estavam tentando se conectar entre si, mas eram emocionalmente desajeitados demais para descobrir como. "Soou como uma conversa de verdade", Prady contou. Eles acabaram gravando a cena várias vezes e o público ria cada vez mais alto. "Percebemos na hora que estava funcionando. O público compreendeu exatamente o que deveria sentir."

Segundo o diretor do episódio, James Burrows, o segredo era que "se tivessem a mesma entonação, e estivessem dizendo a mesma palavra, poderiam fazer isso com atitudes muito diferentes e ainda assim saberíamos que gostavam uns dos outros. Se um deles tivesse dito 'olá' em vez de 'oi', ou se um deles fosse estridente e Penny delicada, a cena toda teria ido por água abaixo". Teria sido confuso: ela está com medo deles e quer distância? Ou está sendo desdenhosa?

O contrário também funcionava. Apenas alguns minutos após Sheldon e Leonard conhecerem Penny, a tática oposta é usada para deixar óbvio quando os personagens *falham* em se conectar:

PENNY SENTA NO SOFÁ NO APARTAMENTO DE SHELDON E LEONARD

SHELDON

(*FALANDO ALTO E BRUSCO*)

Hm, Penny. Esse é meu lugar.

PENNY

(*CALMA E COQUETE*)

Então senta aqui do meu lado.

SHELDON

(*ESTRIDENTE E APRESSADO, GESTICULANDO PARA O ASSENTO*)

Não, eu me sento aí.

PENNY

(*VAGAROSA E CALMA*)

Qual a diferença?

SHELDON

(*MUITO RÁPIDO*)

Qual a diferença? No inverno, esse lugar fica perto o suficiente do radiador para continuar quente, mas não tão perto que faça a gente suar. No verão, fica diretamente no caminho de uma brisa criada pelas janelas abertas ali e ali. Fica de frente para a TV num ângulo que não é direto, desencorajando assim a conversa, nem tão aberto a ponto de criar uma distorção de paralaxe. Eu poderia dizer mais coisas, mas acho que já deu para entender.

PENNY

(*RESERVADA*)

Quer que eu mude de lugar?

SHELDON

(*AINDA AGITADO*)

Bem...

LEONARD

(*EXASPERADO*)

Sente em outro lugar e pronto!

Quando filmaram a cena, "o público pirou", disse Lorre.[29] "Gamaram nas neuroses do Sheldon. No palco, dou uma olhada para Jimmy Burrows, que dirigiu nossos dois pilotos, e Jimmy olha para mim, e ficamos os dois olhando um para o outro com um sorriso desse tamanho. A gente sabia que estava funcionando. Foi um desses momentos de arrepiar."

Os roteiristas haviam então resolvido a charada: os personagens podiam ser estabanados, desajeitados e socialmente incompetentes — mas contanto que evidenciassem suas tentativas de combinar o humor e a energia uns dos outros (ou deliberadamente não harmonizassem), ficaria claro quando estavam se conectando ou se estranhando. O público entenderia o que estava sentindo e poderia torcer por eles, celebrar sua conexão, sentir-se bem quando tudo desse certo, no fim (incluindo o episódio — alerta de spoiler! — em que Leonard e Penny se casam, algumas temporadas depois).

DEPOIS DO BIG BANG

The Big Bang Theory estreou na CBS em 24 de setembro de 2007, para mais de 9 milhões de espectadores. Os críticos, que costumam desdenhar esse tipo de programa, mostraram um entusiasmo atípico. O *Washington Post* chamou-o de "o novo seriado mais engraçado da temporada". Outro crítico disse à Associated Press que ele funcionava devido aos "personagens fáceis de gostar e verossímeis, que podem ser hilários sem serem maldosos e coerentes sem serem previsíveis".[30]

Na terceira temporada, 14 milhões de espectadores acompanhavam a série. Na nona temporada, 20 milhões. Ela acabaria recebendo 55 indicações para o Emmy e se tornaria um dos programas de maior duração da história, superando *Cheers*, *Friends*, *M*A*S*H* e *Modern Family*. O último episódio, em 2019, foi assistido por 25 milhões de pessoas.

Chuck Lorre e Bill Prady permaneceram envolvidos o tempo todo. Quando perguntei a Lorre se ele chegou a conversar com os atores sobre a importância de equipararem a energia e o humor uns dos outros, ele disse que não precisou. Bons atores já compreendem isso, afirmou. Sabem como dizer suas falas usando o corpo, as inflexões, os gestos e as expressões para transmitir o que não é manifestado em palavras. Sabem como fazer com que o público perceba tudo, incluindo as entrelinhas emocionais. Por esse mesmo motivo, no teatro de improvisação, os atores são instruídos a ficar na mesma sintonia respondendo com um "Sim, e...". É o que os políticos experientes fazem quando dizem à multidão: "Sei como estão sofrendo".

"O programa foi um sucesso, acho, porque era fácil gostar dos personagens", disse-me Lorre. "Os roteiristas amaram. O público amou. Eles faziam com que fosse aceitável demonstrar esse amor."

Quando evidenciamos para os outros que queremos entender suas emoções, e genuinamente tentamos combinar ou perceber seu humor e sua energia, passamos a retribuir e sincronizar. Criamos conexão.

Mas o que acontece quando brigamos com alguém ou quando os lados acreditam em valores muito diferentes? E se as ideologias forem contrárias? De que maneira discutir *Como nos sentimos?* quando conversar sobre nossas emoções é a última coisa que queremos fazer?

Paradoxalmente, como explica o capítulo a seguir, revelar nossos sentimentos nessa hora é ainda mais importante.

5. Conexão em um conflito

Conversando sobre armas com o inimigo

Na metade de seu terceiro ano no ensino médio, Melanie Jeffcoat estava no corredor da escola em Las Vegas, Nevada, quando escutou um ruído, *pop-pop*, vindo de uma sala de aula próxima. "Derrubaram livros?", pensou. Então viu um aluno correndo. Depois outro. E um terceiro, que passou por ela em disparada, os olhos arregalados de medo.

Nesse momento, começou a escutar gritos. De repente, todo mundo saiu em disparada pelo corredor em direção ao auditório sem fazer ideia do que de fato estava acontecendo, exceto por fragmentos de coisas ditas aqui e ali: "Arma", "Senhor Piggott baleado", "Sangue no meu tênis". Era 1982, muito antes da tragédia de Columbine e de tantos outros lugares, antes que treinamentos contra atiradores se tornassem rotineiros nas escolas.

Muitos anos depois, Jeffcoat ainda teria dificuldade de aceitar o que acontecera: um aluno havia usado uma pistola para atirar no professor de história e em dois colegas. O professor morreu, mas os alunos sobreviveram. Em retrospecto, parecia inacreditável, uma história que podemos escutar, mas não vivenciar em primeira mão. Mas nas décadas seguintes, à medida que a lista de escolas com tragédias parecidas aumentava – Heritage High, Buell Elementary, Virginia Tech, Sandy Hook –, ela começou a perceber que sua experiência havia sido um mero prenúncio, não um evento isolado.

Então, em 2014, Jeffcoat, que já era mãe, estava no médico quando recebeu uma mensagem da filha de onze anos. A menina dizia que a escola estava em lockdown por suspeita de haver um atirador em ação. Como era o horário da educação física, os alunos pegaram bastões de beisebol para tentar se defender. Ela escreveu para a mãe: "Só consegui um taco de golfe".

As antigas sensações de terror, pânico e desamparo voltaram a Jeffcoat com toda força. Ela deixou o consultório correndo, entrou no carro e foi até a escola. Quando chegou, tudo havia se normalizado[1] – um falso alarme! Então, procurou a filha e ofereceu carona para três amigas dela. No carro, foi ouvindo as conversas: "A gente podia ter morrido, porque meu professor falou que era pra ficar na sala"; "Minha professora abriu a janela e falou pra gente pular"; "A gente se escondeu no armário". Jeffcoat ficou horrorizada. "Morri de tristeza escutando falarem sobre aquilo como se fosse a coisa mais normal do mundo", disse. "Como aceitar uma coisa dessas?"

Alguns meses mais tarde, quando levava as filhas ao cinema, Jeffcoat passou o tempo todo de olho nas portas de saída, imaginando por onde fugir caso um atirador aparecesse.[2] Posteriormente, deu-se conta de que não conseguia se lembrar da história do filme.

Decidiu que precisava fazer alguma coisa. "Não podia simplesmente ficar quieta", disse. "Se não tomasse uma atitude, o medo me consumiria." Então entrou para um grupo local que protestava contra a violência armada. Sabia que não seria bem vista. "Moramos no sul", contou-me. "A maioria dos meus vizinhos tem arma." Mas compareceu a reuniões e comícios nos fins de semana, assumiu um papel de liderança em seu grupo local e passou a atuar em organizações regionais e, depois, nacionais.[3] Virou uma figura pública na luta pelo controle de armas, citada na imprensa e enviada para falar com deputados e senadores. "Era minha vida", disse.

Assim, não foi uma completa surpresa quando recebeu o convite de um grupo de organizações civis para participar de uma discussão sobre armamento em Washington. O evento incluiria partidários dos dois lados. O objetivo, explicava o convite, não era o debate. Não seria sequer necessário chegar a um acordo. Na verdade, tratava-se de um experimento destinado a averiguar se indivíduos que abominavam as crenças uns dos outros podiam ter uma conversa civilizada.

Jeffcoat ficou desconfiada. Como uma conversa com tais pessoas — os fanáticos por armas que jurou combater — poderia ser civilizada? Por outro lado, era atuante nessa questão havia anos e os tiroteios em escolas nunca diminuíram; na verdade, ficaram mais comuns. Na pior das hipóteses, o encontro a ajudaria a compreender melhor os argumentos do outro lado, o que seria útil quando fosse falar com os legisladores. Escreveu avisando que concordava em comparecer.

CONVERSAS DURANTE UM CONFLITO

Provavelmente, muita gente passou por uma conversa complicada em algum momento dos últimos meses. Pode ter sido uma avaliação de desempenho difícil com um colega de trabalho, uma briga conjugal, uma discussão política, uma disputa com os irmãos para decidir quem ficaria com a mãe no feriado, um bate-boca on-line com alguém desconhecido no qual se trocaram farpas por causa de vacinas, de futebol, de criação dos filhos, de religião, ou por discordar se a última temporada de *Lost* foi ótima ou uma porcaria.[4] Em todos esses casos, houve um conflito — de crenças, valores e opiniões —, e houve tentativas de expor as discordâncias e, possivelmente, de encontrar uma solução (ou talvez apenas "trollar" uns aos outros por puro despeito).

Como teriam sido essas conversas? Será que nós e nossos parceiros nos revezamos calmamente ao falar, apresentando fatos e propostas e, depois, escutando com atenção? Nosso colega de trabalho admitiu suas deficiências e retribuímos, com elegância, fazendo o mesmo? Consideramos desapaixonadamente as opiniões de nossos irmãos quando insinuaram que havíamos abandonado nossa mãe? Após as trocas de insultos pelo Twitter, todo mundo mudou de ideia? Ou — e isso, sem dúvida, é o mais provável — a conversa foi uma batalha caótica do início ao fim, com mágoas e raivas extravasadas, pessoas na defensiva e mal-entendidos de sobra?

Não é novidade para ninguém que vivemos numa época de profunda polarização. Na última década, o número de americanos que se dizem "muito irritados" com seus opositores políticos aumentou drasticamente para quase 70% do eleitorado. Cerca de metade da nação acha que pessoas com crenças políticas diferentes da própria são "imorais", "preguiçosas", "desonestas" e "estúpidas".[5] Cerca de quatro em cada dez autointitulados liberais e três em cada dez conservadores bloquearam ou cancelaram alguém nas mídias sociais por algo que a pessoa disse.[6] Mais de 80% dos trabalhadores americanos afirmam viver conflitos no local de trabalho.[7]

Conflitos sempre foram parte da vida, claro. Discutimos no casamento e com os amigos, no trabalho e com os filhos. O debate e a divergência são inevitáveis numa democracia, na vida doméstica e em qualquer relação significativa. Como escreveu a ativista Dorothy Thomas: "Paz não é a ausência de conflito, mas a capacidade de lidar com ele".[8]

Hoje em dia, no entanto, podemos ter a sensação de que esquecemos como nos conectar em meio a tantas disputas. Às vezes parecemos incapazes de enxergar além da raiva e da polarização. Uma maneira de sair desse atoleiro moral, como mostraram os capítulos anteriores, é fazendo perguntas e permanecendo atentos às emoções. Mas, às vezes, quando é o caso de discutir conflitos sérios, perguntar e dar ouvidos pode não bastar.

Assim, como nos conectamos quando nossas diferenças parecem intransponíveis?

O evento ao qual Jeffcoat havia concordado em comparecer em Washington era patrocinado por uma das maiores empresas de mídia do país, a Advance Local, que se associou a um grupo de jornalistas e a grupos de defesa da cidadania para investigar formas melhores de conduzir conversas difíceis.[9]

Os organizadores queriam realizar o seguinte experimento:[10] se reunissem pessoas de diferentes opiniões e lhes ensinassem habilidades de comunicação específicas, elas seriam capazes de discutir suas divergências sem rancor e amargura? Poderia a conversa certa, conduzida da maneira certa, ajudar a superar a divisão?

Mas qual assunto controverso seria o melhor material para o experimento? Quando os organizadores tentavam decidir, houve novo tiroteio numa escola: um ex-aluno de dezenove anos da Marjory Stoneman Douglas High

School em Parkland, Flórida, munido de um fuzil AR-5, matou catorze alunos e mais três adultos. Após essa nova tragédia, os organizadores do experimento resolveram promover uma discussão sobre armas, "um assunto espinhoso clássico", disse-me John Sarrouf, que ajudou a conceber o projeto.

Sarrouf dirige uma organização dedicada a reduzir a polarização, a Essential Partners, e acompanha o debate sobre as armas de fogo há anos. "As pesquisas mostram que todo mundo tem diversas opiniões sobre armas", ele disse. Por exemplo, a vasta maioria dos estadunidenses apoia a verificação de antecedentes criminais para a compra de armas,[11] assim como a proibição de carregadores de alta capacidade e armas de estilo militar.[12] Mas, apesar do consenso, é quase impossível fazer com que democratas e republicanos, tampouco grupos como a National Rifle Association (NRA) e a Everytown for Gun Safety, trabalhem juntos — imagina se reunirem para debater. "Cada um está totalmente focado em defender sua posição", disse Sarrouf. "Achamos que, se conseguíssemos reunir os dois lados e ensiná-los a conversar de forma diferente, talvez algo ficasse explícito."[13]

Os organizadores postaram convites em sites e entraram em contato com ativistas do controle de armas como Melanie Jeffcoat, além de defensores do direito às armas. Mais de mil pessoas responderam. Dezenas foram convidadas a Washington para participar das sessões de treinamento e dos debates. Em seguida, a iniciativa passaria a ser on-line e mais de uma centena concordou em prosseguir com o diálogo no Facebook.

"Pareceu loucura para mim, no começo", disse Jon Godfrey, que ficou sabendo do experimento por um anúncio na internet. Godfrey serviu vinte anos no Exército e depois seguiu carreira na polícia. Ele possui algo entre trinta e quarenta armas (faz um tempo que não conta, afirmou). Quando falou com os organizadores do evento, disse-lhes que provavelmente sua participação na conversa não seria interessante para eles, pois não estava disposto a abrir mão de suas armas. Além do mais, desconfiava que não passassem de um bando de liberais querendo constranger conservadores.

Os organizadores responderam que contavam com sua presença em Washington, todas as despesas pagas. "Não esperava grande coisa, para ser honesto", ele me disse. "Mas eu não tinha nada marcado para aquele fim de semana, então falei que iria, e acabou sendo uma das coisas mais emocionantes que já fiz."

Quando os organizadores planejavam seu experimento, orientaram-se em parte pelo trabalho de pesquisadores como Sheila Heen, uma professora de direito em Harvard, que passou a vida investigando como as pessoas se conectam em conflitos.[14]

Seu pai, um advogado, havia instruído Heen na arte da argumentação desde cedo. Às vezes, parecia que tudo era motivo para negociações: um sorvete, o horário de dormir, a punição por violar esse horário. Assim, quando chegou ao fim do ensino médio, era uma temível debatedora. Então se matriculou na Faculdade de Direito de Harvard e procurou Roger Fisher, que recentemente havia escrito *Como chegar ao sim*. Ela estudou desde rivalidades causadoras de guerras civis até disputas em empresas. Quando se formou, passou a dar aulas na própria faculdade.

Em pouco tempo, Heen passou a facilitar diálogos no Chipre e entre populações indígenas do Alasca. Deu treinamento a indicados para a Casa Branca e a juízes do Supremo Tribunal de Cingapura e atuou como consultora para a Pixar, a NBA e a Federal Reserve. Conforme navegava por esses diferentes mundos, ela percebeu que em seus tempos de juventude havia cometido um erro comum: presumir que o objetivo de discutir um conflito e se envolver em debates fosse obter a vitória, derrotando o outro lado. Mas não era nada disso. Na verdade, o objetivo é descobrir *por que* existe um conflito, antes de mais nada.

Os contendores — seja em uma briga conjugal, seja numa discussão entre colegas de trabalho — devem determinar a causa da disputa, bem como avaliar as histórias que contam a si mesmos sobre o motivo para a persistência do conflito. Precisam trabalhar juntos para determinar se há "zonas de acordo possível" e chegar a um entendimento mútuo sobre a real importância da disputa e o que é necessário para encerrá-la. Esse tipo de entendimento por si só não garante a paz. Mas, sem ele, a paz é impossível.

Então, como alcançamos tal entendimento mútuo? O primeiro passo é reconhecer que, em toda discussão, não há apenas um conflito, mas no mínimo dois: o problema superficial que leva as pessoas a discordarem entre si e o *conflito emocional* subjacente. "Digamos que se trate de um casal discutindo sobre ter mais um filho", disse-me Heen. "Há o conflito na camada superior — *você quer outro filho e eu não* —, que parece, a um primeiro olhar, explicar por que estão brigando. Mas há também uma questão emocional mais profunda: *estou com raiva porque você está priorizando um filho em detrimento da minha carreira* ou *tenho medo de que mais um filho nos leve à falência* ou *estou frustrado porque você parece não se importar com o que eu quero*." Às vezes, esses conflitos emocionais podem ser nebulosos, difíceis de identificar, mas também são incrivelmente poderosos — porque contêm tamanha dose de raiva e decepção que deixam essa discussão além da possibilidade de um acordo. "E sabemos que as emoções estão ali", disse Heen, "porque sempre que um casal briga, por mais sensatos que possam ser os argumentos de ambas as partes, parece que nunca fica próximo de uma resolução."

Heen às vezes participava de negociações políticas ou disputas corporativas e via as pessoas descrevendo problemas com soluções até que simples. Então observava as emoções sequestrarem a conversa até essas soluções se tornarem impossíveis. As pessoas ficavam furiosas, desconfiadas, sentiam-se traídas — mas raramente admitiam isso para o outro lado ou, muitas vezes, sequer para si mesmas. Desistiam de tentar entender por que o conflito surgiu e começavam a planejar sua retaliação. E, mais do que tudo, todo mundo queria sair vitorioso, derrotar o outro, sentir-se justificado.

Nada mais natural, claro. Qualquer confronto envolve uma série de sentimentos humanos normais — ansiedade, angústia, desejo de vingança. Mas essas paixões podem impossibilitar que discutamos os problemas de maneira produtiva. "E se a pessoa não admite a presença das emoções, nunca vai entender por que está brigando", disse Heen. "Nunca vai saber do que a briga realmente se trata."[15]

O segredo, descobriu Heen, estava em fazer as pessoas manifestarem suas emoções, terem uma versão da conversa *Como nos sentimos?* que permitisse a ambos os lados expressar a mágoa e a desconfiança que estavam inflamando a discussão. Mas o problema é que, durante uma desavença, normalmente odiamos falar sobre nossos sentimentos. "As pessoas querem acreditar que podem ser analíticas como um robô", disse Heen. "Mas é claro que ninguém consegue fazer isso. A única coisa que acontece é você extravasar suas emoções de outras formas." Ou talvez as pessoas admitam suas próprias emoções, mas odeiem revelá-las. Acham que isso trará uma vantagem para o outro lado ou será interpretado como fraqueza. Preocupam-se que revelar uma vulnerabilidade possa municiar seus adversários. Para não mencionar o fato de que, numa briga, geralmente estamos estressados, longe da condição ideal para discutir nossos sentimentos.

Eis o verdadeiro motivo para a persistência de tantos conflitos: não é devido à falta de soluções ou pela relutância pessoal em chegar a um acordo, mas porque os contendores não compreendem o *motivo* de estarem brigando, para começo de conversa. Não discutiram as questões mais profundas — os problemas emocionais — que estão pondo lenha nessa fogueira. E evitam essa discussão emocional porque não querem admitir que estão furiosos, tristes, preocupados.[16] Em outras palavras, não querem conversar sobre *Como nos sentimos?*, mesmo que essa seja a conversa mais importante a se ter.

EM UM CONFLITO
Descobrimos por que estamos brigando
ao discutir as emoções.

Discutir as emoções não vai resolver tudo, claro. Às vezes, um quer ter um bebê, e o outro não e, por mais que compartilhem suas emoções, nunca chegarão a um acordo. "Mas se não conversarmos sobre nossas emoções pelo menos", disse Heen, "continuaremos tendo a mesma discussão infinitamente."

Assim, como fazer para que as pessoas se sintam seguras o suficiente para falar sobre seus sentimentos? É uma tarefa difícil, em particular se estão debatendo algo — como armas — que é um pomo da discórdia há muitas décadas e em que cada um tem a mais absoluta convicção de que a razão está do seu lado, enquanto o outro não passa de imoral e equivocado.

Melanie Jeffcoat e os demais favoráveis ao controle de armas, assim como igual quantidade de defensores do direito à posse de armas, chegaram a Washington num dia quente de março de 2018 e se reuniram no saguão do Newseum, na Colina do Capitólio. Era o mesmo fim de semana da "Marcha por nossas vidas" organizada pelos sobreviventes do tiroteio na escola Marjory Stoneman Douglas. Do lado de fora — e em mais de oitocentas cidades por todos os Estados Unidos — alunos e pais saíam em passeatas contra a violência causada pelas armas. Em resposta a isso, centenas de grupos pró-armas também organizaram manifestações. Ao todo, estima-se que 2 milhões de pessoas tenham ido às ruas nesse dia para protestar contra ou a favor da facilidade em adquirir armas no país.

Os participantes entraram no Newseum ao som de 100 mil pessoas cantando do lado de fora. "Foi lindo", disse-me Jeffcoat. "Era realmente inspirador ver todas aquelas pessoas lutando por um mundo melhor. E lá estava eu conversando com alguém que tinha quarenta armas em casa e pensava em comprar uma AR-15 para caçar veados."

Quando todos estavam reunidos, os organizadores explicaram seu objetivo. "Independentemente de concordar ou não com o que está acontecendo lá fora, acho que todo mundo é capaz de reconhecer que esse é um momento em que nosso país está tentando ter uma de suas conversas mais difíceis", começou John Sarrouf. "Essa é uma conversa sobre armas e segurança que os Estados Unidos estão tentando ter faz mais de duzentos anos e que nunca correu muito bem." Debates sobre armas, disse ele, costumam descambar para bate-bocas e acusações. Ou, pior ainda, sequer ocorrem, porque as pessoas só participam de grupos que concordam com suas opiniões. "Isso é perigoso numa democracia", Sarrouf afirmou aos participantes. "Se formos incapazes de conversar, a despeito de nossas divergências, não podemos tomar decisões em conjunto." Desse modo, o objetivo desse encontro era ter uma discussão franca sobre armas e "demonstrar que podemos conduzir essa conversa de forma diferente. Achamos que podemos provar que é possível discutir esse assunto com reflexão e civilidade; e aprender uns com os outros, mesmo que discordemos".

"Mas, antes", continuou Sarrouf, "é preciso algum treinamento".

O treino era fundamental porque os organizadores tinham um segundo objetivo igualmente importante.[17] Eles sabiam que todos ali eram experientes em falar sobre armas. Todos tinham fatos memorizados e pontos de discussão à mão. Cada um conhecia os argumentos do outro lado e sabia como frustrar seus adversários e preparar armadilhas retóricas.

Mas os organizadores queriam que essa conversa fosse diferente. Esperavam fazer com que todos começassem a compartilhar histórias pessoais sobre armas e controle de armas, sobre as emoções e os valores em que baseavam suas convicções e, a seguir, verificar se isso mudaria o tom do debate. Em outras palavras, queriam promover uma conversa *Como nos sentimos?* na esperança de que isso pudesse servir de antídoto ao veneno que em geral contamina tais discussões.

Mas os organizadores não podiam simplesmente ordenar que os participantes revelassem seus sentimentos mais íntimos. Seria uma instrução muito esquisita, sobretudo entre pessoas que acreditavam que, do outro lado, havia um inimigo. Então focaram numa abordagem diferente: ensinar a todos uma técnica de escuta que gerasse segurança para a revelação emocional. O segredo era um lado *demonstrar* que estava escutando o outro.

A inteligência emocional vem de mostrar para alguém que escutamos suas emoções. Mas, quando estamos em um conflito ou numa briga, simplesmente mostrar em geral não basta. Nesses momentos, qualquer um fica cético e desconfiado: *será que ele está escutando ou só preparando uma refutação?* Algo a mais é necessário, um passo extra. Para convencer os outros de que estamos genuinamente escutando durante uma discussão, precisamos demonstrar que os escutamos, que estamos dando duro para compreendê-los, que queremos enxergar as coisas de sua perspectiva.

Como afirma um estudo de 2018, quando alguém demonstra escutar, gera "uma sensação de segurança psicológica, porque [quem ouve] instila uma confiança no que fala de que ao menos seus argumentos receberão plena consideração e serão, portanto, avaliados com base em seu verdadeiro valor".[18] Quando a pessoa acredita que os outros estão tentando entender sua perspectiva, passa a confiar mais, fica mais disposta a "expressar seus pensamentos e ideias". A "sensação de segurança, valor e aceitação" advinda de acreditar que o interlocutor está genuinamente escutando deixa-nos mais dispostos a revelar nossas vulnerabilidades e incertezas. Se queremos que alguém exponha suas emoções, o passo mais importante é convencer a pessoa de que escutamos com atenção o que ela diz.[19]

EM UM CONFLITO
Descobrimos as emoções
demonstrando que escutamos.

O problema, porém, é que a maioria não sabe como demonstrar que está escutando. As pessoas tentam coisas como manter contato visual com o interlocutor, ou balançar a cabeça para mostrar que concordam, e esperam que o outro esteja prestando atenção a esses sinais. Mas quem fala geralmente não está. "Temos dificuldade em observar os outros quando falamos", disse Michael Yeomans, professor no Imperial College de Londres. "Quando falamos, ficamos, com frequência, tão concentrados no que dizemos que mal notamos o comportamento de quem escuta. Deixamos passar os sinais que a pessoa tenta nos mandar para mostrar que está acompanhando."

Assim, quando queremos mostrar que escutamos, precisamos fazê-lo *depois* que a pessoa para de falar. Se queremos mostrar para alguém que estamos prestando atenção, precisamos demonstrar que absorvemos o que ela disse assim que a pessoa parou de falar.

E a melhor maneira de fazer isso é repetindo com nossas próprias palavras o que acabamos de escutar — e então perguntar se entendemos direito.

É uma técnica razoavelmente simples — demonstrar que escutamos fazendo perguntas, refletindo sobre o que acabamos de escutar e, depois, pedir a confirmação de que compreendemos —, mas os estudos revelam que é a mais eficaz para provar a alguém que queremos escutá-lo. A fórmula é por vezes chamada de *ciclo de compreensão*.*[20] O objetivo não é repetir ipsis litteris o que alguém acaba de dizer, mas destilar os pensamentos da outra pessoa em nossas próprias palavras, demonstrar que estamos nos esforçando

* *Looping for understanding*: para saber mais sobre essa técnica maravilhosa, recomendo a leitura de *High Conflict: Why We Get Trapped and How We Get Out*, de Amanda Ripley.

para compreender e enxergar de sua perspectiva — e, a seguir, repetir o processo, quantas vezes for necessário, até todos ficarem satisfeitos.[21] Usar técnicas como essa "no início de uma conversa previne a escalada do conflito no fim", revelou um estudo de 2020.[22] Pessoas empenhadas nisso são vistas como "parceiras de equipe e conselheiras melhores" e "parceiras mais desejáveis para uma futura colaboração".

EM UM CONFLITO

Demonstramos escutar mediante o ***ciclo de compreensão***.

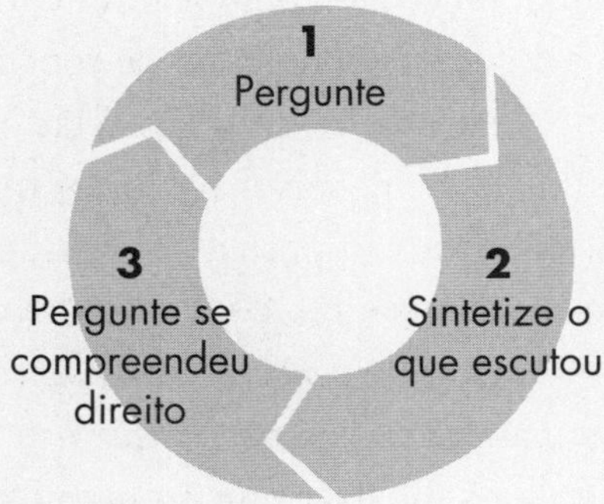

Repita até as partes estarem de acordo que compreenderam.

No saguão do Newseum, John Sarrouf dividiu a multidão em pequenos grupos e deu-lhes instruções: a pessoa deveria descrever "uma época em que assumiu um desafio no qual não tinha certeza se seria bem-sucedida, mas por fim tentou e conseguiu e sentiu orgulho de si mesma". Então, os que escutavam fariam perguntas e, uma vez encerrada essa etapa, deveriam resumir o que escutaram e perguntar a quem havia falado se o resumo estava correto.

Não demorou para o saguão do Newseum se encher do vozerio de dezenas de pessoas participando do *ciclo da compreensão*. Um ativista pró-armas do Alabama chamado David Preston contou como sua mãe havia cometido suicídio quando ele tinha apenas onze meses de idade. "Nos cinco primeiros anos da minha vida, como todo mundo tinha pena de mim, nunca ouvi a palavra 'não'", afirmou a seus colegas de grupo. "Nunca dizer 'não' a uma criança pequena não é uma boa ideia. Mexe com sua cabeça, deixa a gente egoísta. E quando isso se combinou ao luto que eu sentia por alguém de quem nem me lembrava, o resultado foi devastador." Preston começou a chorar conforme falava. "Cheguei longe, depois disso", disse ao grupo. "Sinto orgulho por ter construído uma vida com as pessoas que amo e poder mostrar pra elas que as amo de verdade. Antes, eu não sabia como fazer isso."

Seus colegas seguiram as instruções recebidas para o ciclo e começaram a fazer perguntas: Como se sente sobre sua mãe agora? Como mostrou para as pessoas que as amava? Que lição extraiu daquela tragédia?

A seguir, resumiram o que haviam escutado: "Percebi", afirmou uma mulher de Nova York que se identificou como uma ativista liberal do controle de armas, "que você sofreu muito durante a maior parte da sua vida, que foi difícil expressar essa dor e que isso fez você se afastar das pessoas".

"Exatamente", disse Preston. "Quando a gente cresce no Sul, é ensinado a não falar das emoções, não se queixar, não mostrar fraqueza. Mas aí a gente guarda tudo dentro e o que acaba saindo é só raiva."

"E agora você quer se livrar dessa dor", disse a mulher.

"Isso", respondeu Preston. "É um grande alívio escutar você dizer dessa forma." Ele segurou suas mãos. "Obrigado por me escutar."

Depois, Preston contou-me que essa foi uma das conversas mais significativas que teve na vida, ainda que mantida com alguém que era essencialmente uma estranha e de quem discordava no quesito ideológico em quase todos os aspectos. "Senti-me tão valorizado por escutar ela dizer aquilo", contou-me. "Senti que me ouviam, talvez pela primeira vez na minha vida adulta, senti como se pudesse falar sobre isso e as pessoas quisessem entender. Senti que podia ser honesto."

Métodos como o *ciclo da compreensão*, diz Sheila Heen, são poderosos porque, mesmo quando as pessoas levam vidas muito diferentes, normalmente conseguem encontrar similaridades emocionais entre si. "Todo mundo passou pela experiência de sentir medo, esperança, ansiedade, amor", disse-me ela. Ao criar um ambiente onde as pessoas sejam convidadas a discutir suas emoções e, depois, demonstrar umas às outras seu desejo de entender, promovemos confiança, até mesmo entre pessoas acostumadas a se considerarem inimigas.

Heen ensina abordagens como o *ciclo da compreensão* para seus alunos de direito em Harvard porque é uma das melhores técnicas para desencavar as questões emocionais mais profundas que ameaçam desencaminhar uma conversa ou negociação contenciosa.[23] "Todo mundo tem uma história dentro da cabeça que explica por que acha que está brigando", ela me explicou. "E cada um tem sua história. Dificilmente entendemos o que passa pela cabeça da outra pessoa, mesmo que achemos que sim." O ciclo nos permite escutar as narrativas alheias e demonstrar para os outros que escutamos o que estão dizendo. "Só quando começamos a compreender as histórias dos outros podemos falar sobre o que de fato está acontecendo."

Finalmente, os organizadores do evento pediram a todos para passar a discutir o assunto que os levara até lá: armas. No entanto, a conversa começou de maneira curiosa.[24] Os participantes foram instruídos a contar uma história pessoal explicando por que essa questão era importante para eles. Havia algumas orientações: as pessoas deveriam contar histórias de experiência própria, não sobre coisas que escutaram por aí ou viram na internet. Não deveriam oferecer lições de moral, apenas lembranças, sentimentos e percepções. Quanto aos que escutavam, podiam fazer perguntas, contanto que fossem abertas e demonstrassem curiosidade. E não era para apresentar refutações disfarçadas de perguntas — nada de perguntar quando você achava que já sabia a resposta.

Jeffcoat ouviu uma mulher contar como uma parente havia sido agredida dentro de sua própria casa. No dia seguinte, afirmou a mulher, ela foi a um estande de tiro pela primeira vez e, desde então, dorme com uma arma em sua mesa de cabeceira. "Assim eu sei que nunca vou deixar isso acontecer", afirmou ao grupo. "Nunca me permitirei ser uma vítima." Jeffcoat perguntou se não receava que a arma pudesse ser roubada ou mal utilizada. "Não", disse a mulher, ela havia tomado precauções. A arma tinha uma trava de gatilho e não havia crianças na casa. "Aquela arma é minha paz de espírito", afirmou, "e quando alguém diz que quer tirá-la de mim, está dizendo que quer que eu me sinta impotente outra vez."

Alguém no grupo pediu a palavra para resumir o que havia escutado: "Você vê sua arma como um símbolo de que não deixará ninguém machucar você. Entendi direito?".

"É uma prova de que mereço me sentir segura", disse a mulher. "Tenho tanto direito quanto qualquer um de viver aqui."

Outro participante descreveu seu orgulho de ensinar ecologia e contar a história da família aos seus filhos quando caçavam juntos. Outro contou que morava perto da fronteira, em uma área onde havia contrabando de drogas, e que certa vez expulsou um intruso graças a seu rifle. Jeffcoat contou-lhes sua história sobre o tiroteio na escola e seu temor pelas filhas. Todos fizeram perguntas uns aos outros e resumiram o que haviam escutado até todo mundo ter concordado que havia entendido direito.

"Mexeu comigo escutar as histórias de todo mundo daquele jeito", contou-me Jeffcoat. "Aquilo fez eu me sentir ingênua, como se eu tivesse simplesmente presumido que todos os proprietários de armas eram os mesmos brancos raivosos que eu via nas manifestações."

Ao final de dois dias, os dois objetivos dos organizadores haviam sido cumpridos: os participantes envolveram-se em conversas francas sobre armas sem que ninguém tentasse ganhar a discussão no grito. E as pessoas haviam aprendido a *demonstrar* que estavam escutando, a fazer perguntas honestas e a serem suficientemente vulneráveis para revelar sentimentos que, com alguma sorte, levaram-nas a encontrar um terreno emocional comum.

"O fim de semana foi empolgante", disse-me Jeffcoat. "Saí de lá pensando que, se conseguirmos fazer isso em larga escala, podemos mudar o mundo." As pessoas deixaram o encontro prometendo manter contato. Os organizadores haviam criado um grupo privado no Facebook para que os participantes pudessem dar prosseguimento à discussão. Havia moderadores para orientar o diálogo on-line e os organizadores haviam convidado mais de uma centena de outras pessoas para participar das conversas pela internet. Esses novos integrantes do grupo não tinham o benefício do treinamento em Washington, mas os organizadores esperavam que pudessem absorver as novas técnicas de comunicação com os moderadores, bem como com os participantes treinados no Newseum.

Não saiu como o esperado.

"Voltei para casa e, quando sentei no computador, só levou, sei lá, uns 45 minutos para alguém me chamar de assassino nazista", disse Jon Godfrey, o ex-policial. Para Jeffcoat, o retrocesso pareceu até mais rápido: "Cheguei, entrei no Facebook e tudo foi de mal a pior".

OS PSIQUIATRAS DO AMOR

Por que algumas conversas mudam tão abruptamente? Por que, às vezes, temos a sensação de que criamos uma conexão de verdade com outra pessoa – e então o clima muda, ou um pequeno conflito ganha maiores proporções e de repente a distância parece intransponível?

Na década de 1970, um grupo de jovens pesquisadores de psicologia começou a se fazer esse tipo de perguntas. Estavam interessados em estudar como casais conduzem seu relacionamento quando os conflitos emergem. O casamento, até então, havia sido surpreendentemente pouco explorado pelo mundo acadêmico. Os problemas conjugais eram "algo com que sacerdotes e amigos lidavam com frequência", afirmou Scott Stanley, professor de psicologia na Universidade de Denver. "O casamento nunca havia sido uma grande prioridade."

Os jovens psicólogos vinham da Universidade da Carolina do Norte em Chapell Hill, Texas A&M, Universidade de Wisconsin, Universidade de Washington e mais de uma dezena de outros lugares. Haviam crescido durante a contracultura dos anos 1960, quando o divórcio, a pílula anticoncepcional e a igualdade dos sexos ganharam espaço na sociedade. A ideia de casamento – e o que as pessoas esperavam de seus parceiros – estava mudando. Tudo isso levou os pesquisadores a se perguntarem: por que alguns casais permanecem felizes por décadas, mesmo com o mundo se transformando totalmente a sua volta, enquanto outros, que um dia tiveram certeza de ser almas gêmeas, desmoronam em brigas e sofrimento?

Esse grupo de psicólogos nunca teve um nome formal, tampouco uma lista oficial de membros, mas alguns se referiam a eles como os "Psiquiatras do Amor". Sua pesquisa inicial consistia principalmente em entrevistas gravadas em vídeo. Maridos e esposas eram levados ao laboratório para descrever seu casamento, vida sexual, conversas e brigas. As discussões eram de particular interesse para os pesquisadores. Os casais batiam boca com as câmeras dos cientistas rodando. Em alguns anos, mais de mil discussões foram gravadas.

Esses estudos iniciais revelaram padrões interessantes: muitos casais eram ótimos em escutar um ao outro e até em demonstrar que estavam escutando. "Isso é mais ou menos o mínimo para um casamento", disse Stanley. "Se não fôssemos capazes de mostrar para o outro que estamos escutando, provavelmente nem casaríamos, para começo de conversa." Pode ser que os casais não estejam recorrendo ao *ciclo de compreensão*, mas, seja intuitivamente, seja porque receberam algum conselho, descobriram como mostrar que queriam compreender um ao outro.

Contudo, por mais que dessem ouvidos aos parceiros, a taxa de divórcio nos Estados Unidos estava disparando: em 1979, mais de 1 milhão de casais — o triplo da quantidade de apenas uma década antes — decidira terminar seu casamento. Os cientistas se perguntaram: se os casais eram tão bons em escutar e demonstrar que escutaram, por que continuavam a se separar?

Os pesquisadores começaram a examinar os dados. Duas descobertas acabaram vindo à tona. Primeiro, para a surpresa de ninguém, confirmaram que quase todos os casais brigavam. Alguns faziam isso com frequência — cerca de 8% dos casais americanos brigavam pelo menos uma vez por dia, enquanto outros, apenas ocasionalmente.[25] Mas, independentemente da frequência, quase todos os casamentos apresentavam uma dose de conflito.

A segunda descoberta foi que, para alguns casais, esses conflitos e discussões não pareciam ter um impacto muito duradouro. Independentemente da frequência com que brigavam, eles afirmavam que ainda assim sentiam-se realizados com seu casamento e felizes com sua escolha e não relataram a permanência de qualquer rancor ou ideia de divórcio após uma briga. Seus conflitos eram tempestades que apareciam e se dissipavam, restando no fim apenas um céu azul.

Mas, para outros casais, as coisas eram bem diferentes. Em seus relacionamentos, até pequenos conflitos envenenavam a relação. Discussões amenas terminavam em vozes cada vez mais elevadas. As reconciliações eram meras pausas numa guerra permanente, as mágoas e a raiva apenas esperando por mais uma centelha para se inflamar. Casais infelizes diziam que pensavam em divórcio com frequência, faziam a ameaça regularmente, imaginavam o que diriam aos filhos quando por fim ocorresse.[26]

Os pesquisadores investigaram as diferenças entre os casais felizes e os infelizes. Queriam saber, em particular, se os dois grupos brigavam de forma diferente. Sua hipótese inicial foi que esses grupos discutiam por motivos diferentes. Os cientistas suspeitavam que casais infelizes brigavam por questões mais sérias – problemas financeiros, crises de saúde, uso de drogas e álcool –, enquanto casais felizes brigavam por problemas triviais, como onde passar as férias.

No entanto, descobriram que essa hipótese estava errada. Como viram, ambos geralmente se desentendiam por coisas parecidas.[27] Ambos os grupos tinham problemas financeiros, questões de saúde e tolos bate-bocas por causa de férias.

A hipótese seguinte era que casais felizes seriam melhores em resolver suas discordâncias. Quem sabe chegassem mais rapidamente a um acordo? Ou talvez se cansassem mais depressa das discussões?

Errado outra vez. Um grupo não era significativamente mais habilidoso em resolver desavenças do que o outro, tampouco mais receptivo a acordos. Além do mais, quando os pesquisadores examinaram de perto os casais felizes, descobriram que alguns eram *péssimos* em resolver seus problemas. Discutiam sem parar e nunca chegavam a qualquer solução. No entanto, ainda assim, apreciavam o casamento.

E então havia outros casais que brigavam "direito", que liam todos os livros de relacionamento e escutavam um monte de conselhos, mas no final das contas terminavam se ressentindo um do outro. Alguns faziam tudo certo, "mas mesmo assim acabavam se divorciando", disse Benjamin Karney, um dos chefes no Laboratório de Casamento e Relacionamentos Íntimos na UCLA.[28]

Então os pesquisadores começaram a procurar outras variáveis que pudessem explicar o que diferenciava os casais felizes dos infelizes. Uma coisa que haviam notado era que muitos casais – tanto felizes como infelizes – às vezes mencionavam uma disputa por "controle" ao descrever suas brigas. "Ele sempre quer me *controlar*", uma mulher disse aos cientistas durante a entrevista. "Ele quer me aprisionar, pôr palavras na minha boca." Normalmente era por isso que começavam a brigar, explicou ela, "porque quero tomar decisões por mim mesma e ele quer mandar".

As ansiedades dos casais em relação ao controle se manifestavam também de outras maneiras. Os pesquisadores notaram que muitos divórcios aconteciam após grandes mudanças na vida, em parte porque essas mudanças haviam despertado uma sensação de perda de controle. Às vezes, era a chegada de um filho ou um novo emprego estressante, aumentando o grau de dificuldade das pessoas em controlar seu tempo e sua ansiedade. Ou podia ser alguma doença — o controle de nossa saúde — ou uma alteração brusca, como a aposentadoria ou filhos saindo para a faculdade, coisas que tornam o futuro menos previsível. Essas reviravoltas deixavam as pessoas exaustas, solitárias, ansiosas, como se tivessem perdido o poder de decisão sobre seu dia a dia, seu corpo, sua mente.

Sem dúvida, todos ansiamos por controle. E, embora haja muitos fatores determinantes para um relacionamento amoroso ser bem-sucedido ou naufragar, um deles é se o relacionamento nos faz sentir mais no controle de nossa felicidade ou menos.[29] É natural que os casais tenham disputas por controle em um relacionamento; isso é parte de como equilibrar necessidades, carências, papéis e responsabilidades de cada um. Mas, conforme os pesquisadores examinavam as gravações, notaram uma dinâmica que antes haviam deixado escapar: durante as brigas, os casais felizes e infelizes pareciam lidar com o controle de forma muito diferente.

Tanto os casais felizes como os infelizes disputavam quem estava no controle durante uma discussão. Às vezes, o marido limitava os assuntos que estava disposto a discutir — "Não vou falar sobre isso!" — ou a esposa determinava um prazo arbitrário para a conversa — "Dou cinco minutos para tal coisa e depois chega!".

Mas os casais felizes e os infelizes, perceberam os cientistas, procuravam afirmar o controle de maneiras muito diferentes. Entre os infelizes, o impulso por controle muitas vezes se manifestava como uma tentativa de controlar a outra pessoa. "Acho bom você parar de falar agora mesmo!", um homem gritou para a esposa em uma sessão gravada pelos pesquisadores.[30]

Ela retrucou: "Ah, é, acho bom você parar de trabalhar o tempo todo e ignorar seus filhos e tratar a gente como lixo só porque teve um dia ruim!". Então ela começou a detalhar suas exigências, cada uma delas assumindo a forma de uma tentativa de controlar seu comportamento: "Você precisa chegar na hora do jantar e parar de me criticar e perguntar como foi a droga do meu dia de vez em quando". Ao longo dos 45 minutos seguintes, um tentou controlar a língua do outro ("Não use esse tom de voz comigo!"), determinar quais tópicos podiam ser discutidos ("Nem toque nesse assunto") e quais gestos deveriam ser permitidos ("Se você revirar os olhos mais uma vez, vou embora").

Eles se divorciaram nove meses depois.

EM UM CONFLITO

Todos anseiam por controle...	... mas tentar controlar alguém é destrutivo.

Entre casais felizes, porém, o desejo de controle se manifestava de forma bem diferente. Em vez de tentar controlar o outro, casais felizes tendiam a focar no controle de si mesmos, seu ambiente e o próprio conflito.

Casais felizes, por exemplo, passavam bastante tempo controlando suas próprias emoções. Faziam pausas quando percebiam a raiva aumentando. Esforçavam-se para se acalmar, respirando fundo, ou anotando por escrito como se sentiam, em vez de gritar, ou recorrendo a hábitos – contar coisas pessoais; recitar uma lista do que apreciavam um no outro; evocar lembranças felizes – praticados em momentos mais calmos. Tendiam a falar mais vagarosamente, de modo que pudessem parar no meio da frase caso algo soasse mais rude do que pretendiam. Tinham maior tendência a aliviar a tensão mudando de assunto ou fazendo piadas. "Casais felizes desaceleram a briga", disse Karney. "Têm muito mais autocontrole e autoconsciência."

Casais felizes também focavam em controlar seu ambiente. Em vez de começar uma briga no momento em que o conflito surgia, postergavam uma discussão áspera até estarem em um contexto mais seguro. Uma discussão podia começar às duas da madrugada, com ambos exaustos e o bebê chorando, mas em vez de permitir que prosseguisse, os casais felizes tendiam a adiar a discussão até a manhã, quando estariam mais descansados e o bebê estaria calmo.

Finalmente, os casais felizes pareciam se concentrar mais em controlar os limites do próprio conflito. "Casais felizes, quando brigam, normalmente tentam reduzir a disputa ao mínimo, sem permitir que extrapole para outras brigas", afirmou Karney. Mas casais infelizes permitem que uma área de discórdia respingue em tudo mais. "Começam uma discussão sobre 'Vamos passar o feriado com minha família ou com a sua?' e, em pouco tempo, passam a 'Você é tão egoísta, nunca lava a roupa, é por isso que a gente nunca tem dinheiro'." (Em terapia de casal, isso é chamado de *kitchen-sinking* [indo pelo ralo], um padrão particularmente destrutivo.)

EM UM CONFLITO

Foque em controlar:

1. Você mesmo
2. Seu ambiente
3. Os limites do conflito

Uma vantagem de focar nessas três coisas — controlar você mesmo, seu ambiente, os limites do conflito — é que isso permitiu aos casais felizes encontrar coisas que pudessem controlar *juntos*. Eles continuavam a brigar. Continuavam a discordar. Mas, na questão do controle, estavam no mesmo time.

Diferenças em como casais procuram o controle são apenas um fator que ajuda a explicar por que alguns casamentos são bem-sucedidos enquanto outros vão por água abaixo. Mas, se em momentos tensos nos concentramos nas coisas que podemos controlar juntos, os conflitos têm menos tendência a surgir. Se nos concentramos em controlar a nós mesmos, nosso ambiente e o próprio conflito, uma briga muitas vezes se transforma numa conversa, na qual o objetivo é a compreensão, não apresentar argumentos vitoriosos nem ferir o inimigo. Controle não é a única coisa que importa, claro, mas se os casais não sentem que compartilham o controle, é difícil uma discussão ter fim ou o relacionamento progredir.

Essa percepção também é significativa em outros domínios: durante qualquer conflito — um debate no local de trabalho, uma discussão on-line — é natural ansiarmos por controle. E, às vezes, esse anseio nos impele a querer controlar o alvo mais óbvio: a pessoa com quem estamos discutindo. Imaginamos que, se ao menos conseguirmos fazer com que nos escutem, finalmente entenderão o que estamos dizendo. Que se pudermos obrigá-la a enxergar as coisas do nosso ponto de vista, concordarão que temos razão. Mas o fato é que essa abordagem quase nunca funciona. Tentar obrigar alguém a escutar ou a enxergar nosso lado só serve para inflamar a briga.

Em vez disso, é muito melhor aproveitar nosso anseio por controle de modo que trabalhemos juntos, cooperando para encontrar formas de reduzir a temperatura e conter a disputa. Muitas vezes, essa cooperação respinga em outras partes do diálogo, até nos pegarmos lado a lado procurando soluções.

Isso explica por que o *ciclo de compreensão* é tão poderoso: quando demonstramos ter escutado alguém, estamos na prática lhe oferecendo o controle da conversa. O *princípio da combinação* é tão eficaz também por isso: quando vamos na onda do outro e nos juntamos a sua emotividade, ou somos práticos quando ele sinaliza uma mentalidade prática, estamos partilhando o controle sobre como o diálogo fluirá.

Assim que os Psiquiatras do Amor chegaram a essa conclusão — além de demonstrar que estamos escutando, devemos procurar controlar as coisas certas — e a uma série de outras descobertas, começaram a reavaliar como deveria ser feita uma terapia de casal. Novas abordagens, como terapia comportamental integrativa de casais, focada em aceitar as falhas do cônjuge, não em tentar mudá-las, começaram a se difundir. Uma década depois, milhares de terapeutas estavam usando as técnicas dos Psiquiatras do Amor. "Os terapeutas originalmente achavam que seu objetivo era ajudar os casais a resolver seus problemas", disse Stanley, o pesquisador da Universidade de Denver. Mas hoje em dia as sessões de aconselhamento de casais estão mais focadas em lhes ensinar habilidades de comunicação.

"Muitos conflitos não têm solução", contou-me Stanley. "Mas, se todo mundo se sente no controle, o conflito às vezes simplesmente desaparece. Um fala de maneira franca o que está pensando, o outro escuta, e os dois encontram algo em que trabalhar juntos até que o problema deixe de parecer tão importante."[31]

A DISCUSSÃO SOBRE ARMAS NA INTERNET

Quando Melanie Jeffcoat, Jon Godfrey e os outros ativistas pró e contra armas voltaram para suas casas e suas telas de computador, as coisas não demoraram a pegar fogo. Havia cerca de 150 pessoas no grupo privado do Facebook, muitas delas enviando mensagens dia e noite, 1500 postagens em quatro semanas. A maioria dos participantes era nova no grupo e não havia comparecido à sessão de treinamento em Washington. Não havia aprendido as habilidades de comunicação dos organizadores, nem tido uma chance de criar laços na vida real.

No Facebook, houve momentos de real conexão, mas também animosidade de sobra.[32] "Não sei o que me deixa mais indignado, suas suposições ou seu menosprezo", um participante escreveu para outro. "Quer dizer que, para você, tudo bem fazer uma lavagem cerebral nas crianças sobre os perigos da liberdade?", disse outro. As pessoas se xingavam de idiotas, nazistas e fascistas, e um escreveu que os outros eram "estúpidos demais para entender meus argumentos, porque acho que estavam ocupados demais usando drogas e fazendo sexo na faculdade, em vez de aprender a pensar".[33]

Os moderadores do grupo haviam sido treinados para servir como "modelos de curiosidade e civilidade e para escutar atenciosamente", além de ajudar a "estabelecer normas de conversação".[34] Mas, na internet, descobriram que essas abordagens às vezes deixavam a desejar. Eles tentaram enfatizar várias técnicas para aprender a escutar. Tentaram treinar as pessoas a conversar com civilidade.[35] Mas isso se revelou menos útil pela internet do que presencialmente, como no encontro em Washington.

Havia todos os problemas normais de comunicação on-line: comentários feitos em tom sarcástico interpretados da maneira errada; fraseados confusos sugerindo uma ofensa que o autor não pretendia; postagens que pareciam inocentes para alguns, mas soavam belicosas para outros. E algo em particular que continuou a ocorrer foi a mesma questão identificada pelos pesquisadores como uma causa de desavenças entre os casais: no Facebook, as pessoas insistiam em tentar controlar o que o outro dizia. Esses duelos pelo controle não eram a única coisa tumultuando as conversas — mas, quando surgiam, acabavam com o diálogo.[36]

Alguns participantes do Facebook, por exemplo, queriam monitorar o que os outros podiam dizer, que opiniões eram permitidas, que emoções podiam ser manifestadas: "É ridículo dizer que você está assustada porque seu vizinho tem uma arma", escreveu um. "Não tem cabimento falar uma coisa dessas."

Tentativas de exercer controle também aconteciam de maneira mais sutil. Alguém introduzia uma questão e outra pessoa imediatamente sugeria uma solução ou fazia um longo monólogo, interpretado por quem havia feito a postagem original como uma tentativa de policiar os rumos e o tom da conversa. Às vezes, as pessoas minimizavam um problema — "Isso que você está contando não me parece nada demais", foi o comentário para alguém que se queixara de um curso ruim de treinamento com armas —, o que soou como uma tentativa de controlar que preocupações deveriam ser consideradas legítimas ou tolas.

Às vezes, as pessoas nem pareciam perceber que tentavam exercer o controle. "Vejo sempre os mesmos caras fazendo uma postagem atrás da outra com a mesma lenga-lenga retórica pró-armas e isso é bem desagradável", escreveu uma mulher. Sua intenção era expressar sua frustração, mas foi recebida como uma tentativa de restringir quem tinha permissão de falar: "estou mais interessada em saber o que as outras mulheres pensam", escreveu ela. "Não tenho o menor interesse em saber a opinião masculina." Às vezes, quando tentamos exercer controle, nem nos damos conta de que o fazemos. Achamos que estamos simplesmente afirmando nossa opinião, ou oferecendo um conselho, e não compreendemos que os outros receberão isso como uma tentativa de impor os rumos da conversa.

"Está cada vez mais tribal", escreveu um participante. Assim os moderadores, como os terapeutas de casal, começaram a estimular as pessoas a focar em controlar as coisas juntas.

Quando uma briga parecia prestes a começar, os moderadores enviavam mensagens exortando todos a se concentrarem em suas próprias necessidades e emoções — uma maneira educada de pedir ao grupo para exercer autocontrole. "Quando você se sentir ofendido ou com raiva, respire fundo", postou um moderador. "Se perceber que está na defensiva, recue." Os moderadores insistiam que as pessoas refletissem sobre o ambiente criado pelas palavras que empregavam. Quando eram utilizadas expressões muito carregadas — *estado policial*, *combatentes da liberdade*, *armas de assalto* —, pediam aos participantes para usar linguagem menos polarizada, como *soberania da lei*, *defensor do direito às armas*, *fuzis táticos*. Encorajavam os participantes a permanecer focados em um tema por vez para controlar os limites de seus conflitos. "Gostaria de lembrar às pessoas que o objetivo do debate não é marcar pontos", escreveu um moderador. "Quero ver se vocês conseguem diminuir um pouco o tom. Talvez fosse melhor todo mundo fazer uma pausa."

Essa abordagem — estimular o grupo a se controlar, a controlar o ambiente e os limites de seus conflitos — exerceu impacto. As conversas melhoraram, ficaram mais humanas. As pessoas se atacaram menos. "Minha posição sobre armas não mudou desde que entrei neste grupo", escreveu alguém, "mas minha forma de falar sobre armas definitivamente mudou. Quero parar para conversar e ter todas essas discussões difíceis."

Então algo surpreendente ocorreu. Godfrey, o antigo policial, enviou uma mensagem privada a Jeffcoat, dizendo ter notado como ela vinha sendo atacada na internet. Oferecendo sua ajuda, ele elaborou um plano. Na manhã seguinte, Jeffcoat postou seu apoio a uma questão polarizadora:

uma legislação de *red flag*, permitindo à polícia confiscar as armas das pessoas em suas casas caso houvesse uma ameaça. Ela sabia que sua postagem mexeria num ninho de vespas.

No entanto Godfrey, estava preparado. Apressou-se a ser o primeiro a responder, contando que, como oficial de polícia e ativista pró-armas, houve muitas ocasiões em que desejou ser capaz de confiscar a arma de alguém que oferecia perigo a si mesmo ou aos outros. Então disse que gostaria de saber como era a experiência de outros com esse aspecto específico do debate sobre armas. Ele ajudou a moldar o ambiente e os limites do conflito. As pessoas começaram a partilhar histórias em que haviam tirado a arma das mãos de algum parente ou em que suas próprias armas foram confiscadas. Jeffcoat, em lugar de defender seu ponto de vista, recorreu ao *ciclo da compreensão*, postando resumos do que os outros haviam dito. Em pouco tempo, dezenas contavam suas histórias, admitindo como o assunto era complicado e cheio de nuances. "Às vezes as pessoas não sabem como escutar", disse-me Brittany Walker Pettigrew, uma moderadora. "Acham que escutar quer dizer discutir, e que se permitimos a algum outro apresentar um bom argumento, estamos fazendo algo errado. Mas escutar significa permitir que a pessoa conte sua história e, então, mesmo que não concordemos, tentar compreender por que ela se sente dessa forma."

Enquanto esses diálogos ocorriam, outra ativista contra as armas no Facebook, Helene Cohen Bludman, comparecia a uma reunião local para planejar a próxima marcha de protesto em sua cidade, Bryn Mawr, na Pensilvânia. Quando chegou, os voluntários faziam cartazes dizendo A NRA É NEFASTA. Isso a deixou incomodada. "Apenas alguns meses antes, eu teria segurado um daqueles cartazes", contou-me. "Mas a NRA é composta de pessoas como Jon Godfrey, e ele é boa gente. Não podemos dizer isso dele."

Em geral os conflitos não se resolvem rapidamente. "É difícil metabolizar a perspectiva de outro em apenas uma conversa", disse-me Sheila Heen. "Leva algum tempo e, assim, em geral, precisamos revisitar a conversa muitas vezes, até conseguirmos escutar tudo que a pessoa está dizendo."[37] Mas esse processo iterativo pode facilmente sair dos trilhos se nos sentimos inseguros, ou se parece que os outros não estão escutando, ou se tentam controlar o que temos o direito de dizer. É então que as mágoas e a raiva se infiltram, o ressentimento aumenta, o conflito entra numa espiral. Mas quando procuramos coisas que podemos controlar juntos, fica mais fácil enxergar um caminho adiante.

O experimento para promover uma conversa civilizada sobre armas chegou ao fim, conforme planejado, cerca de seis meses depois, quando os organizadores encerraram o grupo no Facebook. Os resultados foram até certo ponto mistos: nem todos superaram suas animosidades, nem todos encontraram uma forma de se conectar. Alguns foram expulsos pelos moderadores, outros optaram por sair. "Estou começando a perder interesse por este grupo", escreveu alguém após algumas semanas.[38] "Ninguém está interessado em mudar de ideia. Ou você acredita no direito humano mais fundamental que existe — o direito de se defender, defender sua família, sua comunidade, seu país — ou acredita na negação desse direito mais fundamental. [...] Sei que na minha cabeça estou decidido sobre esse assunto e provavelmente com você é a mesma coisa. [...] Acho que no fim a gente se vê nas urnas." Mesmo quem achava as conversas significativas às vezes ficava dividido em relação aos colegas. "Tem um cara que se eu nunca mais falar com ele na vida, pra mim tá ótimo", disse-me Jeffcoat.

Mas também havia pessoas que encontraram uma ligação real através dessas vastas divisões. Para elas, foi uma experiência profunda. "Usei essas habilidades em outras áreas da minha vida", escreveu um participante, quando os organizadores fizeram uma pesquisa seis meses após o encerramento do projeto.[39] "Estou mais tolerante para conversar com pessoas com uma perspectiva diferente da minha. Costumava não ter a menor paciência com extremistas, mas hoje sou capaz de conversar e escutar o que eles têm a dizer, ao mesmo tempo que expresso meu ponto de vista", acrescentou outro.[40]

Para Jon Godfrey, o projeto foi transformador. Ele ainda tem dúzias de armas, contou-me, e votou duas vezes em Donald Trump, em parte por acreditar que Trump protegeria a Segunda Emenda. Antes de participar do experimento, Godfrey geralmente punha manifestantes antiarmas na mesma categoria de, digamos, comunistas ou, talvez, veganos: pessoas que não compreendem como funciona o mundo real.

Mas ele repensou algumas coisas. Desde a conclusão do projeto, habituou-se a ligar para Jeffcoat de tantos em tantos meses, só para pôr a conversa em dia e saber o que ela tem a dizer sobre as notícias mais recentes.

"É um mundo complicado, sabe?", disse Godfrey. "Você precisa ter amigos diferentes se quer entender o que está acontecendo."

Guia para usar essas ideias

Parte III

Conversas emotivas na vida e na internet

As emoções impactam qualquer conversa, quer percebamos, quer não. Mesmo quando não admitimos os sentimentos, eles continuam lá – e, quando ignorados, tendem a servir de obstáculo para a conexão.

Assim, um objetivo crucial, em qualquer discussão significativa, é fazer as emoções aflorarem: a terceira regra de uma conversa instrutiva.

> *Regra 3:*
> Pergunte sobre os sentimentos da outra pessoa e compartilhe os seus.

Em muitas conversas, existe um momento em que dizemos algo emotivo, revelamos nossos sentimentos, queremos compreender por que não paramos de brigar ou desejamos criar mais proximidade com alguém que parece distante. É aí que a conversa *Como nos sentimos?* pode se desdobrar, se permitirmos. E uma das melhores maneiras de começar é **fazendo uma pergunta profunda**.

Perguntas profundas são particularmente eficazes para criar intimidade porque convidam a pessoa a descrever crenças, valores, sentimentos e experiências de uma maneira capaz de revelar algo vulnerável. E a vulnerabilidade desperta o contágio emocional, o que nos torna mais alinhados.

Uma questão profunda pode ser leve — "Como seria um dia perfeito para você?" — ou pesada — "Qual seu maior arrependimento?", por exemplo. Elas nem sempre dão essa impressão, inicialmente: "Fale-me sobre sua família" ou "Por que você está tão feliz hoje?" são perguntas fáceis de fazer — e podem ser profundas, uma vez que convidam a outra pessoa a explicar o que as deixa orgulhosas ou preocupadas, alegres ou empolgadas.

Praticamente qualquer pergunta pode ser reformulada como profunda. O segredo é compreender três características:

1. **Uma pergunta profunda investiga não apenas fatos, mas valores, crenças, juízos ou experiências de alguém**. Não pergunte "Onde você trabalha?". Em vez disso, extraia sentimentos ou experiências: "Do que você mais gosta do seu trabalho?" (Um estudo de 2012 encontrou uma abordagem simples para elaborar questões profundas: antes de falar, imagine que conversa com um amigo íntimo. Que pergunta você faria?)
2. **Uma pergunta profunda estimula a pessoa a falar sobre o que ela sente**. Às vezes, basta dizer "Como você se sente sobre tal ou tal coisa?". Ou então podemos levá-la a descrever emoções específicas — "Você ficou feliz quando...?" —, analisar as emoções envolvidas em determinada situação — "Por que você acha que ele ficou com raiva?" —, ou mostrar empatia — "Como você se sentiria se acontecesse com você?".
3. **Propor uma pergunta profunda deve ser como compartilhar algo**. Deve dar a sensação, em parte, de que estamos revelando algo sobre nós mesmos. Esse sentimento pode nos fazer parar para refletir. Mas estudos mostram que as pessoas quase sempre ficam felizes por alguém lhes fazer, e dar oportunidade de responder, uma pergunta profunda.

Quando propomos uma questão profunda a alguém, devemos escutar atentamente a resposta. Isso exige prestar atenção em mais do que apenas as palavras ditas pela pessoa. Para escutar de fato o que ela diz, precisamos nos atentar também às **expressões emocionais não verbais** — sons que ela faz, gestos, tom e cadência da voz, postura corporal e expressões faciais.

O último guia delineou algumas pistas úteis ao determinar o que as pessoas querem de uma conversa. Também podemos aprender a sondar o que estão sentindo. Mas como é comum confundir, digamos, frustração com raiva ou quietude com tristeza, é importante permanecermos sintonizados em duas coisas:

- **Humor**: a pessoa parece otimista ou abatida? Como descreveríamos suas expressões? Está rindo? Gritando? Está animada ou deprimida?
- **Energia**: a energia dela está alta ou baixa? A pessoa está calada e reservada ou falante e expressiva? Se parece feliz, seria calma e contente (*baixa energia*) ou empolgada e extrovertida (*alta energia*)? Caso pareça infeliz, está triste (*baixa energia*) ou agitada (*alta energia*)?

Os níveis de humor e energia nos dizem com frequência tudo o que precisamos saber para nos alinharmos emocionalmente. Às vezes, não vamos querer equiparar nossas emoções: se alguém está com raiva, e também ficamos com raiva, isso causa afastamento. Mas se admitimos seu humor e sua energia – "Você parece chateado. Qual o problema?" –, podemos começar a nos alinhar.

Quando permitimos que nossas emoções se manifestem, o que fazemos em seguida?

Um dos aspectos mais importantes da comunicação emocional é **demonstrar** para os outros que escutamos suas emoções, o que nos ajuda a mostrar **reciprocidade**.

Há uma técnica para isso – o **ciclo de compreensão**. Eis como funciona:

- Faça perguntas para assegurar que compreendeu o que alguém disse.
- Repita, em suas próprias palavras, o que escutou.
- Pergunte se entendeu direito.
- Continue até ambos concordarem que compreendeu.

Demonstramos escutar mediante o ***ciclo de compreensão***.

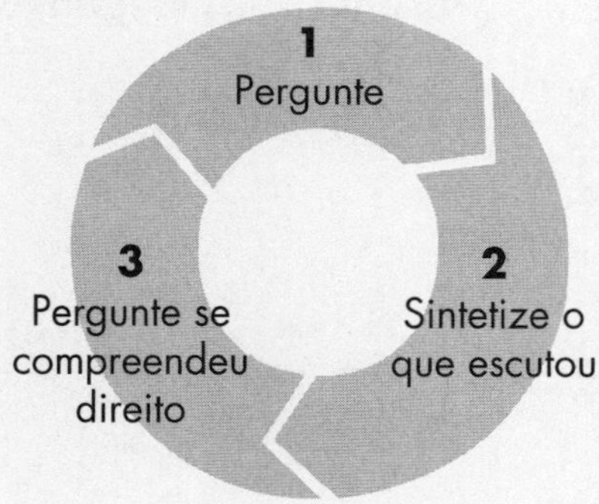

Repita até as partes estarem de acordo que compreenderam.

O objetivo do *ciclo de compreensão* não é papaguear as palavras alheias, e sim destilar os pensamentos dos outros em nossa própria linguagem, mostrando que estamos dando duro para enxergar pela sua perspectiva, e depois repetir o processo até todos se alinharem.

O *ciclo de compreensão* tem dois benefícios:

Primeiro, ajuda-nos a assegurar que estamos escutando os outros.

Segundo, prova que *queremos* escutar.

Esse segundo ponto é importante porque ajuda a estabelecer uma **vulnerabilidade recíproca**. A reciprocidade emocional não deriva de simplesmente descrevermos nossos sentimentos, mas, antes, de fornecer "apoio solidário". A reciprocidade tem suas nuances. Se alguém revela que recebeu um diagnóstico de câncer, não devemos retribuir falando sobre nossas próprias dores e nossos próprios padecimentos. Isso não é apoiar – é uma tentativa de roubar os holofotes.

Mas se dizemos algo como "Sei como é assustador. Diga-me o que está sentindo", demonstramos que temos empatia e estamos tentando compreender.

Retribuímos a vulnerabilidade...

- **Realizando o ciclo de compreensão** até entendermos o que alguém sente.
- **Investigando o que a pessoa necessita**. Ela está à procura de consolo? Empatia? Conselhos? Algumas palavras duras? (Se você não souber a resposta, *repita o ciclo*.)
- **Pedindo permissão.** "Haveria algum problema se eu lhe dissesse como suas palavras me afetam?" ou "Você se importa se eu compartilhar algumas coisas sobre minha vida?" ou "Posso explicar como vi outros lidando com isso?".
- **Dando algo em troca**. Pode ser tão simples quanto descrever seus sentimentos: "Fico triste em saber que você está sofrendo" ou "Fico muito feliz por você" ou "Sinto orgulho de ser seu amigo".

Reciprocidade não tem a ver com igualar as vulnerabilidades ou as tristezas. Na verdade, significa estar emocionalmente disponível, escutando como alguém se sente e do que a pessoa precisa, e compartilhando nossas próprias reações emocionais.

COMO ISSO MUDA EM UM CONFLITO?

Partilhar os sentimentos pode ser difícil em meio a um conflito. Quando estamos numa briga ou discutindo com alguém cujos valores e objetivos são diferentes, a conexão pode parecer difícil – até mesmo impossível.

No entanto, dado que as emoções são o motor de muitos conflitos, durante uma discussão é ainda mais importante abordar *Como nos sentimos?*, pois isso pode revelar como transpor os abismos que surgem.

Os pesquisadores descobriram que, em um conflito, **demonstrar que estamos escutando** e **partilhar nossas vulnerabilidades** exerce um efeito poderoso – e podemos demonstrar que estamos escutando por meio de técnicas específicas.

Quando estamos em um conflito com alguém...

- **Primeiro, evidencie que compreendeu**. Fazemos isso mediante o ciclo de declarações e afirmações como "Deixa eu ver se entendi direito".
- **Segundo, encontre pontos específicos de concordância**. Procure lugares nos quais você pode dizer "Concordo com você" ou "Acho que tem razão". Esses casos servirão para lembrar que, embora possa haver divergências, todas as partes *querem* estar alinhadas.
- **Finalmente, modere suas afirmações**. Não recorra a generalizações, como "Qualquer um sabe que isso não é verdade" ou "Seu grupo sempre entende tudo errado". Em vez disso, use expressões como *pode ser que...* ou *será que não...* e fale sobre coisas específicas ("Queria perguntar por que deixou a louça na pia ontem à noite") em vez de fazer uma acusação genérica ("Queria saber por que você nunca faz sua parte do trabalho doméstico").

O objetivo é mostrar que a finalidade da conversa não é vencer, mas compreender. Não precisamos evitar as discordâncias nem desvalorizar nossas próprias opiniões. Podemos dizer o que pensamos, defender nossas convicções, até mesmo argumentar e desafiar o outro lado – contanto que nossa meta seja compreender e ser compreendido, não sair vitorioso da discussão.

COMO ISSO MUDA QUANDO ESTAMOS NA INTERNET?

Os seres humanos falam entre si há mais de 1 milhão de anos e se comunicam por meio da linguagem escrita há mais de cinco milênios. Ao longo desse tempo, desenvolvemos normas, assim como comportamentos quase inconscientes – a entonação em nossa voz quando atendemos o telefone, o encerramento numa carta indicando nosso afeto pelo destinatário – para facilitar a comunicação.

A comunicação on-line, por outro lado, só começou em 1983. Falando relativamente, as normas e os comportamentos para conversar na internet ainda estão em sua infância.

Um dos maiores problemas com as discussões on-line, sem dúvida, é a ausência da informação normalmente transmitida pela voz e pelo corpo: o tom, os gestos, as expressões, a cadência e a energia que empregamos ao falar. Mesmo quando escrevemos uma carta, tendemos a incluir nuances e sutilezas derivados de editar o que dizemos e refletir sobre o que queremos dizer.

Na internet, porém, a comunicação tende a ser rápida e irrefletida, por vezes truncada e sem filtro, carecendo dos sinais fornecidos por nossa voz ou da reflexão que a correspondência formal permite.

Só que a comunicação on-line veio para ficar. Assim, o que precisamos saber?

Pesquisas mostram haver quatro coisas capazes de melhorar as conversas on-line.

Quando estiver conversando na internet, lembre-se de...

- **Dar ênfase redobrada à polidez**. Diversos estudos mostram que as tensões on-line são atenuadas se pelo menos um lado sempre procura ser educado.[1] Um estudo mostrou que foi necessário apenas acrescentar *obrigado* e *por favor* a uma série de discussões on-line — enquanto todo o resto permaneceu igual — para reduzir as tensões.

- **Conter o sarcasmo.** Quando dizemos algo em tom sarcástico, sinalizamos uma ironia que o interlocutor normalmente percebe. Quando digitamos algo sarcástico numa conversa on-line, talvez escutemos mentalmente a inflexão, mas a pessoa que lê nossos comentários não o faz.
- **Manifestar mais gratidão, mostrar deferência, fazer saudações, pedir desculpa e atenuar as afirmações.** Estudos revelam que se nos mostramos agradecidos ("Aprendi muito com esse comentário") ou solícitos ("Adoraria saber o que você tem a dizer"), fazemos uma saudação antes de comentar ("Ei!"), pedimos licença para falar ("Espero que você não se importe..."), atenuamos nossos comentários ("Acho que..."), a comunicação on-line melhora.
- **Evite criticar em fóruns de discussão.** Em outro estudo, os pesquisadores descobriram que um feedback negativo on-line é muito mais mal-recebido que na vida real. Leva as pessoas a escreverem mais coisas negativas e criticar com mais frequência. Quando criticamos outros publicamente na internet, fazemos do mau comportamento uma norma digital.[2]

Tudo isso, claro, também constitui uma tática útil quando conversamos frente a frente. Muitas delas são óbvias, coisas que aprendemos desde criança. Mas na internet são fáceis de esquecer, porque digitamos apressadamente, mandamos mensagens de texto entre uma reunião e outra, apertamos o botão de enviar ou fazemos postagens sem reler nossas palavras para ver como elas podem soar. Na comunicação on-line, um pouco mais de cuidado e reflexão compensam enormemente.

A CONVERSA *QUEM SOMOS?*

UM PANORAMA

Em uma conversa significativa, não é só a nossa personalidade que entra em jogo, mas tudo o que nos levou até o momento em que ela ocorre: nossas histórias e nossa origem, nossas famílias e nossos amigos, nossos posicionamentos e os grupos que adoramos ou detestamos. Em outras palavras, trazemos para ela nossa identidade social. Muitas conversas enfocam de maneira explícita essas identidades: os conhecidos em comum, como nos relacionamos, o que pensamos de nossos laços e a influência que têm nas nossas vidas.

Os movimentos por justiça social e os exemplos trágicos de violência da última década tornaram dolorosamente claro que a desigualdade e o preconceito abalam muitas vidas — e algumas mais do que outras. Falar das nossas diferenças é importante para começarmos a deixar essas pragas para trás.

Os dois capítulos a seguir exploram as conversas de teor social e como elas podem ser bem-sucedidas, mesmo que não sejam confortáveis. O capítulo 6 examina como podemos tomar as rédeas de um instinto evolutivo — de confiar em quem é parecido com a gente e desconfiar de quem não é — e usá-lo para criar vínculos, ainda que nossas histórias e princípios sejam diferentes dos do outro. O capítulo 7 analisa como as conversas mais difíceis — sobre formas sistêmicas de injustiça, por exemplo — podem avançar se pensarmos mais conscientemente *de que maneira* fazer isso.

"Não são nossas diferenças que nos afastam", escreveu a poeta e ativista Audre Lorde. "É a nossa capacidade de perceber, aceitar e celebrar essas diferenças." A conversa sobre *Quem somos?* investiga como nossa identidade social torna mais esplêndidos nós mesmos e o mundo.

6. Nossa identidade social molda nosso mundo

Vacinando quem é antivacina

Quando Jay Rosenbloom se formou em medicina em 1996 e começou a residência em pediatria na Universidade do Arizona, sabia que, por ser o novato, seria encarregado de tarefas que ninguém mais queria. Apesar de ter feito mestrado e doutorado na Universidade de Saúde e Ciência de Oregon, ele passou boa parte de seu primeiro ano como médico de verdade, em atividade, fazendo exames de praxe para avaliar a saúde de bebês. Todos os dias, pais aflitos entravam pelas portas da clínica e Rosenbloom lhes fazia perguntas sobre horários de alimentação e assaduras e depois mostrava técnicas para enrolar as crianças em cueiros e métodos para fazê-las arrotar.

Não era um trabalho glamuroso, mas ao final de cada consulta, enfim tinha a oportunidade de fazer uso de seu conhecimento médico: ele preparava e ministrava uma série de vacinas. A Academia Americana de Pediatria recomendava que a vacinação contra doenças como pólio e coqueluche fosse iniciada até os três meses de vida do bebê, e a maioria dos responsáveis se entusiasmava com a ideia de ver seus filhos imunizados.

No entanto, alguns pais eram céticos. Tinham ouvido falar que vacinas causavam autismo, deformações físicas ou infertilidade. Achavam que as vacinas eram um conchavo lucrativo que tornava as crianças *mais* suscetíveis a doenças para que as empresas vendessem mais remédios. Outros eram contra só porque não gostavam de nada que fosse recomendado pelo governo. Rosenbloom sabia que essas preocupações eram equivocadas e irracionais, mas isso não as tornava menos corriqueiras.

"Então procurei um dos médicos veteranos e perguntei a ele: o que eu digo para os responsáveis que recusam vacinas?", Rosenbloom me contou. "E ele disse que era para eu falar: *o médico sou eu e eu sei mais sobre esse assunto do que você.*"

Embora fosse o funcionário menos experiente da clínica, Rosenbloom percebeu que a estratégia não era boa. Então, em vez de seguir o conselho, usou seu tempo livre para elaborar um folheto para os pais em que documentava o número de vidas salvas pelas vacinas. Fez cópias de pesquisas científicas e achou vídeos educativos para mostrar durante os exames. Falou para os pais sobre a tristeza que sentia quando uma criança que não tinha sido vacinada aparecia na clínica com alguma doença que poderia ser fatal, e que teria sido fácil de evitar. Tentou de tudo — de modo geral, em vão. "Quanto mais informação eu dava, mais eles fincavam o pé", ele disse. "Às vezes, eu dividia minhas pesquisas, mandava os pais para casa com um monte de tabelas e folhetos, e eles agradeciam e uma semana depois eu descobria que tinham mudado de clínica."

Um dia, um pai apareceu com a filha de doze anos e Rosenbloom perguntou se poderia aplicar uma vacina na menina. "De jeito nenhum", o homem retrucou. "A gente não vai envenenar nosso corpo. O senhor está tentando matar a gente?" Rosenbloom não insistiu. "Não dá para convencer um cara desses", ele me explicou. "A imagem que ele faz de si mesmo é construída em torno da ideia de que quem toma vacina é trouxa e os médicos ou são idiotas ou fazem parte do conluio."

Essa dinâmica continuou até que Rosenbloom terminou a residência e passou a fazer parte do quadro de médicos de uma clínica de Portland, Oregon. No decorrer dos vinte anos seguintes, ele se acostumou a recomendar vacinas e a ouvir um bocado de pacientes explicar por que as injeções eram perigosas ou parte de uma conspiração. Chegou ao ponto de já não se surpreender com as teorias, por mais bizarras que fossem. O que lhe parecia esquisito, no entanto, era a enorme diversidade de pessoas antivacina. "Tem os progressistas que recusam as vacinas porque só comem orgânicos e os conservadores que acham que elas são uma tirania do governo, tem os libertários que dizem que o Bill Gates quer botar microchips no nosso corpo, e essas pessoas todas geralmente se odeiam. Mas no que diz respeito às vacinas, todo mundo está lendo a mesma cartilha."

Pesquisadores também estranharam esse fato. As pessoas que recusavam vacinas não pareciam ter muito em comum com os típicos teóricos da conspiração que enlouqueciam depois de visitar sites obscuros ou de conversar com parentes excêntricos. Na verdade, o argumento de quem era contrário à vacina parecia se centrar no fato de a sociedade aceitar medicamentos sem questioná-los.[1] Quando os acadêmicos começaram a estudar a psicologia da resistência à vacinação, muitos passaram a acreditar que a aversão dos antivacinas tinha a ver com a "identidade social"[2] deles: a autoimagem que formamos com base nos grupos que frequentamos, nas amizades que fazemos, nas organizações de que participamos e nas histórias que abraçamos ou repudiamos.

O último capítulo examinou uma conversa difícil — o debate sobre armas —, em que as pessoas se dividem de acordo com suas ideologias e tendências políticas. Mas a divisão sobre outro tema também pode causar o mesmo grau de dificuldade para que as pessoas criem um vínculo entre si. Esse tipo de divisão surge de nossa identidade social, de como a sociedade nos vê e de que maneira nos vemos como seres sociais. São as diferenças — e os conflitos — que podem aparecer porque eu sou negro e você é branco, ou eu sou trans e você é cis, ou porque sou imigrante e você não é. Nessas situações, se a expectativa é estabelecer uma conexão, a abordagem tem que ser outra, que vá além de entrarmos no *ciclo da compreensão* ou provarmos nosso desejo de compreender.

A identidade social, como explica um manual de psicologia, é "aquela parte de nossa autoimagem gerada pela nossa participação em grupos sociais, o valor que damos a essa participação e o que ela significa para nós do ponto de vista emocional".[3] Nossa identidade social parte de uma mistura de influências: nosso orgulho ou nossa atitude defensiva quanto aos amigos que escolhemos, as escolas onde estudamos e nossos ambientes de trabalho. São as obrigações que acreditamos ter devido à formação familiar, à criação ou à religião. Todos temos uma identidade pessoal, uma ideia que fazemos de nós mesmos à parte da sociedade.[4] E todos temos uma identidade social, uma ideia que fazemos de nós mesmos — e que acreditamos que os outros façam de nós — como membros de várias tribos.

Inúmeros estudos demonstram que a identidade social exerce uma gigantesca influência sobre nossos pensamentos e atitudes.[5] Um experimento famoso conduzido em 1954 revelou que separar arbitrariamente meninos de onze anos em dois grupos numa colônia de férias — eles se intitularam Cascavéis e Águias — bastou para que os garotos criassem laços fortes com o próprio círculo e demonizassem o outro grupo a ponto de rasgarem a bandeira alheia e trocarem pedradas.[6] Outros experimentos mostraram que, em ambientes sociais, as pessoas mentem sobre o passado, dispõem-se a pagar caro por um produto ou fingem não ver um crime acontecer só para se enturmar.[7]

Todos temos diversas identidades sociais — democrata/republicano, cristão/muçulmano, negro/branco, milionário que enriqueceu sozinho/classe trabalhadora — que se entrelaçam de maneiras complexas: *sou um engenheiro da computação hinduísta gay que nasceu no Sul e vota nos libertários.*[8] Essas identidades levam todo mundo a criar pressupostos. De maneira velada, podem nos fazer "exagerar as diferenças entre grupos" e dar ênfase excessiva "às semelhanças dentro de um grupo", como escreveu um pesquisador da Universidade de Manchester em 2019.[9] Nossa identidade social nos leva imediatamente a considerar as pessoas que são como nós — o que os psicólogos chamam de membros do endogrupo — mais virtuosas e inteligentes, e a vermos as que são diferentes — o exogrupo — como suspeitas, antiéticas e talvez ameaçadoras. Identidades sociais nos ajudam no relacionamento com os outros, mas também podem perpetuar estereótipos e preconceitos.

É provável que esses ímpetos sociais, bons e ruins, estejam enraizados na nossa evolução. "Se não tivéssemos desenvolvido uma necessidade profunda de pertencimento e interação social muito tempo atrás, nossa espécie estaria ferrada", Joshua Aronson, professor de psicologia da Universidade de Nova York, me disse. "Se o bebê não tiver um instinto social, ou se sua mãe não se importar com o rebento, o bebê morre. Portanto as características passadas adiante são o cuidado com o endogrupo e a vontade de defender seu povo e achar formas de pertencer."

As três conversas

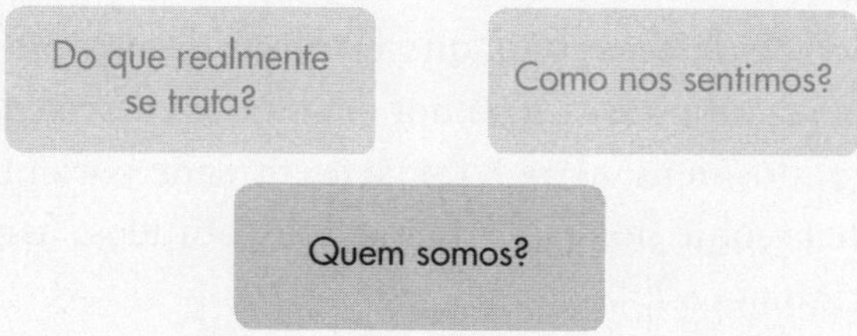

Todos temos identidades sociais que moldam nossa forma de falar e escutar.

O desejo de pertencimento está no cerne da conversa sobre *Quem somos?*, que acontece sempre que falamos das nossas conexões dentro da sociedade.[10] Quando discutimos as últimas fofocas da empresa ("Ouvi falar que vão mandar embora todo mundo da contabilidade"), sinalizamos uma afiliação ("Esta família inteirinha torce para os Knicks"), descobrimos laços sociais ("Você estudou em Berkeley? Você conhece o Troy?") ou ressaltamos dissemelhanças sociais ("Como mulher negra, eu enxergo esse assunto de outra forma"), estamos travando uma conversa sobre *Quem somos?*

Esses tipos de discussão nos ajudam a estabelecer relações: quando descobrimos que nós dois jogamos basquete no colegial ou que vamos a convenções de fãs de *Jornada nas estrelas*, um fica mais disposto a confiar no outro. E apesar de essas declarações tribais terem suas desvantagens – podemos menosprezar quem não é atleta ou quem não gosta do Spock –, elas também têm vantagens óbvias: quando descobrimos identidades sociais coincidentes, ficamos mais propensos a criar vínculos.

Mas nem todas as identidades sociais são equivalentes. O simples fato de torcermos para o mesmo time não significa que vou confiar em você depois de ficar sabendo que você tem dezesseis rifles em casa ou acha que a ingestão de carne deveria ser criminalizada. Sobretudo em ambientes como uma clínica, certas identidades – como a de médicos – são mais influentes do que outras.[11]

Em outras palavras, identidades sociais se tornam mais ou menos pujantes – ou mais ou menos *proeminentes* – com as mudanças de ambiente. Se estou num churrasco da vizinhança em que todos votaram em Barack

Obama, é provável que minha camiseta pró-Obama não provoque grandes sentimentos de afinidade. Mas se usasse a camiseta do Obama em uma reunião da NRA e encontrasse outra pessoa vestida igual a mim, talvez estabelecêssemos uma camaradagem. A importância de várias identidades — a relevância de gênero, raça, posição política, o time para quem torcemos no Super Bowl — torna-se maior ou menor de acordo com o ambiente e com o que está acontecendo à nossa volta.

Ao longo dos anos, à medida que o dr. Rosenbloom se deparava com um número cada vez maior de responsáveis que se recusavam a vacinar os filhos, ele passou a achar que a recusa tinha a ver com suas identidades sociais: *nós somos céticos quanto à comunidade médica* ou *não gostamos que o governo nos diga o que fazer*. Ele desconfiava que uma parte disso estava vinculada ao ambiente onde essas discussões aconteciam: os pacientes estavam na sala de exames *dele*, onde ele fazia o papel de especialista e eles eram forçados a exercer o papel de suplicantes por conselhos, uma dinâmica que facilmente provocava ressentimento. Um estudo publicado em 2021 revelou que esses desequilíbrios de poder e outros fatores fizeram "quase um quinto dos americanos se declararem contrários às vacinas pelo menos às vezes, e muitos desses indivíduos enxergarem esse rótulo como algo essencial para a percepção de suas identidades sociais".[12] Pesquisas indicam que indivíduos resistentes a vacinas acreditam ter uma inteligência acima da média, ter mais senso crítico e ser mais dedicados à saúde natural. Ser contra vacinas traz "benefícios psicológicos", lê-se no estudo de 2021, inclusive "autoestima maior e senso de comunidade". Aqueles que se declaram céticos quanto às vacinas são "mais propensos a ver os cientistas e médicos especialistas tradicionais — que defendem iniciativas de vacinação em massa — como exogrupos ameaçadores".

Romper essas posturas é difícil porque "você está pedindo à pessoa que abra mão de princípios e valores que estão no cerne de como ela se vê", explicou-me um dos autores desse estudo, Matt Motta, da Universidade de Boston. Você jamais vai conseguir convencer alguém a mudar de comportamento "se, como pré-requisito, você obrigá-la a dizer: tudo aquilo em que eu acreditava até agora é errado", disse Motta.

Mas Rosenbloom tinha a impressão de que o problema não estava só em seus pacientes. Os médicos também eram influenciados pelas identidades sociais. Quando Rosenbloom pensava em seus mentores — tais como o médico que o mandou dizer *eu sei mais sobre esse assunto do que você* —, ele percebia essa arrogância como algo causado por uma identidade social que desandou. Esse médico se acreditava superior por fazer parte de uma tribo de especialistas. Por mais coisas em comum que o médico pudesse ter com os pacientes, por mais que morassem no mesmo bairro e seus filhos estudassem na mesma escola, quando os pacientes recusavam suas recomendações, ele os via como parte de um grupo de ignorantes, uma tribo digna de menosprezo. Rosenbloom detestava admitir, mas às vezes percebia esse ímpeto nele mesmo. "Você põe o jaleco branco e passa a se ver como uma equipe que tem todas as respostas", ele me disse. "E então, quando um paciente discorda de você, você começa a achar que ele é retrógrado ou equivocado."

Se queria falar de vacinas com quem resistia a elas, Rosenbloom precisaria aprender a falar melhor a língua deles e demonstrar que entendia suas preocupações. Em outras palavras, precisaria começar a ter conversas sobre *Quem somos?*

Mas, para isso, duas coisas eram necessárias:

- Primeiro, ele teria que descobrir como lidar com os estereótipos existentes na própria cabeça — e na cabeça dos outros médicos —, que os levavam a considerar ignorantes e irresponsáveis aqueles que rejeitavam vacinas.
- Segundo, ele precisaria ter conversas em que os pacientes se sentissem respeitados, e em que todos se vissem como membros de uma mesma tribo.

Então, no início de 2020, Rosenbloom começou a ouvir que havia um coronavírus novo e agressivo em Wuhan, na China. Pouco depois, o vírus se espalhou pelo mundo, e nações fecharam fronteiras e começaram lockdowns. Em junho daquele ano,[13] quando o número de casos de covid-19 nos Estados Unidos superou a marca de 2 milhões, o governo federal anunciou que mais cedo ou mais tarde vacinas seriam oferecidas a todo mundo. Os Institutos Nacionais de Saúde estimaram que cerca de 85% dos estadunidenses precisariam tomar a injeção para que o país alcançasse a imunidade de rebanho.[14]

O primeiro pensamento de Rosenbloom? *Que absurdo. De jeito nenhum que essa quantidade toda de gente vai concordar em tomar a vacina.*

"Mas eu sabia que a gente precisava tentar", ele me explicou. "Se a gente não conseguisse achar um jeito de criar um vínculo com quem era antivacina, milhões de pessoas morreriam." Foi quando ele começou a pensar num caminho possível: "E se convencêssemos todo mundo a começar a reimaginar essas conversas? E se os convencêssemos a se reimaginarem?".

SILENCIANDO OS PRECONCEITOS DA NOSSA CABEÇA

Todas as mulheres que entravam no laboratório para fazer o experimento tinham pelo menos um fator em comum: o talento excepcional para matemática. Via de regra, estavam no primeiro ou no segundo ano da Universidade de Michigan, suas notas estavam entre as 15% mais altas da parte de matemática do SAT, tinham tirado notas altas em pelo menos duas matérias de cálculo de nível universitário e tinham dito a pesquisadores que "a matemática era importante para seus objetivos pessoais e profissionais".[15] Também havia homens no grupo, mas os pesquisadores estavam centrados nas mulheres porque, segundo suspeitavam, elas tinham uma desvantagem que quase ninguém, inclusive as próprias estudantes, entendia direito.

As sementes do experimento tinham sido plantadas alguns anos antes, quando um professor de psicologia da Universidade de Washington chamado Claude Steele começou a buscar padrões nas notas dos universitários. Em geral, o que encontrou correspondia à sua hipótese: alunos que se saíam bem no ensino médio eram mais propensos a se saírem bem na faculdade. Estudantes que pontuavam bem no SAT, uma prova feita para servir de prognóstico do desempenho universitário, tendiam a tirar notas um pouco melhores do que os alunos que tinham tido pontuações mais baixas.

No entanto, havia um padrão que não tinha sentido nenhum: se Steele pegasse estudantes negros e brancos que tivessem tirado notas parecidas no SAT — que, pelo menos de acordo com esse exame padronizado, estavam igualmente preparados para cursar uma faculdade — e em seguida comparasse suas notas na universidade, via-se que os estudantes negros sempre tiravam notas mais baixas. "Eu não conseguia entender por que isso acontecia", Steele me contou. Como ele descreveu mais tarde, no livro *Whistling Vivaldi* [Assobiando Vivaldi], "em todos os níveis de ingresso pelo SAT, mesmo no nível mais alto, os estudantes negros tiravam notas mais baixas do que os outros... Acontecia em todos os cursos, de letras a matemática passando por psicologia".[16] Além do mais, ele escreveu, "acontece com outros grupos, não só com os negros. Acontece com latinos, com indígenas e com mulheres em disciplinas avançadas de matemática, em departamentos de direito, na medicina e nas faculdades de administração".

A princípio, Steele pensou que talvez a culpa fosse dos professores.[17] Talvez os professores fossem racistas ou sexistas? Ou sofressem uma influência inconsciente dos estereótipos?

Mas, ao examinar a questão mais a fundo, ele começou a se perguntar se o que estava acontecendo não era outra coisa. Os dados indicavam que os alunos negros e as mulheres em disciplinas avançadas de matemática recebiam notas mais baixas devido a um fator fundamental: eles tinham resultados piores em tarefas cronometradas. Embora parecessem saber tanto quanto os colegas e se esforçassem na mesma medida, no que dizia respeito a testes com limite de tempo — um teste de uma hora, por exemplo — eles duvidavam das próprias respostas, o que lhes custava minutos preciosos.

Portanto, em vez de se concentrar nos professores, Steele preferiu olhar para os estudantes. Será que sofriam de baixa autoestima? Não parecia ser o caso. Tinham presumido, no início da prova, que não se sairiam bem, e assim o desempenho ruim seria a concretização do que haviam previsto? Ele não tinha nenhum sinal de que isso era verdade. Aliás, era justamente o contrário: esses alunos sabiam que estavam preparados para os testes e estavam ávidos para provar seu valor. Alguma outra coisa acontecia, e Steele desconfiava de que sabia o que era. Esses estudantes estavam com as mãos atadas por suas identidades sociais: os grupos — mulheres, negros — dos quais faziam parte e os preconceitos que sabiam existir contra esses grupos.[18]

Steele compreendia, por experiência própria, em que medida as identidades sociais podiam impactar a vida das pessoas. Era filho de um homem negro com uma mulher branca de Chicago numa época em que casamentos interraciais eram ilegais em muitos estados, e tinha vivenciado o racismo em primeira mão. Seus pais eram engajados no movimento pelos direitos civis, lutavam contra a segregação escolar e habitacional e a discriminação eleitoral. O ativismo de Steele, à medida que amadurecia, ia tomando outra forma: ele foi embora de Chicago para fazer doutorado em psicologia na Ohio State e passou a se concentrar na psicologia do preconceito. Subiu os degraus das universidades mais prestigiosas dos Estados Unidos com uma rapidez incomum, com passagens pela Universidade de Utah, a Universidade de Washington, Stanford e Columbia. Ao chegar, no meio de sua carreira, à Universidade de Michigan, ele começou a elaborar experimentos de análise dos padrões confusos que encontrou nas notas dos estudantes.

O primeiro estudo, conduzido com um colega chamado Steven Spencer e publicado em 1999, envolvia essas mulheres boas de matemática. Steele sabia, por meio de levantamentos, que as alunas de graduação em matemática sentiam "que precisavam se provar constantemente, que o compromisso delas com a carreira era sempre questionado". As mulheres tinham uma percepção aguçada da visão estereotipada de que tinham menos talento natural para a matemática do que os homens — era algo, nas palavras de Steele, "com que elas sabiam que precisavam lidar". O fato de essa crença não ter nenhuma base na realidade não tornava o estereótipo menos difundido.

Para o experimento,[19] Steele deu à metade dos participantes uma prova de matemática desafiadora e à outra metade uma prova difícil de inglês — já que, de modo geral, a aptidão das mulheres para as línguas não era depreciada pelos estereótipos. Os testes eram relativamente curtos — trinta minutos — e difíceis, baseados no GRE, a prova de seleção dos programas de pós-graduação.

Nos testes de inglês, homens e mulheres tiveram uma média equivalente. Nos testes de matemática, entretanto, os homens tiveram uma média de vinte pontos a mais do que as mulheres. Durante as provas, tanto as mulheres como os homens dividiram bem o tempo entre as questões. Na prova de matemática, as mulheres foram menos eficientes em relação ao tempo. "Elas revisavam mais as respostas e refaziam os cálculos", Steele esclareceu. O tempo delas se esgotou "porque estavam se dividindo entre várias tarefas, com parte do cérebro tentando responder perguntas e outra parte pensando: *preciso revisar, preciso tomar cuidado porque sei que existe um estereótipo*".[20]

A impressão de Steele era de que as mulheres que fizeram as provas tinham sido atrapalhadas pelo simples fato de saberem que existia um preconceito nocivo, ainda que soubessem que ele era equivocado. Como escreveu mais tarde, "com base nos estereótipos negativos sobre o talento feminino para a matemática, o mero ato de fazer uma prova difícil de matemática já traz para a mulher o risco do estigma, de ser vista como uma pessoa com capacidade limitada para a matemática *por ser mulher*". A existência desse estereótipo gerou ansiedade e distração suficientes para atrasá-las, o que se traduziu em notas mais baixas.

Em seguida, Steele recrutou alunos negros e brancos com preparo semelhante e pediu que completassem a seção de raciocínio oral do GRE. Steele escreveu que nesse tipo de teste havia, para os estudantes negros, o horrível "estereótipo de que seu grupo tinha uma capacidade intelectual menor".[21] Quando os resultados saíram, "os estudantes brancos tinham se saído bem melhor nesse teste difícil do que os negros" com "uma diferença grande que, se mantida durante toda a prova do GRE, seria muito relevante".[22] Steele concluiu que a disparidade acontecia porque os alunos negros estavam cientes do estereótipo que sugeria que não teriam um bom desempenho na prova, o que gerou estresse e desgaste mental suficiente para minar suas notas. (Por outro lado, quando os alunos negros ouviam que o teste *não* avaliaria a capacidade intelectual deles, diminuindo a ênfase nesse estereótipo, tiravam notas parecidas com as dos alunos brancos.)

Steele e seus colegas deram a esse efeito destruidor o nome de *ameaça do estereótipo*, e desde esses primeiros experimentos no final dos anos 1990, centenas de outros estudos confirmaram sua existência e analisaram seu impacto nocivo.[23] O simples fato de sabermos que um estereótipo existe pode influenciar nosso comportamento.[24] Para estudantes negros, ou mulheres em cursos avançados de matemática, ou muitos outros, "é a mera existência do estereótipo sobre a capacidade de suas identidades na sociedade que os ameaça, não necessariamente o racismo das pessoas que os cercam", Steele declarou. Mesmo que ninguém das relações do estudante seja preconceituoso, ele ainda pode ser abalado pelo conhecimento de que o estereótipo existe e de que seu desempenho "pode ser tomado, por causa do estereótipo e do efeito que ele tem sobre o modo de pensar das pessoas, como uma confirmação do estereótipo".

É claro que os estereótipos cercam todos nós. Na verdade, foram os estereótipos – de um tipo bem diferente – que levaram Jay Rosenbloom e tantos outros médicos a fazerem pouco dos pacientes que recusavam suas recomendações. Um estereótipo social – médicos são especialistas – instigava os médicos a se considerarem esclarecidos. Outro estereótipo – médicos são sabichões obrigados a seguir as recomendações do governo corrupto – instigava os pacientes a olharem seus médicos com desconfiança. As identidades sociais podem mudar nossa forma de agir, mesmo que essa não seja nossa intenção, mesmo que seja contra o nosso desejo. Essas identidades podem nos impelir a revisar nossas respostas ou a dizer a um paciente, em tom arrogante, "eu sei mais sobre esse assunto do que você".

Steele e outros pesquisadores descobriram algumas táticas para neutralizar a ameaça do estereótipo.[25] Em um experimento, quando eles disseram às mulheres participantes que um teste tinha sido elaborado especificamente para contornar diferenças perceptíveis de gênero e, em outro, disseram a estudantes negros que um teste "não media a capacidade intelectual da pessoa", mas "a capacidade de resolução de problemas de modo geral", o impacto da ameaça do estereótipo foi reduzido. "Com essa instrução, eximimos os participantes negros da ameaça do estigma que poderiam ter sentido", Steele escreveu em seu livro.

Ou seja, quando os pesquisadores mudaram o ambiente, os estereótipos se tornaram menos proeminentes e, portanto, menos ameaçadores. "Pode-se fazer isso em sala de aula, o que é bom", Steele me disse. "Mas é difícil fazer na sociedade, em que todo mundo sabe que esses estereótipos existem."

Em 2005, um grupo de alunos e alunas de matemática foi convidado a participar de outro experimento. Dessa vez, o estudo foi feito no campus da

Universidade Cristã do Texas, conduzido por outro grupo de pesquisadores que mudou um pouco o protocolo.[26] Para garantir que um estereótipo ameaçador estivesse na cabeça de todo mundo, a principal pesquisadora, Dana Gresky, disse aos participantes no início do experimento: "Estou estudando o GRE por conta do estereótipo bem conhecido de que os homens geralmente tiram notas maiores do que as mulheres em provas de matemática". Esse tipo de manipulação evidente, como estudos anteriores já demonstraram, asseguraria que muitas das mulheres estariam com o estereótipo na cabeça e assim tirariam notas mais baixas.

Então os participantes foram separados em três grupos, e cada um ficou em uma sala diferente.

Um grupo começou a seção de matemática do GRE na mesma hora, sem nenhum preâmbulo nem instruções a mais.

Antes de começar o teste, os membros do segundo grupo tiveram que descrever sucintamente como eles se viam. Gresky lhes disse que um jeito fácil de fazer isso era desenhar um diagrama com algumas de suas identidades e papéis. Avisou-lhes que o tempo era curto no entanto e que, por isso, deviam incluir apenas as informações mais básicas. Ela lhes mostrou um exemplo que tinha desenhado:

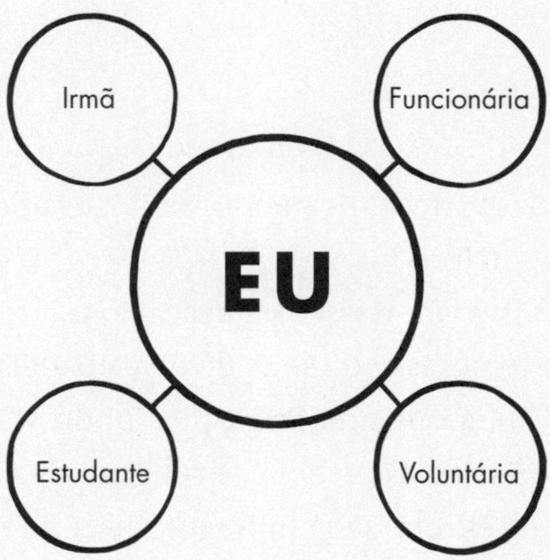

O terceiro grupo também foi instruído a dizer como se via antes de começar a prova. Dessa vez, porém, seus membros foram incentivados a "escrever o máximo possível" e fazer desenhos minuciosos com bastante informação sobre os vários clubes que frequentavam, seus passatempos e as inúmeras identidades e papéis que exerciam em diferentes setores da vida. Também viram um exemplo.

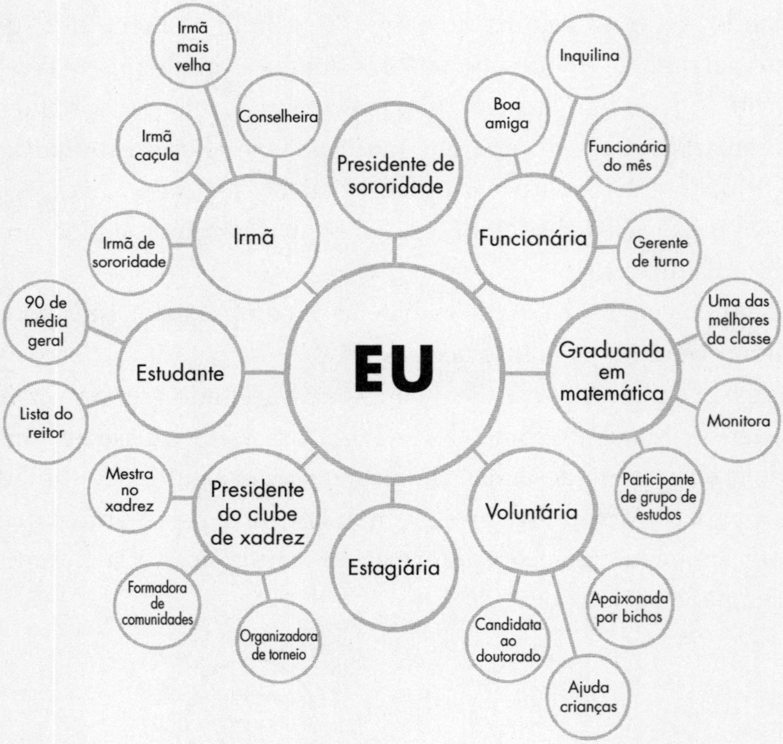

Depois de fazer os gráficos, os membros dos grupos dois e três começaram o teste de matemática.

Os pesquisadores queriam ver se "a ameaça do estereótipo seria amenizada se cada mulher se lembrasse de seus diversos papéis e identidades", eles explicaram depois. "Uma universitária típica pode se identificar segundo o gênero, a raça, a etnia, a classe social, a religião, as associações das quais participa, sua classe na escola, seu emprego, seu time esportivo, a afiliação a algum clube, a família... O desempenho de uma mulher comum numa prova de matemática melhoraria caso pensasse em outras identidades sociais que não a de mulher, ainda que essas outras identidades não sugerissem um talento excepcional para a matemática?" A hipótese dos pesquisadores era de que, ao incentivar quem fazia a prova a se lembrar de todas suas identidades complexas, eles poderiam transformar o ambiente a ponto de diminuir a ansiedade provocada quando, em seu preâmbulo sobre estereótipos no GRE, Gresky tinha feito todo mundo se concentrar em apenas *uma* identidade: mulheres que se saem mal em provas de matemática.

Depois, os pesquisadores deram notas às provas. De modo geral, as mulheres dos grupos um e dois tiveram um resultado pior do que os homens. Como os pesquisadores já imaginavam, fazer com que essas mulheres pensassem no estereótipo negativo havia minado seu desempenho — mesmo no caso do grupo dois, incumbido de descrever como se via em poucas palavras.

Mas as mulheres do grupo três, incentivadas a pensar nas várias facetas de suas vidas e em todas as identidades que tinham, acabaram se saindo tão bem quanto os homens. Não houve diferença nas notas. A ameaça do estereótipo foi neutralizada quando as mulheres foram lembradas de suas diversas identidades. "Fazer um mapeamento de autoimagem com poucas bifurcações se mostrou ineficaz", os pesquisadores observaram. "Já depois de fazer um mapeamento de autoimagem com muitas bifurcações, as mulheres que estavam sob a ameaça do estereótipo tiveram um desempenho muito melhor."

O dr. Rosenbloom foi descobrindo esses estudos e eles pareciam apontar a solução para um de seus problemas: contrabalançar o estereótipo do "médico que sabe mais" dentro da cabeça de tantos médicos. Rosenbloom sabia que era muito fácil, depois de vestir o jaleco branco, a pessoa se sentir unidimensional, virar "O Médico". "Mas se você lembra que é pai ou mãe, sabe o medo que dá ter que tomar decisões quanto à saúde dos seus filhos, isso gera um tiquinho de empatia", ele me disse. "Se você se lembrar de que é o vizinho de alguém, vai se dar conta de que vizinhos não dizem coisas como *eu sei mais do que você*."

Na conversa sobre *Quem somos?*, às vezes nos apegamos a uma só identidade: *sou o responsável por uma criança* ou *sou professor* ou *sou o chefe*. Ao fazê-lo, no entanto, atamos nossas próprias mãos, pois começamos a enxergar o mundo por um único prisma. Esquecemos que somos complexos e que, se pensarmos como pais e não como médicos, talvez também façamos perguntas cheias de ceticismo a respeito dos remédios que um estranho queira injetar em nossos filhos. Talvez nos lembremos de que fazer perguntas é um *dever* dos bons pais.

Com essa lição em mente, Rosenbloom criou um novo ritual: sempre que conhecia os pais de um paciente, passava alguns minutos tentando achar alguma identidade que tivessem em comum. "Se falassem de outros membros da família, eu mencionava a minha família. Se diziam que moravam perto, eu falava onde eu morava", ele me contou. "Médicos não devem falar da vida pessoal, mas eu achava importante provar que tínhamos algo em comum."

Talvez os pacientes tivessem a impressão de que ele estava tentando acalmá-los. Mas ele estava fazendo aquilo em benefício próprio. "Assim eu me forçava a lembrar que não era só médico", ele disse. "Então, quando alguém dizia uma coisa irracional — que as vacinas são uma conspiração, por exemplo —, em vez de me irritar, eu sentia uma conexão com a pessoa, porque sei como é ser intimidado por especialistas. Já passei por isso."

Na conversa sobre *Quem somos?*, é crucial lembrarmos que todo mundo tem muitas identidades: somos pais, mas também somos irmãos; somos especialistas em alguns assuntos e inexperientes em outros; somos amigos e colegas de trabalho e somos pessoas que amam cachorros, mas odeiam correr. Somos tudo ao mesmo tempo, portanto nenhum estereótipo nos descreve integralmente. Todos contemos multidões que estão só esperando a hora de se expressarem.

Isso significa que a discussão *Quem somos?* talvez precise ser mais tortuosa e investigativa. Ou talvez precise ser aprofundada, precise convidar os outros a falar de onde eles vieram, como se veem, como os preconceitos que enfrentam — racismo, sexismo, as expectativas dos pais e de suas comunidades — afetaram suas vidas. "Quando meu filho vai para a escola, eu digo para ele: não esqueça, você pode achar a prova de hoje difícil, mas pense no que mais você é", diz Gresky, a pesquisadora da Universidade Cristã do Texas. "A gente pode diminuir a força das vozes ruins dentro da nossa cabeça lembrando de todas as outras vozes que também existem dentro dela."

O processo de abafar essas vozes é relativamente simples: numa conversa sobre *Quem somos?*, convide as pessoas a falarem do passado, de seus laços, de como foram formadas por suas comunidades. ("De onde você é? Ah, é mesmo? Como foi ser criado lá?") Em seguida, retribua descrevendo como você se vê. ("Sou sulista, sabe, e eu acho que...") Por fim, evite a armadilha da unidimensionalidade evocando as muitas identidades que todos temos com o desenrolar da conversa: "Você disse que, como advogado, apoia a polícia, mas, e como pai, você se preocupa com a ideia de seu filho ser parado pela polícia?".

É claro que essa é apenas uma parte da conversa sobre *Quem somos?* Lembrar que todos contemos multidões pode nos ajudar a enxergar os outros com mais clareza — mas isso não vai necessariamente convencer, digamos, um pai contrário a vacinas a confiar em um médico.

Para que isso aconteça, precisamos achar uma identidade que possamos compartilhar.

INIMIGOS QUE JOGAM FUTEBOL

Na primavera de 2018, folhetos começaram a surgir em Qaraqosh, no Iraque, anunciando a formação de uma nova liga de futebol.[27] Isso era um bocado surpreendente, pois na época Qaraqosh estava se recuperando de uma guerra brutal. No decorrer dos últimos anos, a população cristã da cidade tinha sofrido ataques constantes do Estado Islâmico do Iraque e da Síria, o Isis. Centenas de cristãos foram assassinados e cerca de 50 mil se viram obrigados a fugir.[28] Os combatentes do Isis tinham saqueado igrejas, ateado fogo aos negócios de cristãos e violentado mulheres cristãs.[29] Quando o Isis finalmente saiu de Qaraqosh, em 2016, e os refugiados cristãos começaram a regressar, muitos se sentiam traídos pelos vizinhos muçulmanos. "Quando esbarro com eles agora, eles viram a cara e vão embora", um cristão de sessenta anos disse a um repórter em 2017. "Eles sabem bem o que fizeram. Sabem que têm culpa."[30]

Antes da invasão do Isis, havia vários times amadores de futebol para adultos em Qaraqosh, mas a maioria era apenas para jogadores cristãos.

Cristãos e muçulmanos nunca jogavam juntos. A bem da verdade, cristãos e muçulmanos raramente se misturavam, mesmo fora de campo: sempre existiram restaurantes cristãos e restaurantes muçulmanos, mercados cristãos e mercados muçulmanos, todos com seguranças pedindo aos clientes para ver suas carteiras de identidade, que registravam a religião do portador.

Os refugiados cristãos de Qaraqosh começaram a retornar para casa e pouco a pouco seus times de futebol voltaram a jogar. Então chegou o dia em que surgiram nos bairros cristãos os folhetos que anunciavam uma nova liga e convidavam os jogadores para uma reunião informativa. Dentro de uma igreja parcialmente destruída pelo fogo, os organizadores da liga explicaram que estavam patrocinando um torneio. A inscrição seria gratuita, acessível a qualquer time já existente, e todos os participantes ganhariam uma camisa com o nome estampado nas costas. As partidas contariam com juízes profissionais, redes e bolas novas e troféus para os vencedores. Mas havia uma condição: só times já existentes poderiam participar, e embora fosse normal que os times de Qaraqosh tivessem nove jogadores, todos os times da liga precisariam ter doze. Além do mais, metade dos times teria permissão para agregar os jogadores que quisessem — e estes seriam, ao que tudo indicava, todos cristãos —, mas na outra metade dos times, os três jogadores extras teriam que ser muçulmanos selecionados pelos dirigentes da liga.[31]

A liga foi idealizada por Salma Mousa,[32] doutoranda de Stanford interessada em testar o que chamamos de *hipótese do contato*[33] — a teoria de que, se juntarmos sob condições específicas pessoas com identidades sociais conflitantes, elas podem superar um ódio de longa data. A ideia de que uma liga de futebol pudesse vencer a profunda animosidade que havia em Qaraqosh, onde a vasta maioria de seus habitantes cristãos, ao responder a uma pesquisa, diziam ter sido traídos pelos vizinhos muçulmanos, parecia absurda. E, aliás, na reunião informativa, quando os treinadores e jogadores ouviram que metade dos times teria que aceitar jogadores muçulmanos, muitos se retiraram: "Eles nos disseram que isso estragaria os times", Mousa me contou. "Disseram que a gente ia causar outra guerra."

No entanto, o chamariz dos juízes profissionais e dos enormes troféus convenceu alguns times a se inscreverem. Então as camisas chegaram e logo todos queriam participar. Com o passar do tempo, 42 times toparam entrar na liga. Mousa e seus assistentes botaram jogadores muçulmanos em metade deles, distribuíram o calendário e ficaram só observando.

Os treinos, a princípio, eram tensos. Alguns jogadores cristãos se recusavam a se apresentar aos colegas de time muçulmanos e se sentavam bem afastados deles no banco. "Os jogadores muçulmanos tentavam se entrosar", Mousa disse, mas os cristãos não disfarçavam sua hostilidade. Porém, como ela havia instituído a regra de que todos os jogadores precisavam do mesmo tempo em campo, os cristãos e muçulmanos podiam até não se misturar no banco, mas eram obrigados a cooperar durante treinos e jogos.

Só isso já bastou para causar uma mudança. No começo, alguns times insistiam em falar siríaco — língua falada pelos cristãos do Oriente Médio que não era entendida por mais ninguém, inclusive a maioria dos muçulmanos — e, como seria de se imaginar, a atitude gerou vários problemas de comunicação em campo. Portanto os treinadores de dois times estabeleceram uma nova regra para seus jogadores: todo mundo teria que falar árabe, idioma entendido por muçulmanos e cristãos. Quando esses times começaram a ganhar partidas, outros treinadores copiaram a regra.

Cerca de uma semana depois, um grupo de jogadores cristãos reclamou que os colegas de time muçulmanos sempre chegavam atrasados, o que consumia um tempo precioso de treino. Os jogadores muçulmanos explicaram que pegavam ônibus que vinham do outro lado da cidade e precisavam passar por diversos postos de controle. Então os jogadores cristãos fizeram uma vaquinha para pagar táxis para que os muçulmanos atravessassem a cidade mais rápido.

No fim, Mousa já achava complicado distinguir os jogadores cristãos dos muçulmanos. Eles se sentavam juntos no banco. Comemoravam juntos os gols. Um dos times escolheu um muçulmano como capitão. Alguns dos times que só contavam com jogadores cristãos passaram a declarar que estavam em clara desvantagem porque lhes faltavam jogadores muçulmanos. Quando Mousa entrevistou os jogadores, descobriu que os times misturados "eram 13% mais propensos a relatar que não ligariam de ser colocados em times misturados na temporada seguinte, 26% mais propensos a votar a favor de um jogador muçulmano (que não fosse do próprio time) para ganhar um prêmio de espírito esportivo, e 49% mais propensos a treinar com muçulmanos seis meses depois de encerrada a intervenção".[34] Os preconceitos não desapareceram, é claro. Os jogadores cristãos confessavam ainda desconfiar dos *outros* muçulmanos, os que não eram seus colegas de time. Mas a transformação foi impressionante: um dia, quando Mousa e seus colegas passeavam por Qaraqosh, eles viram alguns jogadores cristãos em um bar, assistindo a uma partida do Barcelona contra o Real Madrid. Estavam ao lado de seus colegas muçulmanos, que os cristãos tinham dado um jeito de pôr para dentro do bar.

Antes da final do torneio de Qaraqosh, em que o Qaramlesh Youth jogou contra o Guards of the Nineveh Plains, os jogadores posaram para uma foto coletiva. Ambos os times eram formados por muçulmanos e cristãos, e alguns seguravam fotos de parentes assassinados, "umas fotos enormes de tios e primos que tinham morrido", disse Mousa. "E ao lado deles estava um muçulmano, e eles estavam abraçados." Depois da vitória dos Guards of the Nineveh Plains, todos os times votaram no jogador do ano. O escolhido foi um muçulmano. Pesquisas feitas cinco meses depois revelaram que os cristãos continuaram a jogar com os muçulmanos e, nas palavras de um jogador, "quando o jogo acaba, nos beijamos, abraçamos, nos parabenizamos mesmo em caso de derrota... Nos vemos na vizinhança, telefonamos, um convida o outro para ir em casa tomar um chá ou um café". Os jogadores muçulmanos disseram aos pesquisadores que "não existe isso de saber de que comunidade o outro veio" e que eles "propuseram aos organizadores que no futuro convidassem times só de muçulmanos da região para participar da liga".[35]

O resultado superou as expectativas de Mousa. "Tem quem diga: bom, isso aconteceu porque o esporte rompe barreiras", Mousa me disse. "Mas não é só isso. O que fez a diferença foi como nós estruturamos tudo."

Na verdade, três decisões relativas ao projeto da liga transformaram a atmosfera de modo a possibilitar a união entre os jogadores. Essas mesmas escolhas estão no cerne de qualquer conversa bem-sucedida sobre *Quem somos?*

A primeira decisão foi fundamentada na mesma psicologia que aumentou as notas das alunas quando foram lembradas de suas identidades fora da matemática: os times de futebol foram propositalmente organizados para dar aos jogadores papéis que os instigavam a pensar a identidade além da religião. Se um jogador era muçulmano, era também goleiro e conduzia os alongamentos no intervalo dos jogos. Outro jogador era cristão, mas também era o responsável pelas bebidas isotônicas, era o capitão do time e sempre fazia discursos inspiradores antes das partidas. "Houve um esforço, da parte dos próprios times, de atribuir a todo mundo diferentes identidades", explicou Mousa. "E, como tinham a ver com a vitória, essas identidades se tornaram mais importantes do que a religião."

A segunda decisão vital foi a de garantir que, em campo, todos os jogadores fossem iguais. Havia uma hierarquia em Qaraqosh: os cristãos, historicamente, eram mais ricos e mais instruídos do que os muçulmanos. A invasão tinha subvertido temporariamente essa situação ao expulsar da cidade boa parte de sua classe mais alta, mas quando os cristãos voltaram, a velha ordem social se confirmou. "Mas em campo, como todo mundo tinha que jogar a mesma quantidade de tempo, todos os jogadores eram iguais", declarou Mousa. "Não havia desequilíbrio de poder." Assim, rivalidades e rancores antigos — identidades sociais que tornavam um grupo superior a outro — foram deixados de lado, pelo menos durante as partidas.[36]

A última razão por que o experimento funcionou é aquela mesma por que uma conversa sobre *Quem somos?*, quando corre bem, dá certo: ele permitiu que os jogadores formassem novos grupos, percebessem as identidades sociais que tinham em comum. E esses grupos eram potentes porque seu alicerce eram as identidades que os jogadores já tinham. Para quem estava de fora, talvez tenha sido surpreendente que jogadores muçulmanos e cristãos se unissem tão rápido. Mas não foi nenhum choque para Mousa, pois ela não estava pedindo que eles se redefinissem. Estava apenas tornando a identidade que eles já tinham — de colegas de time de futebol — mais proeminente, o que tornava suas identidades religiosas menos gritantes.

Esses tipos de mudanças ambientais são um indício do que é necessário para uma conversa bem-sucedida sobre *Quem somos?*:

Primeiro, tente perceber as múltiplas identidades da pessoa com quem você está conversando. É importante lembrar que todo mundo que conhecemos contém multidões: ninguém é unidimensional. Reconhecer essas complexidades durante a conversa ajuda a romper com os estereótipos que criamos na nossa cabeça.

Segundo, tente garantir que todo mundo esteja em pé de igualdade. Não ofereça conselhos que não foram solicitados nem faça alarde de sua riqueza material ou de suas conexões. Procure assuntos que façam parte da experiência e do conhecimento de todos ou que sejam novidade para todos. Incentive os mais quietos a falarem e os mais tagarelas a escutarem, para que todo mundo participe.

Por fim, busque as similaridades sociais já existentes. Agimos naturalmente assim quando conhecemos alguém e tentamos descobrir que pessoas temos em comum. Mas é importante dar um passo além nessas conexões e ressaltar nossas semelhanças. Nossas similaridades são potencializadas quando arraigadas em algo relevante: talvez nós dois conheçamos Jim, mas essa conexão não baste — até começarmos a falar do que a amizade dele representa para nós, da importância de Jim na vida de um e do outro. Talvez nós dois sejamos fãs do Lakers, mas isso só se transforma em algo potente quando falamos da emoção que sentíamos ao ir aos jogos com nossos pais e ver o Magic Johnson fazer cesta e percebemos que compartilhamos as lembranças desse fascínio.

Como falar de quem somos

1. Tentar perceber as múltiplas identidades.
2. Deixar todo mundo em pé de igualdade.
3. Criar grupos novos a partir de identidades já existentes.

Diálogos sociais — conversas sobre *Quem somos?* — são caminhos para um entendimento mais profundo e para a formação de vínculos mais significativos. Mas precisamos deixar que essas discussões sejam aprofundadas, evoquem nossas várias identidades e exprimam nossas experiências e crenças em comum. A conversa sobre *Quem somos?* é potente não só porque nos une em torno do que temos em comum, mas porque nos permite falar de quem realmente somos.

ABORDANDO A QUESTÃO DA COVID-19

Jay Rosenbloom estava desesperado na primavera de 2021. A covid-19 já tinha matado mais de 2 milhões de pessoas mundo afora e tinha forçado bilhões a fazerem lockdown.[37] As campanhas de vacinação já tinham começado, mas Rosenbloom tinha certeza de que as metas não seriam alcançadas. "Muitos especialistas estavam dizendo: bom, é só a gente educar as pessoas sobre a segurança das vacinas, mostrar os dados, que elas vão mudar de ideia", ele me disse. "Mas quem já lidava com esses pacientes sabia que não daria certo. Eles já têm dados à beça! Passaram horas fazendo pesquisas na internet! Você não vai convencer essas pessoas de que elas estão erradas."

Rosenbloom estava atuando como voluntário em um grupo chamado Boost Oregon, que buscava novas abordagens. Centenas de grupos parecidos haviam surgido no mundo, numa rede desorganizada de médicos e cientistas sociais cujo foco era persuadir as pessoas a tomar vacinas.[38] Muitos desses grupos já estudavam a indecisão diante da vacina há anos e tinham concluído que a tática mais eficaz era algo chamado de *entrevista motivacional*,[39] um método desenvolvido nos anos 1980 para ajudar quem consumia álcool em excesso. Na entrevista motivacional, segundo um artigo de 2012, "é raro os orientadores tentarem convencer ou persuadir. Com sutileza, eles induzem o cliente a pensar e exprimir oralmente as razões que têm a favor e contra a mudança".[40] A entrevista motivacional busca trazer à tona princípios, valores e identidades sociais da pessoa na esperança de que, quando todas essas complexidades e princípios complicados estiverem às claras, oportunidades inesperadas de mudança surjam.

Ao longo de mais de uma década, os Centros de Controle e Prevenção de Doenças vinham insistindo para que os médicos usassem técnicas da entrevista motivacional com pacientes que recusavam vacinas. Para Rosenbloom e seus colegas, isso significava falar com pessoas céticas quanto às vacinas da covid-19 de um jeito bastante específico. Quando um paciente idoso foi à clínica da dra. Rima Chamie, em Portland, por exemplo, e declarou não querer se vacinar contra a covid-19 por ter ouvido boatos de que a ciência por trás dela não tinha sido testada, a médica não discutiu. Ela começou a fazer perguntas abertas a respeito de como o paciente se via. Ele disse ter três netos e ser policial aposentado. Também era muito religioso. A igreja era o lugar mais importante de sua vida. "É por isso que não preciso me vacinar", ele disse. "Deus cuida de mim. Eu lavo as mãos, uso máscara. Deus provê. Ele é quem cuida do meu caminho."

Chamie é o tipo de médica que todo mundo gostaria de ter: segura e carinhosa, capaz de acalmar um bebê que não para de chorar com um afago e apaziguar pais exaustos com um sorriso solidário. Ela também é mãe, e os seus filhos ignoram seus conselhos pela própria conta e risco. Passou a carreira atendendo migrantes e crianças, pobres e sem-teto. Entende bem o que significa sua participação na tribo de médicos. "O jaleco branco tem seu peso", ela me disse.

Mas, com esse paciente específico, ela também sabia que poderia mostrar milhares de dados garantindo a segurança da vacina contra a covid-19, poderia mencionar várias vezes que o papa tinha falado para as pessoas se vacinarem, mas nada o faria mudar de ideia. "Só teria servido para ele parar de me escutar", ela disse. Assim, Chamie adotou outro método. Não voltou a falar em covid-19. "Que maravilha que a fé dê ao senhor tamanha força", ela lhe disse. "É evidente que o senhor tem uma relação bem próxima com Deus."

Então, quase como um comentário à parte, Chamie trouxe à baila outra identidade. "Imagino que a saúde dos seus netos seja muito importante para o senhor", ela disse. Sim, concordou o paciente, ele adorava ser avô.

"Em seguida, conversamos sobre outros assuntos", disse Chamie. "Mas já no fim da consulta, para encerrar o assunto, eu disse, 'Sabe, em geral eu não falo de religião com os pacientes, mas sou muito grata a Deus por ter nos dado cérebros, laboratórios, a capacidade de fazermos vacinas. Será que Ele não nos deu as vacinas pensando na nossa segurança?'" Então ela saiu da sala.

Ela não fez nada mais que reconhecer que ambos continham inúmeras identidades, e que algumas delas — a devoção religiosa, o cuidado com as crianças — se sobrepunham e ofereciam perspectivas diferentes quanto ao que era "segurança". A consulta terminou assim.

Trinta minutos depois, o homem continuava na sala de exames. Chamie puxou uma enfermeira de lado. "O que ele ainda está fazendo aqui?", perguntou.

"Ele quer a vacina", a enfermeira respondeu.

Chamie e Rosenbloom já usaram a entrevista motivacional com centenas de pacientes. "É claro que toda vez é diferente", Chamie explicou. "Às vezes a gente fala de religião, às vezes fala dos filhos. Às vezes eu só pergunto: numa escala de zero a dez, o que você acha desta vacina? E quando me respondem 'três', eu pergunto: por que não dois? Por que não quatro? Fico genuinamente curiosa quanto ao três, quanto ao que isso diz sobre a pessoa."

Assim como a liga de futebol de Salma Mousa, as conversas de Chamie deixam todo mundo em pé de igualdade — ninguém é especialista em criação de filhos ou nas vontades de Deus. E partem de identidades sociais já existentes para construir um novo grupo: todos nós queremos fazer o que é correto pelas nossas famílias. Apesar das outras diferenças, temos isso em comum.

"Uma vez, uma família veio ao meu consultório com duas crianças", Rosenbloom me contou. "Eles tinham acabado de se mudar para a cidade e eram de classe média alta, tinham uma boa formação, mas os dois filhos não tinham tomado vacina nenhuma. Os pais me disseram que tinham ouvido algumas coisas assustadoras sobre vacinas, mas quando fizeram perguntas ao médico anterior, ele fez pouco caso."

Então Rosenbloom passou um tempo conversando com o casal. Perguntou onde moravam, em qual escola pretendiam botar os filhos, o que curtiam fazer no fim de semana. Falou dele mesmo e assim descobriram alguns restaurantes e pracinhas de que todos gostavam. Pediu que eles falassem de suas preocupações quanto às vacinas, mas também perguntou sobre outras questões: estavam apreensivos com o ingresso dos filhos na escola? O que achavam de açúcar e refrigerantes, por exemplo? Em nenhum momento ele tentou impor a vacinação. Apenas fez perguntas e, depois de ouvir as respostas, deu suas próprias opiniões. No final da conversa, os pais disseram que queriam começar um calendário de vacinas para as crianças. "Deu certo porque eles se sentiram ouvidos", Rosenbloom declarou. "A gente precisa achar um jeito de criar uma conexão quando quer que as pessoas nos escutem."

A conversa *Quem somos?* é crucial porque nossas identidades sociais têm uma enorme influência sobre o que dizemos, como ouvimos e o que pensamos, mesmo contra a nossa vontade. Nossas identidades podem nos ajudar a encontrar princípios em comum ou podem nos enfiar em estereótipos. Às vezes, simplesmente nos lembrar de que todos contemos multidões altera nossa forma de falar e de ouvir. A conversa *Quem somos?* pode nos ajudar a entender como as identidades que escolhemos e as identidades que nos são impostas pela sociedade fazem de nós quem somos.*

Mas o que acontece quando falar de nossas identidades já nos parece intimidante? Como, em momentos como esse, aprendemos a falar e a escutar?

* É tentador sugerir que só achar coisas em comum já é suficiente para nos comunicarmos melhor. Mas, como vamos ver no próximo capítulo, a conexão também surge do entendimento de como as diferenças nos moldam.

7. Como tornar conversas difíceis menos arriscadas?

O problema com que a Netflix precisa conviver[1]

Se você perguntasse aos funcionários da Netflix quando as coisas começaram a degringolar na empresa, muitos mencionariam uma tarde de fevereiro de 2018. O departamento de publicidade da Netflix — de cerca de trinta pessoas — estava reunido em uma sala de conferências de sua sede em Los Angeles. Naquele instante, a companhia parecia estar entrando em seu ano mais próspero, com um lucro de mais de 15 bilhões de dólares e 124 milhões de assinantes. Os funcionários estavam ali para a reunião semanal de equipe, batiam papo e contavam as novidades quando o chefe, o diretor de comunicação Jonathan Friedland, se levantou para tomar a palavra.

Friedland começou dizendo ao grupo que a Netflix tinha acabado de lançar um especial de comédia intitulado *Tom Segura: Disgraceful*. A maioria dos presentes nunca tinha ouvido falar do especial — bem como a maioria dos assinantes, aliás. A Netflix sempre tem disponíveis em seu catálogo dezenas de milhares de programas; estima-se que os assinantes gastem 70 bilhões de horas por ano na plataforma. É provável que o especial de comédia em questão, assim como muitos outros, entrasse e saísse da plataforma com o tempo. Mas Friedland explicou que estava mencionando aquele programa em particular porque seu comediante era excepcionalmente ofensivo: falava com nostalgia de uma época em que as pessoas podiam usar termos como "retardado", fazia piada de pessoas com síndrome de Down, reclamava de não poder mais falar em "anão".

Alguns grupos de apoio a pessoas com deficiência já tinham levantado objeções, e a empresa tinha que estar preparada para ouvir outras críticas. Friedland ressaltou a importância de que levassem essas queixas a sério. Todo mundo precisava reconhecer que a palavra "retardado" era um bocado ofensiva. Ouvi-la era "um soco no estômago" de qualquer pai ou mãe de filho cognitivamente atípico, Friedland declarou. Em seguida, para não deixar dúvidas, ele fez uma analogia: seria "como se uma pessoa afro-americana tivesse ouvido" e completou dizendo a palavra que começa com "n".*[2]

Todo mundo na sala se calou. A atmosfera mudou num piscar de olhos. *Ele disse isso mesmo?*

Friedland pareceu não notar a mudança e passou a outros assuntos. Quando a reunião terminou, os funcionários voltaram às suas mesas. Alguns pareciam já ter se esquecido do ocorrido.[3] Outros contaram aos colegas o que tinha acontecido e esses colegas contaram a outros, que contaram a outros. Dois funcionários abordaram Friedland reclamando de seu linguajar e disseram que o uso daquela palavra, em qualquer ambiente, era inaceitável. E era ainda mais ofensivo quando dita por um dos principais executivos da empresa. Friedland concordou com eles, pediu desculpas e notificou os Recursos Humanos sobre o ocorrido.

"E foi assim", um funcionário me relatou, "que a guerra civil começou."

A Netflix foi fundada em 1997 por Reed Hastings,[4] um empreendedor com uma filosofia empresarial incomum: quanto menos regras, melhor. Hastings acreditava que empresas eram refreadas por líderes intrometidos; a burocracia levava à ruína. Ele acabou eternizando suas opiniões em um PowerPoint de 125 páginas que foi compartilhado com todos os funcionários e se tornou leitura obrigatória para os novatos. Quando publicado na internet, o "Netflix Culture Deck" foi baixado milhões de vezes.

* Aqui, o autor deixa subentendido um termo pejorativo específico para se referir a pessoas negras. Na língua inglesa, trata-se de uma palavra tão ofensiva que, em geral, é mais comum que seja indicada apenas como "the n-word", ou "a palavra que começa com 'n'". (N. T.)

Na Netflix, segundo a declaração da cultura da empresa,[5] "buscamos a excelência" e, em troca, os funcionários ganham liberdades incomuns. Podiam tirar quantos dias de férias quisessem, trabalhar nos dias e horários que desejassem, autorizar praticamente qualquer tipo de compra — uma passagem de avião de primeira classe, um computador novo, os direitos de um filme por milhões de dólares — sem permissão prévia, contanto que fossem capazes de justificá-la.

Se na maioria das firmas a candidatura a vagas nas concorrentes era considerada uma traição, na Netflix os funcionários eram instigados a mandar currículos a outras empresas — e se recebessem uma proposta de salário maior do que ganhavam, a Netflix equiparava o valor ou incentivava a pessoa a trocar de emprego.[6] A companhia esperava "quantidades incríveis de trabalho importante", decretava o Culture Deck, e para isso os funcionários tinham licença para fazer quase qualquer coisa, contanto que gerasse mais lucro ou trouxesse à tona novas ideias.

Aqueles que eram incapazes de manter sempre um desempenho de primeira linha eram advertidos de que uma "atuação apenas satisfatória acarretava uma generosa verba rescisória". E sempre que alguém era demitido — o que acontecia com frequência — outro ritual da Netflix entrava em cena: um bilhete era enviado à equipe do demitido, ou a seu departamento, ou às vezes à empresa inteira, explicando por que o funcionário tinha sido mandado embora.[7] Os hábitos de trabalho decepcionantes do dispensado, as decisões equivocadas e os erros cometidos — tudo isso era detalhado para quem continuava na empresa. Um funcionário atual da Netflix me disse: "Recebi um e-mail de 'por que o Jim foi mandado embora' no meu segundo dia de trabalho na Netflix e pirei. Era *muito* explícito". Ele se questionou: *será que errei de ter vindo trabalhar nesta empresa? Isso aqui é um ninho de cobras?* "Mas acabei concluindo que é proveitoso receber esses e-mails, porque, depois de ler alguns deles, você já sabe qual é a expectativa da empresa. Acaba o mistério."

A expansão da empresa causou dores de crescimento. Em 2011, Hastings, sem muito debate interno, anunciou que pretendia dividir a firma em duas: uma lidaria com os DVDs entregues pelos correios, a outra ofereceria um serviço de *streaming* on-line. O anúncio não foi bem recebido. As ações da empresa caíram 77%, obrigando Hastings a voltar atrás quase imediatamente.

Mais tarde, os principais executivos da empresa disseram que esse passo em falso, e a crise que gerou, deveu-se a um grau insuficiente de ceticismo interno. Os executivos deveriam ter dito a Hastings que discordavam dele, deveriam ter imposto mais resistência à decisão. Aliás, via de regra, todos os funcionários precisavam ser mais agressivos ao pôr em xeque as decisões dos outros. A declaração de princípios da empresa foi emendada para dizer que "a discordância silenciosa é inaceitável". Hastings chegou ao ponto de dizer aos funcionários que "é uma deslealdade à Netflix discordar de uma ideia e *não* exprimir essa discordância" e que precisavam "cultivar o dissenso" entre seus pares. Em pouco tempo, as reuniões já estavam cheias de gente enxovalhando as propostas alheias. As equipes marcavam "jantares de feedback" em que todas as pessoas à mesa falavam de algo que apreciavam — e cinco ou seis coisas que *não* apreciavam — em cada um dos colegas.

Para alguns, essa atmosfera era estimulante. "Toda aquela ansiedade que a gente sente tentando entender o que o nosso chefe acha, e o que o chefe do nosso chefe acha, se perguntando o que está acontecendo de verdade, tudo isso some", um funcionário me disse. Para outros, a franqueza radical é uma crueldade. "As pessoas se sentem autorizadas a partir para a selvageria", disse-me Parker Sanchez, outra funcionária. "Tinha dias que eu passava uma hora chorando".

Uma vantagem dessa cultura, no entanto, é facilitar quase todas as discussões. "Nada está fora de questão", um executivo de alto escalão me disse. "Você acha que seu chefe está cometendo um erro? Fale para ele. Não gosta de como alguém organiza as reuniões? Diga isso. É mais provável você ser promovido do que punido." Os funcionários volta e meia enviavam e-mails a Hastings criticando suas estratégias ou o que ele tinha dito em reuniões, ou o repreendiam abertamente nos fóruns internos, "e Reed agradecia em público", disse o executivo. "Eu nunca tinha trabalhado num ambiente como esse. É incrível."

Também era eficaz. As ações da Netflix se recuperaram e a empresa só crescia ano após ano. Sua cultura incomum possibilitou a contratação dos melhores engenheiros de software, produtores de televisão, executivos da tecnologia e cineastas do mundo. Ela não demorou muito a virar uma das firmas mais admiradas e bem-sucedidas do Vale do Silício e de Hollywood. A revista *Fortune* apontou Hastings como Empresário do Ano.[8]

Então aconteceu a reunião em que Jonathan Friedland disse aquela palavra ofensiva.

POR QUE CONVERSAS SOBRE IDENTIDADE SÃO RELEVANTES

Na última meia década — na esteira de relatos de racismo e sexismo em inúmeras companhias, de indícios de abusos sexuais ignorados dentro de empresas e do crescimento de movimentos sociais dedicados à igualdade e à inclusão —, existe um foco cada vez maior na criação de ambientes de trabalho mais justos e igualitários. Milhares de firmas contrataram "coaches de inclusão" ou compraram programas de diversidade, igualdade e inclusão na esperança de promover conversas importantes — e que já chegam tarde — sobre o combate ao racismo, ao sexismo e a outros preconceitos. Hoje em dia, quase todas as cem principais empresas da lista da *Fortune* têm pelo menos um executivo de alto escalão focado em desfazer as distorções e desigualdades estruturais que causam uma desvantagem injusta a certos funcionários e clientes.

Esses programas são antídotos necessários para problemas de verdade, são lembretes de que certas injustiças tornam mais difícil que algumas pessoas conquistem o emprego desejado, o salário a que teriam direito ou o respeito merecido somente por causa do tom da pele, de seu país de nascimento ou de algum outro aspecto de sua identidade que não deveria ter impacto nenhum sobre sua carreira.

Entretanto, muitos desses programas bem-intencionados parecem não ser muito eficazes.[9] Quando uma equipe de pesquisadores de Princeton, Columbia e da Universidade Hebraica de Jerusalém analisaram mais de quatrocentos estudos sobre as tentativas de diminuir o preconceito, descobriram que em 76% dos casos o máximo que se poderia dizer sobre seu impacto a longo prazo era que "ainda era incerto".[10] Um artigo publicado na *Harvard Business Review* em 2021, sobre 80 mil pessoas que tinham passado por treinamentos de preconceito implícito, revelou que "o treinamento não mudou o comportamento preconceituoso".[11] Outra análise de três décadas de dados gerou a conclusão de que "os efeitos positivos do treinamento sobre diversidade raramente duram mais que um ou dois dias, e... pode desencadear preconceitos ou incitar uma reação adversa".[12] Um quarto estudo descobriu que depois do treinamento de preconceito implícito, "a probabilidade de que mulheres e homens negros fossem promovidos nas empresas geralmente *diminuía*" pois os treinamentos ressaltavam os estereótipos de raça e gênero.[13] Uma recapitulação do *Annual Review of Psychology* de 2021 apontou que, embora "de acordo com muitas métricas, o estudo de intervenções feitas para reduzir o preconceito esteja prosperando", os autores "concluem que as iniciativas de pesquisa são em grande medida teórica e empiricamente equivocadas se seu objetivo é oferecer recomendações implementáveis, robustas e baseadas em evidências para diminuir o preconceito no mundo".[14]

Isso de modo nenhum significa que as tentativas de lidar com as desigualdades ou extirpar nossos preconceitos devam ser abandonados. Tampouco significa que diminuir as distorções e as injustiças estruturais seja impossível. Existem constatações verdadeiras — como já vimos com a *ameaça do estereótipo* — capazes de ajudar pessoas historicamente marginalizadas a serem bem-sucedidas. Intervenções já foram feitas — como a que aconteceu nos campos de futebol de Qaraqosh, no Iraque — que transpuseram o abismo das diferenças.

No entanto, descobrir exatamente *como* enfrentar a desigualdade e o preconceito é mais complicado do que contratar um consultor de diversidade ou pedir aos funcionários que compareçam a uma sessão de treinamento durante a tarde. E a complicação é aprofundada pelo fato de muitas pessoas acharem que a conversa sobre *Quem somos?* traz riscos verdadeiros. É claro que torcemos para que todo mundo entenda que usar um insulto racista é inaceitável, mas em outros tipos de diálogos, às vezes é difícil sabermos quais são os limites. Até que ponto podemos perguntar sobre o passado de um colega de trabalho, sobre sua vida fora do trabalho, suas crenças, sua identidade, sem correr o perigo de ir além da conta? Como superar a preocupação de que dizer uma coisa errada ou fazer uma pergunta ingênua estrague amizades ou carreiras?

É claro que as conversas sobre *Quem somos?* podem ir além das discussões sobre raça, etnia e gênero. Muitas das nossas conversas mais difíceis são duras justamente porque abordam identidades sociais que nada têm a ver com nossa ancestralidade. Quando repreendemos um funcionário com desempenho fraco, criticamos nosso cônjuge ou dizemos ao nosso patrão que ele não nos dá o que precisamos, é muito fácil que esses comentários sejam considerados uma condenação de quem eles são, um ataque a suas capacidades e discernimento ou uma investida contra a imagem que fazem de si mesmos.

Então como aprender a falar melhor de *Quem somos?* quando a discussão é sobre assuntos mais delicados? Como instigar as pessoas a discutirem diferenças de um jeito que as una e não as afaste? Como travar essas conversas essenciais em ambientes como o de trabalho, em que elas podem parecer arriscadíssimas?

Poucos dias depois de Friedland ter usado aquela palavra ofensiva, a impressão era de que todos os 5500 funcionários da Netflix já sabiam do incidente — e a maioria tinha opiniões fortes sobre o que deveria acontecer a seguir.[15]

Os Recursos Humanos abriram uma investigação. Friedland pediu desculpas aos participantes da reunião, à sua equipe inteira e aos outros departamentos da empresa. Ele teve uma reunião com o alto escalão fora da sede da empresa para explicar a situação e o que tinha aprendido com ela. Encontrou-se com os Recursos Humanos para exprimir seu arrependimento — mas, durante esse encontro, ao narrar o incidente, ele tornou a dizer aquela palavra. Em pouco tempo, todo mundo ficou sabendo disso também.

Na comunidade da Netflix de modo mais geral, alguns funcionários começaram a publicar mensagens raivosas nos fóruns internos, argumentando que a empresa ignorava tensões raciais há anos. Os críticos dessas mensagens reagiram dizendo que a questão não era o racismo, mas o excesso de sensibilidade de certas pessoas que não eram talhadas para a cultura ambiciosa da Netflix. Pesquisas internas mostraram que os funcionários não brancos se sentiam excluídos, marginalizados e em desvantagem na hora de receber promoções. Outros, fiéis à máxima de que "a discordância silenciosa é inaceitável", declaravam que essas pessoas não tinham sido promovidas não devido a preconceitos, mas porque não eram muito esforçadas.[16]

Entre um extremo e outro, havia muitos funcionários que reconheciam que Friedland tinha agido de forma ofensiva e inadequada, mas achavam que ele devia ser perdoado. "Sim, o Jonathan cometeu um erro, mas ele assumiu o que fez, pediu desculpas e tentou reparar esse erro", um executivo de alto escalão me disse. "É isso o que a gente deve fazer. A gente deve errar, fazer e receber críticas, aprender e seguir em frente. Mas tinha gente que não largava o osso."

O que complicava ainda mais a situação era o fato de que todos os principais executivos da Netflix eram brancos, e quase todos eram homens. "Havia a sensação, por exemplo, de que se o diretor de comunicação podia usar aquela palavra e não sofrer as consequências, como é que os funcionários negros não se sentiriam cidadãos de segunda classe?", um funcionário me contou. "Eu acho que esse momento foi um divisor de águas — ih, espera aí, tem gente que acha que este lugar é perfeito, mas, na verdade, tem certas coisas que 'cultivar o dissenso' não resolve."

A controvérsia parecia crescer semana após semana. Por fim, meses depois do incidente inicial, Hastings disse a Friedland que ele precisava sair da empresa. Em seguida, mandou um e-mail de "por que o Jonathan foi demitido" à empresa inteira explicando que o fato de Friedland "ter usado aquela palavra pelo menos duas vezes no local de trabalho indicava uma consciência e sensibilidade racial inaceitavelmente baixa... É impossível neutralizar o sentimento e a história por trás dessa palavra em qualquer contexto que seja". Hastings declarava-se arrependido de não ter agido mais rápido.*

O gesto foi comemorado por alguns empregados e lamentado por outros. Acima de tudo, no entanto, ele provocou confusão: a Netflix se gabava de ter uma cultura em que os funcionários podiam dizer praticamente

* Friedland, que antes de trabalhar na Netflix já tinha uma longa carreira, exprimiu seu arrependimento ao me conceder uma entrevista: "Entendo por que fui demitido", ele me disse. "Fui insensível? Fui. Não entendia como essa palavra seria percebida e não devia tê-la falado. Mas o que mais dói é que esse foi um momento pequenininho em uma longa carreira, e eu não sei se é justo julgar alguém por um erro."

qualquer coisa uns aos outros. Estava claro que insultos racistas estavam fora de cogitação. Mas e se a pessoa estiver discutindo um programa que usa um insulto racista? Tem problema especificar o que o personagem diz, se seu objetivo é entender o que é adequado e o que não é? No catálogo da Netflix existe um especial de comédia intitulado *Private School Negro*. Seria problemático mencionar o título em reuniões? Seria proibido ou permitido? "Era muito confuso", um executivo me disse. "E o e-mail do Reed não esclareceu as coisas, e é para isso que esses tipos de e-mail servem."

No ano anterior, a Netflix tinha acrescentado a parte de "Inclusão" à apresentação de sua filosofia, pedindo aos funcionários que "se interessassem pelo modo como nossa formação afeta o nosso trabalho, em vez de fingir que não afeta", e "reconhecessem que todos temos preconceitos, e se esforçassem para vencê-los". A empresa incentivou os funcionários a discutirem preconceitos e "intervir caso alguém estivesse sendo marginalizado". Uma coisa com a qual todo mundo concordava era que, segundo esses critérios, a firma não estava se saindo muito bem. Então a Netflix começou a contratar novos executivos, inclusive uma mulher chamada Vernā Myers, para supervisionar um departamento recém-criado, dedicado à igualdade e diversidade. A meta era promover o diálogo, enfrentar preconceitos e tornar a Netflix um exemplo reluzente de inclusão.

Mas como discutir os assuntos mais delicados, os tipos de temas em que uma pergunta mal formulada ou um comentário canhestro podem suscitar raiva ou mágoa, em um ambiente em que o debate implacável e a discordância mordaz são a norma?

POR QUE ALGUMAS CONVERSAS SÃO MUITO DIFÍCEIS

Em 2019, dois pesquisadores da Columbia e da UC Berkeley pediram a mais de 1500 pessoas que descrevessem a conversa mais difícil que tinham tido na última semana.[17]

A ideia era entender por que alguns assuntos — como raça, gênero e etnia — rendem discussões tão difíceis. Para obter uma amostragem representativa de diferentes perspectivas, recrutaram pessoas de todos os tipos.

As idades iam de dezoito a 73 anos; havia pobres e ricos. Os pesquisadores os acharam por meio de anúncios na internet – e portanto, sob certos aspectos, o grupo espelhava o tipo de diversidade que podemos encontrar em uma grande empresa.

Os pesquisadores fizeram a cada um dos voluntários uma série de perguntas: *você participou ultimamente de alguma discussão em que se sentiu deslocado? Participou de alguma conversa em que alguém exprimiu ideias preconceituosas? Ouviu de alguém piadas sobre "gente que nem você" ou imitações de seu modo de falar, ou suposições de que você seria amigo de alguém só porque são da mesma etnia ou gênero?*

Não demorou muito para as respostas deixarem claro que algumas de suas últimas conversas tinham sido desafiadoras por conta dos assuntos debatidos – assuntos como política e religião, em que certo grau de tensão é normal. Mas muitas outras discussões tinham começado de forma relativamente amena – tratando, digamos, de esportes ou trabalho ou do que andavam vendo na televisão – até alguém falar alguma coisa que deixava a outra pessoa incomodada ou chateada.

Eram esses momentos de incômodo que os pesquisadores queriam explorar. O que exatamente tinha sido dito, e como, para deixar a outra pessoa aflita ou zangada? O que tinha instigado o ouvinte a se retrair, a ficar na defensiva, a querer revidar?

Os pesquisadores – Michael Slepian e Drew Jacoby-Senghor – descobriram que muitas coisas podiam azedar uma conversa.[18] Um dos interlocutores era ofensivo, ignorante ou cruel. Talvez se indispusesse com suas companhias de propósito, talvez sem querer. Mas havia uma atitude, em especial, que sempre causava incômodo e frustração: quando a pessoa dizia algo que, contra a vontade do ouvinte, o encaixava num grupo, era bem provável que a discussão degringolasse.

Às vezes, quem estava com a palavra atribuía uma filiação indesejada ao ouvinte – "Você é rico, então sabe que a maioria dos ricos é esnobe" –, que se ofendia com a insinuação de esnobismo. Às vezes o falante negava ao ouvinte a participação em um grupo estimado por ele – "Você não fez faculdade de direito, então não sabe como as leis funcionam" – e este ouvinte se sentia insultado pela acusação de ignorância.

Vez por outra, os falantes teciam esse tipo de comentário sob a forma de indireta: "Você é um dos republicanos legais, mas a maioria só olha para o próprio umbigo" ou "Você entrou nessa faculdade porque é inteligente, mas tem gente que nem você que só entra por causa das cotas". Volta e meia a pessoa que fazia o comentário parecia não ter noção de que ofendia alguém: "Como você não tem filhos, talvez não entenda como um pai se sente quando vê uma criança sendo tratada assim". Independentemente de como a frase era formulada, a consequência era sempre a mesma: raiva e afastamento, uma conversa fracassada.

Esses tipos de comentários causavam irritação porque os ouvintes tinham sido circunscritos a um grupo (os ricos esnobes, os republicanos egoístas, os universitários indignos) com o qual não se identificavam. Ou porque lhes era negada a associação a um grupo (pessoas que entendem como as leis funcionam, pessoas que se solidarizam com crianças) do qual sentiam-se no direito de participar. Portanto, o ouvinte ofendido ficava na defensiva ao ver sua autoimagem — sua identidade — ser alvo de ataques.

Na psicologia, isso se chama *ameaça à identidade*, algo extremamente corrosivo para a comunicação.[19] "Quando alguém diz que você não faz parte, ou o coloca em um grupo de que você não gosta, o incômodo psicológico é imenso", Slepian me disse. Estudos já constataram que, quando alguém se depara com uma ameaça à identidade, sua pressão arterial sobe, seu corpo é tomado por hormônios do estresse, a pessoa começa a procurar formas de fugir ou revidar.[20]

A ameaça à identidade é um dos motivos para as conversas sobre *Quem somos?* serem tão difíceis. Quando um funcionário da Netflix acusava um colega de ser "sensível demais" ou de "não ser talhado para trabalhar na Netflix", o acusado sentia-se encaixado à força em um grupo — *reclamões petulantes* — que abominava, ou excluído de um grupo — *os que têm preparo para ser bem-sucedidos na Netflix* — do qual todos queriam fazer parte. E quando aqueles que tinham sido criticados reagiam argumentando que os comentários ouvidos partiam de um lugar de privilégio e eram provas de insensibilidade racial, os críticos sentiam-se colocados no grupo dos racistas e intolerantes, o que acabava por botá-los na defensiva.

A ameaça à identidade não existe só nos ambientes de trabalho, é claro. Ela pode acontecer em qualquer lugar: em uma festa, em um bar, durante o papo com um estranho no ponto de ônibus. Ela tampouco é incomum, conforme descobriram Slepian e Jacoby-Senghor. Dos mais de 1500 participantes da pesquisa, somente 1% *não* tinha passado por uma ameaça à identidade recentemente. "Em média, os entrevistados tinham vivido 11,38 ameaças à identidade na última semana", escreveram no artigo que publicaram em 2021 na *Social Psychology and Personality Science*. "Em 40% das situações, os participantes se sentiram ameaçados em uma única identidade, e 60% disseram ter percebido uma ameaça a diversas identidades."[21]

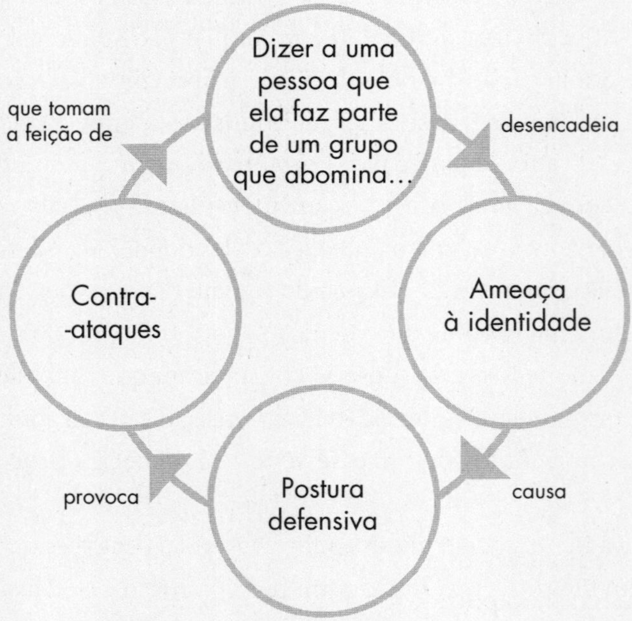

Os participantes do estudo relataram ter vivenciado ameaças à identidade devido ao lugar onde moravam, onde trabalhavam, à pessoa com quem eram casados, com quem namoravam, ao lugar onde tinham nascido, à sua forma de falar, a quanto ganhavam e a dezenas de outras razões. Ser rico, branco ou heterossexual — ou ter alguma outra vantagem social — não os protegeu da situação. E ser pobre, negro ou membro de algum outro grupo minorizado era sinônimo de lidar com ameaças à identidade todo dia.

Todos já sentimos o incômodo da ameaça à identidade em algum momento, ou dissemos alguma coisa que não queríamos que soasse ofensiva, mas pareceu insensível. A mera *possibilidade* da ameaça à identidade volta e meia é um empecilho a conversas sobre *Quem somos?*. Em uma pesquisa de 2021, 70% dos participantes disse enxergar riscos genuínos na participação em diálogos sobre raça, mesmo entre amigos.[22] "Os amigos negros se preocupam com a possibilidade de que os amigos brancos digam algo racista, talvez sem querer, e isso estrague a amizade", disse Kiara Sanchez, a pesquisadora que encabeçou o estudo. "E os amigos brancos acham que podem falar alguma coisa preconceituosa sem querer. Então há um bocado de ansiedade de ambos os lados."

Mas se quisermos tornar o mundo mais inclusivo e justo, falar de *Quem somos?* é crucial. "O problema do racismo pode ser resolvido, em tese, com as informações certas, investimentos, estratégia e implementação", o psicólogo social de Harvard, Robert Livingston, diz em seu livro *The Conversation* [A conversa].[23] "Precisamos iniciar essa conversa — principalmente com pessoas de fora do nosso círculo social. A situação só vai melhorar quando começarmos a ter conversas sinceras e fundamentadas sobre raça e decidirmos, como comunidade, tomar uma atitude."

Conversas sobre quem somos — e quem queremos ser — são essenciais se nossa esperança é que a sociedade se transforme.

As conversas sobre raça são das mais difíceis e, portanto, para os pesquisadores, são um exemplo útil para o estudo das dinâmicas que surgem durante diálogos complicados. Em 2020, por exemplo, em uma tentativa de entender como ter conversas mais francas e abertas sobre raça e etnia, outro grupo de cientistas recrutou mais de uma centena de pares de grandes amigos e os pôs cara a cara[24] para falar de suas experiências com raça e racismo. O objetivo dos pesquisadores era descobrir se algo poderia ser feito *antes* da discussão para facilitar o debate de assuntos difíceis.

Todos os pares de amigos eram parecidos em dois aspectos: um era branco e o outro negro, e nenhum dos dois foi avisado de antemão que discutiriam raça.

No início do experimento, alguns dos pares receberam instruções genéricas: serviriam de grupo de controle. A esses pares de amigos, o pedido era que discutissem "alguma coisa que tenha acontecido com você ultimamente ou alguma experiência que você tenha tido referente à sua raça ou etnia". Os participantes negros foram convidados a começar e, como os pares já se conheciam, eles eram incentivados a contar "uma história que você nunca contou a este amigo".[25] A sugestão era de que a conversa durasse cerca de dez minutos.

O segundo grupo — o grupo experimental — recebeu outro tipo de preparação.[26] Seus participantes também foram instruídos a discutir "alguma coisa que tenha acontecido com você ultimamente ou alguma experiência que você tenha tido referente à sua raça ou etnia". Mas antes de iniciada a discussão, os indivíduos deste grupo recebiam um breve treinamento: "Queremos reservar um tempinho para dividir algumas coisas que aprendemos a respeito da conversa sobre raça com amigos de outros grupos raciais", esses participantes ouviram. "Às vezes, é normal para eles falarem de raça e, às vezes, a conversa é meio incômoda e desajeitada no começo. E isso é lógico, já que as pessoas têm vivências diferentes. Qualquer sensação que vocês tenham é normal." Em seguida, os participantes tiveram que escrever de forma sucinta "alguns dos benefícios que você acredita que possam ser extraídos da conversa sobre raça com amigos de outros grupos raciais". Perguntaram a eles "o que, se é que há alguma coisa, poderia impedir que você e seu amigo obtenham esses benefícios?". Por fim, foram instruídos a descrever o que poderiam "fazer para superar esses obstáculos e vivenciar esses benefícios".

Esses exercícios — reconhecer que a discussão poderia ser esquisita; pensar nos empecilhos que poderiam surgir e bolar um plano para superá-los — ocuparam só alguns minutos e aconteceram antes de os participantes ficarem cara a cara. Os pesquisadores não deram nenhuma orientação quanto à forma de falar com o amigo e não proibiram nenhum assunto. Não lembraram que eles precisavam ser educados ou respeitosos nem explicaram como evitar ameaças à identidade. Os participantes também não ouviram que deviam compartilhar suas respostas a essas perguntas pré-discussão com os amigos. Poderiam simplesmente anotar algumas ideias e deixá-las de lado se quisessem.

Mas os pesquisadores desconfiavam que o simples fato de fazer a pessoa admitir para si mesma, logo de saída, que uma conversa sobre raça ou etnia poderia ser desconfortável poderia tornar o desconforto mais suportável.[27] E instigar as pessoas a pensarem na *estrutura* da conversa — suas expectativas para o diálogo, as tensões que poderiam surgir e a melhor forma de lidar com elas — poderia tornar esses obstáculos menos prováveis ou intimidantes.

Em outras palavras, a hipótese dos pesquisadores era de que estimular os participantes a pensarem com um pouco mais de afinco em *como* a conversa se desenrolaria antes que ela fosse iniciada poderia tornar as ameaças à identidade um pouco menos ameaçadoras.

As conversas, quando enfim aconteceram, foram relativamente similares em ambos os grupos. Mas, quando os pares do grupo de controle — o que não tinha recebido nenhum treinamento especial — começaram a falar, alguns enfrentaram dificuldades. Pareciam hesitar em mergulhar na conversa. Recorreram a assuntos mais seguros, como os estudos e os esportes. Para um dos pares, a conversa foi tão incômoda que, apesar da grande amizade, os dois se despediram em apenas três minutos.[28]

Entretanto, no grupo experimental, as conversas geralmente transcorriam melhor. Alguns amigos tiveram longos papos. Se aprofundaram, fizeram perguntas, debateram suas experiências. Discutiram qual era a *sensação* da raça e do racismo e falaram de momentos dolorosos e importantes de suas vidas, em vez de generalidades amenas. Todas as conversas correram bem, mas o grupo experimental teve momentos de conexão genuína. Em uma das conversas, um homem negro contou ao amigo branco como se sentiu quando foi seguido pelo funcionário de uma loja. "Eu sentia o dono da loja olhando para mim, me vigiando, vendo tudo o que eu tocava." Os dois eram amigos de universidade, mas nunca tinham discutido raça. "Nos Estados Unidos, não tenho como esquecer quem eu sou", disse o participante negro. "Sou um homem negro."[29]

Ele tinha acabado de descrever uma situação que, em outro ambiente, poderia ensejar uma ameaça à identidade. Talvez o amigo branco questionasse se era realmente racismo o que estava em jogo ("Vai ver que o funcionário tinha outros motivos para se comportar assim") ou subestimasse as preocupações do amigo ("Mas os seus amigos não são racistas"). Em uma tentativa equivocada de consolar o amigo negro, talvez menosprezasse essa experiência insinuando que ele era sensível demais ou que sua angústia era desnecessária. E o participante negro, por sua vez, talvez sugerisse que o amigo branco não queria reconhecer o racismo, que estava cego devido ao privilégio branco e, sem querer, perpetuava ideias supremacistas. Os dois poderiam ter ameaçado a identidade um do outro sem ter a intenção de agir assim.

Mas o que aconteceu foi que, quando o participante negro se calou, o amigo branco, apesar de visivelmente constrangido, começou reconhecendo e validando o que tinha ouvido. "Qualquer um no nosso grupo de amigos parece mais suspeito do que você", ele lhe disse. "A ideia de que alguém...", ele começou a dizer, chateado. "Eu tenho a impressão de que, apesar do nosso grupo de amigos ser multirracial, a gente não fala muito desse assunto." O participante branco não subestimou ou depreciou os sentimentos do amigo nem questionou os detalhes. Não propôs soluções. Simplesmente reconheceu como verdade o que o amigo tinha dito.

"Eu agradeço", o amigo negro respondeu. Disse que havia tensões suscitadas pelo fato de ser um homem negro em um ambiente em sua maioria branco, mas "principalmente perto de vocês, é sempre bom. Tenho a sensação de que posso me esquecer dessas pressões raciais externas e só curtir."

Durante essa e outras conversas, foram poucos os momentos dramáticos, as grandes revelações e as explosões inflamadas. Mas para os pesquisadores, essa era a questão: esses tipos de diálogos eram dignos de nota porque pareciam muito *normais*. Eram dois amigos debatendo um assunto complicado e não o evitando.

Quando os pesquisadores computaram os dados, descobriram que, depois dessas conversas, os participantes geralmente se sentiam mais próximos e mais à vontade para falar de raça com os amigos.[30] Os participantes negros, sobretudo os que tinham recebido o treinamento especial, declaravam ter a sensação de que poderiam ser mais autênticos perto dos amigos brancos.[31] Uma das pesquisadoras, Kiara Sanchez, de Dartmouth, acredita que os resultados foram esses "porque, quando você ouve essas conversas, você percebe que há muito apoio: 'Deve ter doído bastante', 'Que pena que isso aconteceu com você', 'Que horror que você tenha sofrido discriminação'.

Às vezes o simples ato de ouvir as experiências e os sentimentos do outro já faz uma diferença e tanto".

Disso podemos extrair lições para conversas difíceis de todos os tipos, mesmo aquelas que não dizem respeito a nossas identidades. A primeira é que, como já vimos antes, se preparar para a conversa antes de começá-la — pensar um pouco mais antes de abrir a boca — pode ter um impacto enorme. Prever obstáculos, planejar o que fazer caso eles surjam, ponderar o que pretendemos dizer, pensar no que talvez seja importante para os outros: antes de qualquer conversa complicada, tire alguns instantes para pensar no que você espera que aconteça, no que pode dar errado e em como você vai reagir se isso acontecer.

A segunda lição: não é porque está preocupado com uma conversa que você deve evitá-la. Quando precisamos dar notícias decepcionantes a um amigo, reclamar com o chefe ou discutir um assunto desagradável com o companheiro, a hesitação é normal. Mas podemos diminuir a tensão lembrando por que a conversa é importante e apaziguar a ansiedade admitindo, para nós e para os outros, que essas conversas podem começar sem jeito, mas melhoram com o tempo.

Terceiro, pensar em *como* a conversa vai acontecer é tão importante quanto o *que* é dito, sobretudo durante uma conversa sobre *Quem somos?*. Quem vai falar primeiro? (Estudos indicam que a pessoa com menos poder deve começar.) Que tipos de emoções podemos esperar? (Ao nos prepararmos para o incômodo e a tensão, tornamo-los mais suportáveis.)[32] Que obstáculos devemos esperar? Quando surgirem, o que faremos?

O mais importante: quais benefícios esperamos obter com esse diálogo, e eles valem o risco? (A resposta quase sempre é sim — quase todo mundo que participou do experimento de Sanchez se disse feliz com isso.)

Algumas perguntas que você deve se fazer antes de começar a conversa

- Como você espera que as coisas se desenrolem?
- Como a conversa vai começar?
- Quais obstáculos podem surgir?

- Quando esses obstáculos surgirem, quais são seus planos para vencê-los?
- Por fim, quais benefícios esse diálogo vai trazer?

Existe também uma última lição: em qualquer conversa difícil e, principalmente numa conversa sobre *Quem somos?*, é sensato evitar generalizações — e falar de nossas próprias experiências e sentimentos. As ameaças à identidade aparecem em geral *porque* generalizamos: encaixamos as pessoas em grupos ("Todo advogado é desonesto") ou atribuímos aos outros características que eles detestam ("Todo mundo que votou nesse cara é racista"). São generalizações que tiram todos nós — nossas perspectivas singulares e identidades complexas — da conversa.[33] Que nos transformam em indivíduos unidimensionais.

No entanto, ao falarmos de nossas experiências, sentimentos e reações — quando nos sentimos seguros para revelar quem somos —, começamos a neutralizar ameaças à identidade. Para isso, precisamos de certo esforço, pois evitar generalizações significa não só falarmos de nós mesmos com franqueza, mas também prestar atenção aos nossos companheiros para entender suas dores e frustrações. Não podemos ceder à tentação de subestimar as batalhas alheias nem de tentar resolver seus problemas só por ser horrível testemunhar o incômodo que sentem. Não podemos insinuar que seus sofrimentos não existem porque não os vivemos na pele.

Mas quando aceitamos a visão que os outros têm do mundo e de suas identidades dentro dele, quando ouvimos suas histórias e validamos seus sentimentos, passamos a compreender que é possível que duas pessoas que concordam sobre diversos temas enxerguem certos aspectos da vida — como a atuação da polícia, a criação de filhos ou as relações românticas — de formas muito diferentes devido a um passado dissemelhante. Passamos a entender que nossos mundos foram moldados por nossa criação, nossa raça e nossa etnia, nosso gênero e outras identidades. Passamos a entender o quanto a discussão sobre *Quem somos?* é capaz de revelar. Passamos a estabelecer vínculos.

Quando Vernā Myers assumiu o cargo de vice-presidente de estratégia de inclusão da Netflix, quatro meses depois da demissão de Jonathan Friedland, a empresa ainda estava uma balbúrdia. Todo mundo dentro da Netflix dizia abominar discriminação. Todo mundo dizia almejar um ambiente de trabalho igualitário. Mas isso não queria dizer que todo mundo tinha a certeza de que a empresa precisava de *mudanças*. "Tinha muita gente legal, bem-intencionada, que pensava que odiar o racismo e acreditar na igualdade já bastava", Myers explicou. "Não é assim que as coisas funcionam."[34]

Antes de ser contratada pela Netflix, Myers tinha sido advogada e trabalhado como diretora-executiva de um consórcio de firmas de advocacia que estimulava a diversidade racial no direito. Ela se tornou vice-chefe de gabinete do procurador-geral de Massachusetts, encabeçando suas iniciativas em prol da diversidade e, em seguida, fundou uma firma de consultoria que ajudava as empresas a se tornarem mais inclusivas.[35] "Ela deve ser a pessoa mais carismática que já conheci na vida", um dos ex-funcionários de sua firma de consultoria me disse. "Ela deixa qualquer um à vontade." Como Myers tinha começado a passar um tempo na Netflix enquanto a empresa tentava lidar com a questão Friedland, já estava inteirada de sua cultura. E o mais importante é que sabia como ajudar as pessoas a pensarem mais antes de abrir a boca.

O problema da Netflix, entretanto, era que sua cultura era *feita* para estimular as pessoas a falarem e agirem rápido, em geral antes que pusessem as ideias em ordem. A apresentação da cultura da empresa pregava que "a meta é ser Grande e Rápido e Flexível", e "diminuir o número de regras à medida que formos crescendo".[36] Os funcionários eram incentivados a ser espontâneos e desorganizados, a desafiar tudo o que vissem pela frente. "Talvez você já tenha ouvido falar que evitar um erro sai mais barato do que corrigi-lo... mas isso não vale para ambientes criativos", decretava o Culture Deck da empresa. Quando Hastings escreveu um livro sobre suas experiências, instou os leitores a "trabalharem um pouquinho mais à margem do caos" e "deixarem as coisas correrem um pouquinho soltas. Acolha a mudança constante".

Mas, no que dizia respeito a assuntos mais complicados, mais delicados — como preconceitos e parcialidades —, essa cultura espontânea e caótica às vezes era desastrosa. "Ninguém na Netflix sabia como discutir esse tipo de coisa sem que a conversa ficasse explosiva", um funcionário me disse. E, desde a demissão de Friedland, havia confusão sobre que tipos de conversa eram aceitáveis. A franqueza radical era oportuna em debates sobre *Quem somos*? Havia assuntos que deviam ser evitados? "Ninguém entendia onde traçar o limite", a executiva me disse. "Então todo mundo parou de tocar no assunto."

A equipe de Myers percebeu que esse tipo de silêncio era parte do problema. Era preciso botar a empresa para falar de questões difíceis, delicadas, a fim de que as pessoas pudessem entender o que os colegas estavam passando, lidar com as desigualdades na empresa e no mundo e compreender de que forma perpetuavam os problemas, mesmo sem querer.

Mas essas conversas precisavam acontecer do jeito certo. Tinham que ocorrer de uma forma que fizesse todo mundo se sentir seguro. A cultura de sinceridade brutal que imperava na Netflix tinha que ser estimulada justamente para instigar as pessoas a fazerem as perguntas certas a si mesmas e aos outros.

Em outras palavras, a Netflix precisava de uma regra ou outra.

É claro que não podiam chamá-las de regras. Regras eram proibidas na Netflix! Então Myers e sua equipe lhes deram o nome de *diretrizes*. Quando começaram a conduzir oficinas com os funcionários, organizar conversas com vários departamentos e oferecer sessões de treinamento em diversidade e inclusão para os chefes, as diretrizes eram sempre explicadas: em discussões sobre identidade, ninguém tem liberdade para culpar, humilhar ou atacar outra pessoa.[37] Fazer perguntas não era um problema, contanto que feitas de boa-fé.* Os objetivos eram detalhados no começo de cada sessão — "se

* Dentro da Netflix, e na sociedade, as perguntas têm limites. "Isso acontece muito com pessoas trans e não binárias", Myers me disse. "As pessoas fazem perguntas sobre o corpo delas, e isso não se faz. Jamais faríamos esse tipo de pergunta a uma pessoa cisgênero. E portanto nós dizemos a todo mundo: pense bem em qual é a sua motivação. Você está perguntando por curiosidade pessoal ou porque sabe que a resposta vai ajudar todo mundo a progredir?"

esforce para se relacionar com compaixão e coragem"; "aceite o incômodo e a ideia de não saber" — e as conversas eram estruturadas pelos moderadores por meio de lembretes como "quero chamar a atenção de vocês para algumas coisas que acabamos de ouvir" ou "tem pessoas que ficam muito emotivas ao falar dessa questão; sugiro que a gente tire um tempinho para respirar".

Ficou entendido, logo de cara, que essas conversas provavelmente seriam constrangedoras e que os erros seriam inevitáveis.[38] Não havia problema nisso. Os presentes eram instruídos a falar de suas experiências e contar as próprias histórias. A não generalizar. A prestar atenção quando um colega falasse de um assunto doloroso. A não dar soluções nem desdenhar. A dizer a ele que você lamenta o acontecido e a reconhecer a dor que foi manifestada.

Todo mundo era incentivado a falar — não era justo que alguns se dessem ao trabalho de contar suas vidas enquanto outros só observavam — e refletir sobre como a raça, a etnia, o gênero e outras marcas de identidade haviam moldado suas vidas. Isso era importante: os funcionários ouviram que todo mundo tem uma identidade racial e étnica, bem como uma identidade de gênero e várias outras identidades. Todos entendemos a dor da exclusão.[39] Essa similaridade, em vez de nos afastar, pode inspirar nossa empatia.[40]

Algumas diretrizes para conversas difíceis

Comece a conversa falando das diretrizes.
O que pode ser abordado e o que é proibido?

Admita o incômodo.
Talvez a conversa seja desafiadora, e talvez incomode seus participantes. Isso não é um problema.

Vamos cometer erros.
O objetivo não é a perfeição, e sim a curiosidade e a compreensão.

A meta é compartilhar experiências e perspectivas,
não convencer o outro a mudar de ideia.

Nada de culpar, humilhar ou atacar os interlocutores.

Fale de suas opiniões e experiências.
Não use seu tempo para falar do que os outros pensam.

O sigilo é importante.
As pessoas têm que se sentir à vontade, ou seja, precisam ter a certeza de que suas palavras não serão reproduzidas em outro lugar.

O respeito é essencial.
Ainda que discorde, mostre respeito pelo direito que o outro tem de ser ouvido.

Às vezes precisamos de um tempo.
Algumas conversas podem ser retraumatizantes. Vá devagar, incentive as pessoas a pararem e se afastarem. O incômodo é esperado — mas a dor ou o trauma são um sinal de que a conversa deve ser interrompida.

Myers geralmente começava suas oficinas enfatizando seus próprios erros. Contava que já tinha errado o gênero de pessoas; que tinha sofrido o constrangimento de dizer a um amigo trans que pronomes plurais como *elus* poderiam não ser o melhor caminho. Falou de uma vez em que estava "no avião e, depois de ouvir a voz da piloto, no alto-falante, quando começou uma turbulência, eu pensei: 'Tomara que ela saiba dirigir!'". Então se deu conta de que nunca tinha questionado a capacidade de um piloto homem. "Eu nem sabia que tinha esse preconceito na minha cabeça", ela disse a um grupo. "Mas ele estava lá."

Em seguida, ela pedia aos participantes que falassem de um momento em que tivessem se sentido excluídos.[41] Via de regra, havia um longo momento de silêncio e depois rudimentos de falas murmuradas. Passado um tempo, Myers subia o nível pedindo que as pessoas falassem de quando tinham excluído *os outros*, do que gostariam de ter feito de outra forma. Essa questão era ainda mais assustadora.*

Em outra oficina para executivos, Wade Davis, um dos assistentes de Myers, começou a sessão falando de sua história: ele era um negro gay que tinha crescido na pobreza na Louisiana e no Colorado. Já tinha jogado

* Essas oficinas são apenas uma faceta do trabalho que Myers e sua equipe levaram a cabo na Netflix. Para saber mais sobre outros aspectos, veja as notas de fim.

na NFL, mas tinha sido dispensado várias vezes até sair completamente da liga de futebol americano. Doeu ser tão rejeitado, ele afirmou. Tinha cometido um monte de erros na vida no que dizia respeito ao racismo e ao sexismo. Tinha feito suposições ignorantes, tinha dito coisas ofensivas sem querer.

Então Davis pediu que o grupo refletisse sobre suas experiências com o privilégio e a exclusão. Acabou mencionando que tinha passado bastante tempo conversando com os gestores sobre os hábitos de contratação da Netflix, quando várias pessoas tinham se declarado comprometidas com a ideia de achar candidatos diversos, mas ele também havia percebido que alguns dos candidatos a empregos na Netflix, principalmente os de origens sub-representadas, eram rejeitados porque alguém dizia que não "cumpriam os critérios".

"Então, quais são os critérios da Netflix?", Davis indagou. "E como saber que alguém os cumpre?"

Os executivos que estavam na sala começaram a falar do que procuravam nos candidatos. Um designer de meia-idade declarou buscar profissionais que tivessem estudado em instituições como RISD e Parsons e trabalhado em firmas como Apple e Facebook. "A diversidade é importante para mim", ele disse aos presentes. "Mas é mais importante ainda saber que a pessoa vai se sair bem aqui."

Ele se calou. "Caramba", ele exclamou. "Eu estou ouvindo o que estou dizendo e me dando conta de que acabei de me descrever. Eu descrevi minha formação. Eu me coloquei como critério." Ele olhou ao redor. "Não é bom, né?"

Davis me disse que nesses tipos de conversa o importante é as pessoas se darem conta de que, sem querer, podemos contribuir para o problema da desigualdade.[42] O objetivo não é dizer a coisa mais certa nem chegar a uma conclusão perfeita. A meta não pode ser a perfeição "porque, se você está tentando dizer algo perfeito, nada autêntico vai acontecer", ele explicou. "O objetivo é continuar a conversa, encontrar espaço para o caos do aprendizado e nos apoiarmos."

No começo, essas oficinas assustaram alguns funcionários da Netflix. Eles não queriam participar. Quando participavam, não queriam falar.

Quando falavam, não queriam ser os primeiros. As pessoas tinham medo de falar algo ofensivo, de revelar alguma coisa sobre si que pudesse demonstrar que eram racistas ou sexistas. Mas, aos poucos, no boca a boca, os funcionários ficaram sabendo que as oficinas não eram tão perigosas quanto imaginavam.[43] Os participantes podiam ser sinceros e fazer perguntas. Ninguém sofria ataques por errar. As oficinas foram ficando mais cheias e falar sobre esses assuntos foi se tornando mais fácil até que, passado um tempo, milhares de funcionários já tinham comparecido a alguma sessão, muitos deles a mais de uma. Eles começaram a fazer perguntas que poderiam suscitar um entendimento verdadeiro: *O que significa ser transgênero? Como mãe e negra, o que você pensa da polícia? Como pai, você se preocupa em conjugar o trabalho e a paternidade?** E como essas discussões seguiam diretrizes, todo mundo entendia que existiriam momentos incômodos e que algumas pessoas falariam coisas erradas — mas lidar com esse incômodo e ver o impacto que nossas palavras podem ter sobre os outros é parte do objetivo.

Nas conversas mais duras sobre *Quem somos?* — aquelas em que, digamos, não temos a oportunidade de jogar futebol juntos nem podemos testar diversas abordagens para discutir vacinas —, o que devemos fazer? Como falar de racismo, sexismo ou outros temas delicados sabendo que um erro pode nos custar amizades e carreiras?

O método da Netflix nos oferece uma solução: estabelecer diretrizes e assegurar que elas sejam comunicadas com clareza. Convidar todo mundo a dialogar e lhes dar voz — e informar que todos devem fazer uma autoanálise. Focar no pertencimento e em gerar a sensação de que todo mundo é bem-vindo. "Para a maioria das pessoas, ouvir que se é tendencioso e inerentemente preconceituoso não é um ponto de partida confortável. É intimidante", explicou Greg Walton, professor de psicologia de Stanford.[44] Mas quando o foco das conversas é o pertencimento, além da diversidade

* É importante observar que, além de incentivar esses questionamentos, as diretrizes também devem permitir que as pessoas se recusem a respondê-los. Isso é essencial porque, do ponto de vista histórico, indivíduos de comunidades marginalizadas já tiveram que fazer um esforço descomunal para falar de suas vidas. Para saber mais sobre esse assunto, ver as notas de fim.

e da inclusão, "você está convidando as pessoas a participarem e a aprenderem, a tomarem para si a responsabilidade de melhorar as coisas".

É importante observar que esses tipos de conversas quase nunca serão perfeitos. Mas o objetivo não é a perfeição. Conforme Myers me disse, "boa parte do esforço é para a pessoa se conscientizar, perceber sua cultura e a cultura alheia". A meta é reconhecer as próprias tendências, "que podem ser excludentes ou inclusivas".

Ou, nas palavras de Kiara Sanchez, o objetivo não é "neutralizar o incômodo, mas dar às pessoas um alicerce para que perseverem apesar dele. Parece ser uma diferença boba, mas a teoria subjacente é de que o incômodo pode ser proveitoso". O incômodo nos instiga a pensar antes de falar, a tentar entender de que outras formas as pessoas veem e ouvem as coisas. O incômodo é um lembrete de que devemos seguir em frente, de que o objetivo vale o desafio.

O IMPACTO

Em 2021, quase todos os funcionários da Netflix já tinham recebido algum tipo de treinamento sobre as ideias de pertencimento, diversidade e inclusão.[45] Havia grupos de apoio para funcionários negros, do sul asiático, latinos, indígenas, trans, gays e lésbicas, e para os que eram veteranos, pais e mães, ou afetados por deficiências ou questões de saúde mental. Se pesquisadores descobriram que alguns dos programas de redução de preconceitos eram ineficazes porque eram breves demais ou não atraíam todo mundo, na Netflix as intervenções prolongadas e diretrizes claras haviam facilitado as conversas sobre *Quem somos?*

Apenas três anos após a contratação de Myers, a Netflix divulgou dados mostrando que tinha ultrapassado todas as outras grandes firmas do Vale do Silício, bem como de Hollywood, na contratação de grupos sub-representados.[46] Agora, as mulheres eram 52% dos funcionários da Netflix e ocupavam 45% dos cargos de liderança. Metade dos funcionários da Netflix nos Estados Unidos eram de pelo menos uma etnia ou grupo racial historicamente excluído, e 19% dos funcionários americanos eram negros ou latinos.[47]

Dentro da indústria da tecnologia, esses números eram assustadores. Eram anormais na indústria do entretenimento. Quando pesquisadores da Universidade do Sul da Califórnia compararam a Netflix a outras empresas do setor de entretenimento, viram que os programas da Netflix tinham mais roteiristas mulheres do que a maioria dos estúdios e um número extraordinariamente grande de cineastas, atores e produtores negros e de outros grupos minorizados.[48] A Netflix enfim parecia, para muitos funcionários, uma empresa diferente daquela em que Jonathan Friedland tinha dito uma palavra racista.

Então, em outubro de 2021, a Netflix lançou um novo especial de stand-up de Dave Chappelle chamado *Encerramento*. Chappelle era um dos comediantes mais populares do mundo, conhecido pelos comentários mordazes sobre raça, gênero e sexualidade. Em *Encerramento*, brincava que tinha sido "induzido" a chamar uma mulher trans de linda. Dizia que "gênero é um fato" — um comentário que muitos acreditam deslegitimar a comunidade trans — e zombava de sobreviventes de violências sexuais. Lamentava o tratamento da sociedade ao rapper DaBaby, que foi acolhido depois de matar outro homem, mas se tornou um pária depois de fazer comentários homofóbicos.

A GLAAD, uma organização que monitora atitudes preconceituosas da imprensa contra a comunidade LGBTQ, declarou que o especial "ridicularizava pessoas trans e outras comunidades marginalizadas". Um funcionário da Netflix reclamou no Twitter que o programa "ataca a comunidade trans e até mesmo a validade da transexualidade". Foram planejados manifestações de grupos externos e boicotes.

O clamor incitou Ted Sarandos, um dos diretores-executivos da Netflix, a fazer uma defesa pública do programa e a argumentar em um e-mail enviado a todos os funcionários que "temos a intensa convicção de que o conteúdo na tela não se traduz diretamente em danos no mundo real". Ele observou que *Encerramento* "é o nosso especial de stand-up mais visto, mais complexo e mais premiado até hoje", o que inspirou ainda mais críticas. Sites e jornais entraram na polêmica, publicando mais de 2 mil artigos em apenas dois meses. Quando manifestantes marcharam em frente à sede da Netflix em Los Angeles, num protesto contra o especial de Chappelle, apareceram grupos contrários a eles, o que resultou em brigas.

O mundo lá fora tinha de novo a impressão de que a Netflix vivia uma guerra interna. Mas dentro da firma, os funcionários enxergavam a situação por outro prisma. Poucos manifestantes trabalhavam na Netflix.[49] "A gente não precisava disso", disse um funcionário que fez uma queixa formal aos executivos da empresa sobre o especial de Chappelle. Foram muitas as reuniões internas em que os trabalhadores tiveram a oportunidade de exprimir suas reclamações e sua raiva. Executivos foram questionados; abaixo-assinados circularam sugerindo reformas. Críticas internas foram amplamente compartilhadas — e a empresa tinha seus métodos para escutá-las e reagir. "Nós sabíamos como ser ouvidos", o funcionário me disse. "Havia um sistema para garantir que todo mundo ficasse sabendo como a gente se sentia."

Ainda havia discordâncias, é claro: o grupo de apoio a funcionários trans insistiu que os executivos colocassem uma advertência no especial ou editassem as partes mais ofensivas do programa; os executivos se recusaram a fazer isso, afirmando-se devotos da expressão artística, mesmo quando ofensiva. Alguns funcionários, decepcionados com a reação dos executivos, saíram da empresa.

Mas mesmo os funcionários que reclamaram do especial me disseram que, quando debates tensos aconteciam, via de regra o tom era empático, estruturado para dar voz a todo mundo. Alguns dias depois de defender o especial publicamente, Sarandos procurou o *Hollywood Reporter* com um mea-culpa. "Fiz besteira", ele afirmou. Ele admitiu que não tinha dado ouvidos às preocupações dos funcionários. "Eu devia, antes de qualquer coisa, ter reconhecido nesses e-mails que alguns funcionários nossos estavam sofrendo, que eles estavam verdadeiramente magoados... Eu diria que faltou humanidade aos meus e-mails." Desde então, ele continuou, estava concentrado em "apenas escutar as pessoas e entender como estão se sentindo".

Um dos funcionários que ajudou a organizar os abaixo-assinados internos sobre o especial de Chappelle me disse que "nesses tipos de conversa as emoções sempre ficam afloradas", mas que a Netflix tinha aprendido a tê-las. "Fizemos uma grande reunião depois que tudo isso começou, e as regras ficaram claras desde o início: todo mundo poderia falar, mas não podia humilhar, culpar ou atacar ninguém. Era preciso pensar antes de falar. A pessoa tinha que contribuir e não apenas criticar." Durante o encontro, as pessoas teciam críticas aos chefes na frente deles, "e os funcionários trans falaram do que tinham vivido na empresa e do que precisava mudar", o funcionário relatou. "E havia outras pessoas dizendo 'Não concordo com tudo o que você está falando, mas obrigado, eu entendi que você está sofrendo e estou levando esta conversa a sério.' Me pareceu um diálogo verdadeiro."

As discórdias sempre farão parte das empresas, assim como fazem das sociedades. O meio-termo nem sempre é possível e às vezes não é nem o objetivo. Em geral, o máximo que podemos esperar é o entendimento. É por meio do entendimento e do diálogo que as comunidades e as democracias prosperam. Quando criamos um ambiente propício à discussão de crenças conflitantes, tornamos a conexão mais provável.

A Netflix, é claro, não resolveu problemas como racismo e o preconceito. "São problemas imensos, estruturais, e não existe bala de prata", Myers me disse. A transformação genuína exige mudanças não só na forma como a Netflix contrata, promove e apoia seus funcionários, mas na sociedade como um todo.[50] "Mas quando a gente não ensina as pessoas como travar esse tipo de conversa, não lhes dá a oportunidade de escutar os outros", Myers explicou. "Essa não é a solução, mas é um primeiro passo."[51]

A conversa sobre *Quem somos?* pode ser difícil, mas também é vital. "Se não conseguirmos acabar com as nossas diferenças agora, pelo menos podemos ajudar a tornar o mundo mais seguro para a diversidade", John F. Kennedy disse a alunos da American University em 1963, cinco meses antes de ser assassinado. "Em última análise, nosso elo comum mais básico é que todos vivemos neste planetinha. Todos respiramos o mesmo ar. Todos temos esperança para o futuro dos nossos filhos. E todos somos mortais."

As características em comum nos possibilitam aprender com os outros, vencer as diferenças, iniciar a conversa, o entendimento e trabalhar juntos. Conversas sobre identidade trazem à tona essas conexões e nos permitem revelar nossas personalidades por inteiro.

Guia para usar essas ideias

Parte IV

Como facilitar conversas difíceis

Conversas difíceis acontecem o tempo inteiro. Às vezes, são centradas em temas como raça, etnia ou gênero. Vez por outra são intimidantes, mas por outras razões: o funcionário tem um desempenho problemático e precisa ouvir feedbacks sinceros; a chefe está te pagando pouco e precisa entender suas reivindicações; o marido ou a mulher tem que mudar de atitude se quiser que o relacionamento sobreviva; o tio está exagerando na bebida e isso causa preocupação.

Esses tipos de conversas são duros porque podem ameaçar a autoimagem do interlocutor: a discussão com um funcionário sobre seu desempenho pode parecer, para ele, uma crítica a seu empenho, inteligência ou personalidade. Ao ouvir que você merece um salário mais polpudo, sua chefe pode acreditar estar sendo acusada de negligência. Pedir mudanças ao cônjuge pode parecer um ataque contra quem ele é. O tio provavelmente vai interpretar as preocupações quanto a seu consumo de álcool como uma crítica a seu estilo de vida.

Porém, essas conversas não só são essenciais como são inevitáveis. Então é importante ficarmos atentos à última regra de uma conversa instrutiva.

> *Regra 4:*
> Investigue se as identidades são importantes para essa discussão.

A regra nos orienta a ponderar nossos atos em três momentos distintos: *antes* da discussão, no *começo* da discussão e no *desenrolar* da discussão.

ANTES DA DISCUSSÃO

Antes que qualquer palavra seja dita, em uma conversa sobre *Quem somos?*, devemos levar algumas perguntas em conta. A meta desse exercício é se estimular a pensar em *como* você espera que a conversa se desenrole e *o que* você espera que seja dito.

Pergunte a si mesmo:

- **O que você espera alcançar?** O que você mais gostaria de dizer? O que espera descobrir? O que você acha que *os outros* esperam dizer e descobrir? Se nossos objetivos forem elucidados antes da discussão, aumentamos a probabilidade de que sejam alcançados.
- **Como a conversa vai ser iniciada?** Como garantir que todo mundo tenha voz e se sinta no direito de participar? O que é necessário para envolver todo mundo?
- **Quais obstáculos podem surgir?** As pessoas vão ficar bravas? Vão se retrair? A hesitação em dizer algo controverso pode nos impedir de falar algo necessário? Como fazer todo mundo se sentir seguro para exprimir seus pensamentos?
- **Qual é o plano para quando esses obstáculos surgirem?** Pesquisas mostram que estarmos previamente cientes de quais situações nos geram ansiedade ou medo pode diminuir o impacto dessas preocupações. Como você vai acalmar a si e aos outros se a conversa ficar tensa, ou como vai incentivar alguém que se calou a participar mais?
- **Por fim, quais são os benefícios desse diálogo?** Eles valem os riscos? (A resposta geralmente é sim.) Quando as pessoas ficarem bravas ou chateadas, ou quando for mais fácil virar as costas e ir embora, como você vai lembrar a si mesmo e aos outros que a conversa é importante?

Antes de uma discussão, pergunte-se

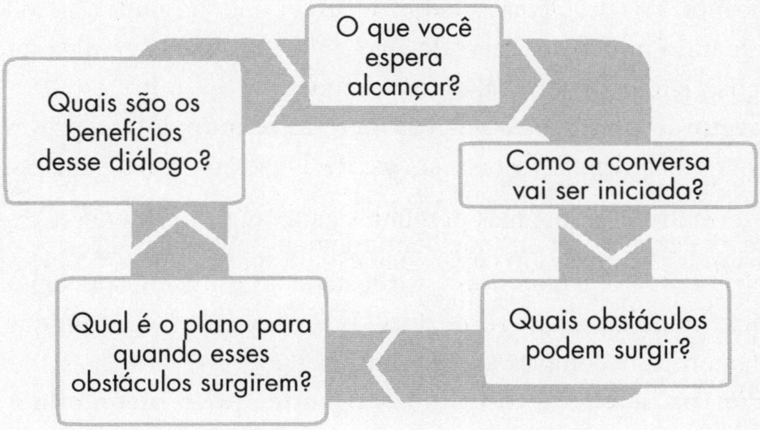

NO COMEÇO DA DISCUSSÃO

É muito comum que conversas difíceis comecem com os interlocutores pisando em ovos. Sobretudo quando discutimos *Quem somos?*, é normal o nervosismo com a possibilidade de falarmos uma coisa errada ou a tensão em relação ao que vamos ouvir.

Podemos diminuir esse sofrimento lidando logo de saída com algumas questões.

No momento em que a conversa começa:

- **Primeiro, crie diretrizes**. É bem útil deixar claras as *normas* – por exemplo, ninguém pode **culpar, humilhar ou atacar ninguém.** O objetivo é **dividir nossos sentimentos**, **não concluir quem está errado**. Também é bastante proveitoso definir se **fazer perguntas é permitido** e se existem tipos de perguntas – sobre, digamos, assuntos muito pessoais, ou questões especialmente delicadas – que exigem certa ponderação. Devemos afirmar que **todos são incentivados a falar**, que fazem parte da discussão, e talvez apontar alguém para servir de mediador e garantir que todo mundo tenha espaço. Por fim, é benéfico pedir às pessoas que **falem de suas experiências pessoais e contem suas histórias**. Não generalize. Não dê soluções nem menospreze os problemas alheios, a não ser que sua ajuda seja solicitada. Quando um colega falar de algo doloroso, **escute** e diga que você lamenta o ocorrido. Valide os sentimentos dos outros.

- **Segundo, sonde os objetivos de todo mundo**. É bem provável que você tenha alguns objetivos em mente. Divida-os. Em seguida, pergunte aos outros o que esperam tirar da discussão. Identifique os *objetivos sentimentais* ("Espero que continuemos amigos" ou "Preciso desabafar") e os *objetivos práticos* ("Eu gostaria de sair daqui com um plano"), bem como os *objetivos coletivos* ("É importante para mim que todos demonstrem compaixão pelos outros").
- **Por fim, aceite, e continue aceitando, que o incômodo é natural — e benéfico**. Vamos cometer deslizes. Vamos fazer perguntas ingênuas. Vamos dizer coisas que não achávamos que seriam ofensivas. Quando esses incômodos surgirem, em vez de nos fecharmos, deveríamos aproveitar para aprender com eles.

No começo de uma discussão

Crie diretrizes
- – Quais são as normas?
- – Nada de culpar, humilhar ou atacar ninguém.
- – Fazer perguntas é permitido?

Um mediador pode incentivar
- ... todo mundo a falar.
- ... todo mundo a falar de suas histórias e não menosprezar os problemas alheios.
- ... todo mundo a escutar.

Extrair das pessoas quais são
- ... seus objetivos sentimentais.
- ... seus objetivos práticos.
- ... seus objetivos mais efêmeros.

Aceite que a conversa será incômoda	– Vamos cometer deslizes. – Vamos fazer perguntas ingênuas. – Quando esses incômodos surgirem, em vez de nos fecharmos, devemos aproveitar para aprender com eles.

NO DESENROLAR DA DISCUSSÃO

Já preparados para ter uma conversa difícil, e tendo discutido diretrizes e objetivos, é necessário que você:

- **Descubra diversas identidades**. Pergunte sobre o passado das pessoas, suas comunidades, as organizações e as causas que apoiam e também sobre suas origens. Em troca, compartilhe suas identidades. Todos nós contemos multidões: ninguém é unidimensional. É bom nos lembrarmos disso.
- **Se esforce para garantir que todo mundo esteja em pé de igualdade**. Conversas sobre *Quem somos?* funcionam melhor quando todo mundo tem voz e poder de fala em igual medida. Concentre-se em acolher as perspectivas de todos os participantes. Não faça alarde de sua riqueza material ou suas conexões, seus privilégios ou tempo de experiência, seus conhecimentos. Procure conceber temas em que todos sejam especialistas ou todos sejam novatos. (A bem da verdade, é por isso que discutir experiências é tão potente: somos todos especialistas no que já vimos e sentimos.)
- **Reconheça as experiências alheias e procure similaridades genuínas**. Pergunte sobre as identidades dos outros e parta do que vocês têm em comum. ("Você estudou no Valley High? Eu também!"). Mas lembre-se: as similaridades têm que ser genuínas. E as conexões se tornam mais relevantes quando as levamos um passo além e as usamos para entender mais os outros. ("A época do colégio foi complicada para mim. Como foi para você?") Mesmo se não tivermos nada em comum, o simples fato de reconhecermos as experiências alheias – de mostrarmos que escutamos os outros – pode criar uma sensação de proximidade.

- **Controle o ambiente**. Identidades sociais ganham e perdem força com base em sua proeminência e o ambiente onde a conversa acontece. Às vezes uma mudança simples – tirar uma discussão de um ambiente coletivo para um lugar mais intimista; conversar fora do ambiente de trabalho; começar uma reunião falando do fim de semana antes de ir ao assunto – pode gerar transformações no que parece seguro e em quem se sente à vontade. (E, além disso, quando um ambiente faz alguém se sentir excluído, ele pode solapar nossa sensação de segurança.)

Durante a discussão

1 Descubra diversas identidades.

"Onde foi que você cresceu? Como foi viver lá?"

2 Deixe todo mundo em pé de igualdade.

"Eu também não entendo nada de carros."

3 Procure similaridades para criar grupos.

"Você é advogado? Eu também sou."

4 Controle o ambiente.

"Você não quer ir para um lugar mais sossegado?"

Pode parecer coisa demais. Conversas difíceis, por mais que tenham sido planejadas de forma meticulosa e refletida, podem tomar caminhos imprevistos. Mas quando temos consciência de influências nocivas tais como a ameaça à identidade e a ameaça do estereótipo, quando temos um plano e estamos preparados para obstáculos, quando sabemos que a situação vai ficar incômoda e não vemos problema nisso, a discussão de assuntos difíceis se torna um pouquinho mais fácil.

Posfácio

Na primavera de 1937, um magnata das lojas de departamento chamado Billy Grant procurou a Universidade de Harvard com uma proposta. Grant tinha largado o ensino médio décadas antes, mas havia feito uma fortuna vendendo apetrechos de cozinha e artigos domésticos por 25 centavos em lojinhas de produtos espalhadas pelos Estados Unidos. Então, aos 61 anos, ele anunciou que queria dar sua retribuição à sociedade fazendo uma doação volumosa – e, disse ele aos administradores de Harvard, também queria alcançar uma meta mais prática, secundária: ele supervisionava um império em expansão e estava contratando muita gente. Seus executivos precisavam de pesquisas, dados e conclusões científicas para escolher os melhores gerentes de loja e os funcionários mais inteligentes. Por isso, Grant ofereceu uma pequena fortuna à universidade para financiar suas pesquisas de modo geral – contanto que os acadêmicos refletissem sobre seu problema e lhe dessem conselhos.[1]

Os administradores de Harvard acharam o pedido um bocado indelicado. Mas uma doação é uma doação, e eles já sabiam direitinho como usar o dinheiro; disseram sim. Fazia muitos anos que os docentes do departamento de medicina queriam conduzir uma análise longitudinal a longo prazo de "jovens saudáveis", nas palavras deles. Queriam recrutar centenas de estudantes de graduação de Harvard e acompanhá-los por décadas a fio, examinando questões como "o problema da natureza vs. criação; ligação entre personalidade e saúde; se doenças mentais e físicas podem ser previstas; de que forma reflexões constitucionais poderiam influenciar a escolha da profissão". O plano, basicamente, era pegar o dinheiro de Grant e — além de tentar entender o que fazia alguém ser bom na venda de espátulas — coletar dados sobre atividades físicas, família, estudos, trabalho, impulsos sentimentais e características físicas das pessoas. Os participantes passariam por vários exames médicos e entrevistas psicológicas no campus e depois teriam que preencher questionários minuciosos, enviados pelos correios e em visitas domiciliares feitas pelos pesquisadores, pelo resto da vida. Depois que todos os dados começassem a ser computados, eles tentariam achar padrões que explicassem por que alguns participantes tinham se tornado adultos felizes, saudáveis, com empregos bem remunerados, e outros não.

No começo, o projeto ficou conhecido como Grant Study, e ao longo dos anos seguintes foi se expandindo aos poucos. Eventualmente, um grupo de adolescentes dos cortiços de South Boston foi recrutado, e depois, quando diversos participantes se casaram e tiveram filhos, muitos dos cônjuges e rebentos também foram incluídos no estudo. Com o tempo, mais de 2 mil homens e mulheres foram bisbilhotados, cutucados, entrevistados e analisados psicologicamente. Hoje, o Study of Adult Development [Estudo do Desenvolvimento Adulto] é um dos estudos mais abrangentes, mais longos e mais famosos do mundo.

Entre os primeiros participantes entrevistados, havia dois rapazes que tinham se matriculado em Harvard poucos anos antes da Segunda Guerra. O primeiro era um aluno de graduação que, os pesquisadores acabaram concluindo, era um hipocondríaco neurótico. Um pesquisador escreveu (sem muita delicadeza) que Godfrey Camille "era um desastre".[2] Havia sido criado longe de outras famílias e crianças porque os pais tinham "uma desconfiança patológica dos outros". Quando um pesquisador entrevistou sua mãe, ele a considerou "uma das pessoas mais nervosas que já conheci na vida", e um psicólogo declarou que Camille tinha tido "uma das infâncias mais tristes que já vi". Havia ingressado em Harvard em 1938 e quase no mesmo instante ficou aturdido. Fazia visitas regulares à enfermaria, queixando-se de tantas doenças misteriosas que um médico anotou em seu prontuário que "esse menino está virando um psiconeurótico de verdade". Era magrelo, fisicamente fraco e tinha dificuldade em fazer amigos. Quando os Estados Unidos entraram na guerra, Camille, como a maioria dos homens de Harvard, se alistou no Exército. Mas se muitos de seus colegas de classe ganharam patentes de oficiais e voltaram para casa com medalhas e distinções, Camille ainda era soldado raso quando foi dispensado com honras, sem nenhuma realização importante para exibir. Em seguida, ele cursou medicina, mas pouco depois da formatura tentou o suicídio, o que o transformou num pária da comunidade médica de Boston. Tinha se afastado tanto da família que, quando a irmã e a mãe faleceram, mal mencionou as mortes em seus questionários de acompanhamento da pesquisa. Aos 35 anos, passou catorze meses internado por tuberculose pulmonar. "Eu fiquei contente em adoecer", ele disse a um pesquisador tempos depois. "Pude passar um ano de cama."

O outro rapaz da época era diferente. John Marsden era um aluno excepcional e vinha de uma família abastada e proeminente que tinha uma franquia de materiais têxteis em Cleveland. Marsden também se alistou no Exército na Segunda Guerra, serviu com valentia e depois, em vez de acatar os desejos do pai, que o queria nos negócios da família, seguiu sua paixão e se matriculou no curso de direito da Universidade de Chicago, onde se formou como um dos melhores alunos da classe. Atuou como defensor público, se casou e acabou abrindo uma firma bem-sucedida de advocacia.

O estudo tinha como meta a objetividade. Os pesquisadores queriam evitar especulações sobre quais participantes alçariam voo e quais tropeçariam para que esses juízos prévios não maculassem os dados. Mas no que dizia respeito a Camille e Marsden, era difícil não fazer previsões. Estava claro para todos que Camille provavelmente terminaria deprimido e sozinho — ou talvez morto pelas próprias mãos. "Todo mundo achava que ele seria um fracasso", um dos pesquisadores observou. Já Marsden, supunham os cientistas, assumiria um papel de líder de sua comunidade, num outro capítulo do legado magnífico da família. Marsden, um pesquisador declarou, era "um dos membros do estudo com mais sucesso profissional".

Então, em 1954, dezesseis anos depois de seu início, os recursos financeiros do estudo se esgotaram. A essa altura, Billy Grant já tinha doado o que hoje equivale a 7 milhões de dólares e estava frustrado porque a pesquisa não tinha revelado muitos dados relevantes para a escolha de gerentes de loja. Ainda pior, Harvard não tinha feito menções suficientes à sua generosidade ao publicar artigos sobre o estudo. Grant disse aos administradores que não faria mais doações. Os pesquisadores se empenharam para achar fontes alternativas de custeio — em certo momento, convenceram uma série de empresas de tabaco sugerindo que o trabalho deles poderia revelar "motivos positivos" para o fumo —, mas depois de um tempo essa fonte também secou. Relatórios finais foram escritos. As pessoas se despediram. Houve tentativas esporádicas de manter contato com alguns dos participantes, mas, de modo geral, o estudo foi encaixotado e guardado no porão do departamento de medicina.

A história poderia ter se encerrado aí, mas, no começo dos anos 1970, um grupo de jovens professores de psiquiatria revirou as caixas e esbarrou nos arquivos do projeto. Curiosos, eles correram atrás dos participantes e lhes enviaram novos questionários e marcaram entrevistas de acompanhamento. Acreditavam que a maioria dos participantes tivesse continuado na mesma trajetória que estavam seguindo quando a pesquisa tinha sido cancelada. Ao conversar com Camille e Marsden, entretanto, eles viram que tinham se enganado redondamente.

Nas décadas transcorridas entre o encerramento e a retomada, Camille parecia ter se tornado outra pessoa. Estava na faixa dos cinquenta anos, casado, era uma autoridade em sua igreja e tinha conquistado a comunidade médica de Boston com a fundação de uma clínica ampla e independente voltada para o tratamento de alergias. Era um especialista em pacientes asmáticos de renome nacional, convidado para simpósios e entrevistado na televisão. Quando os pesquisadores conversaram com suas filhas, a essa altura jovens adultas, elas o chamaram de "pai exemplar", de alguém com "a capacidade inata de se doar. Ele brinca que nem uma criança de cinco anos".

Os pesquisadores, com base nos protocolos anteriores da pesquisa, conduziam entrevistas de acompanhamento de dois em dois anos. Sempre que conversavam com Camille, ele lhes parecia mais feliz do que nunca. "Antes de famílias disfuncionais existirem, eu já tinha saído de uma delas", escreveu em 1994, aos 75. Mas ele tinha conseguido escapar desse legado, prosseguiu, virando "a pessoa que aos poucos fui me tornando: à vontade, alegre, conectado e capaz". Ao completar oitenta anos, Camille fez uma festa de aniversário em que cada convidado levava um prato ou bebida, e mais de trezentas pessoas compareceram. Pouco tempo depois, informou aos pesquisadores que iria aos Alpes para fazer alpinismo com os amigos. Faleceu de infarto durante a viagem, aos 82 anos. Na missa em sua homenagem, a igreja estava abarrotada. "Ele tinha uma autenticidade profunda e sagrada", o bispo exaltou. O filho de Camille disse à multidão que "ele tinha uma vida muito simples, mas muito rica". Os pesquisadores de Harvard concluíram depois que Camille tinha um dos níveis mais altos — talvez *o mais alto* — de felicidade, saúde e satisfação com a vida e o trabalho entre os participantes do estudo. "Quem iria imaginar", um deles escreveu, "que ao morrer ele seria um homem feliz, generoso e querido?".

Por outro lado, Marsden, o advogado, estava numa situação péssima quando os pesquisadores o acharam depois do intervalo no estudo. Já na faixa dos cinquenta anos, estava divorciado e não tinha contato com os filhos e com os parentes de Cleveland. Apesar da firma de advocacia bem-sucedida, tinha poucos amigos e passava boa parte do tempo sozinho. Ele relatou sentir raiva, solidão e decepção com a vida. Acabou se casando de novo, mas alguns anos depois declarou que a relação era "sem amor". *Você procura sua esposa quando está chateado?*, um dos questionários perguntava. "Não, de jeito nenhum", respondeu. "Ela não seria solidária comigo. Eu teria que ouvir que é um sinal de fraqueza." Quando perguntaram como ele lidava com as dificuldades, Marsden escreveu: "Guardo elas para mim. Eu aguento firme". Um pesquisador quebrou o protocolo e se ofereceu para achar um terapeuta de casais para eles. Marsden e a esposa fizeram uma sessão, mas depois abandonaram a ideia. "Ele parecia uma pessoa destruída", me contou o pesquisador Robert Waldinger. Com o tempo, Marsden parou de atender a pedidos de entrevistas. Os pesquisadores descobriram o motivo quando um questionário foi devolvido pelos correios dos Estados Unidos. O destinatário havia falecido, segundo um bilhete anexado ao envelope fechado. Os moradores atuais de seu antigo endereço não faziam ideia se ele tinha parentes próximos.

Como era possível que as coisas tivessem tomado um rumo tão inesperado para esses dois? Não eram apenas Camille e Marsden. Quando os cientistas compararam a vida contemporânea de outros participantes aos planos e aspirações que tinham descrito quando eram adolescentes, perceberam que vários deles — homens e mulheres que pareciam ter um futuro brilhante pela frente, que pareciam destinados a ser incríveis — tinham virado adultos sozinhos e deprimidos, insatisfeitos com a vida. Mas outros, que tinham enfrentado obstáculos paralisantes, como problemas de saúde mental e pobreza, tinham chegado à velhice felizes, bem-sucedidos e cercados pela família e por amigos.

Os pesquisadores já tinham sete décadas de dados para analisar, e começaram a esmiuçá-los. Examinaram a genética e a infância dos participantes, olharam a propensão deles ao alcoolismo e à esquizofrenia, mediram a quantidade de horas que cada um tinha trabalhado e quantos filhos tinha criado, tudo na esperança de entender quais variáveis poderiam servir para fazer uma previsão confiável de como as coisas estariam mais adiante. Descobriram algumas correlações: ter pais amorosos tornava mais fácil que encontrassem a felicidade depois de adultos. Ter genes ligados à resistência física e à longevidade era de grande utilidade — bem como a prática de exercícios e a boa alimentação. A educação na infância, bem como um compromisso vitalício com a aprendizagem, também era algo bastante vantajoso.

No entanto, por mais que esses fatores fossem importantes, uma coisa parecia ser mais relevante do que todas as outras. Não foi uma surpresa: tinha ficado óbvio, ao longo das décadas, à medida que faziam as entrevistas. A variável mais relevante para determinar se alguém acabaria feliz e saudável ou infeliz e com a saúde frágil era "o nível de satisfação das pessoas com suas relações", um pesquisador escreveu. "As pessoas mais satisfeitas com suas relações aos cinquenta anos eram as mais saudáveis (mental e fisicamente) aos oitenta."

Outro pesquisador foi mais direto: "a influência mais relevante, de longe, para uma vida próspera é o amor". Não o amor romântico, mas os elos profundos que formamos com a família, os amigos e os colegas de trabalho, além dos vizinhos e dos membros de nossas comunidades. "O amor nos primeiros anos de vida facilita não só o amor nos anos futuros, mas também os adornos do sucesso: o prestígio e até a renda alta. Também incentiva o desenvolvimento de estratégias de enfrentamento que facilitam a intimidade, ao contrário das que a desencorajam."

Todos os participantes que acabaram felizes tinham "relações adultas calorosas" com muitas pessoas: tinham bons casamentos, eram próximos dos filhos e haviam investido em amizades fortes. As pessoas "que prosperavam tinham encontrado o amor", um pesquisador observou, "e era por isso que prosperavam".

Por outro lado, aqueles que não haviam investido nas relações – que tinham priorizado a carreira e não a família e os amigos ou que tinham dificuldades de construir relações por algum outro motivo – eram os mais infelizes. Vejamos John Marsden, por exemplo. Aos 43 anos – com quase metade da vida pela frente – escreveu isso quando os pesquisadores pediram que dissesse sobre o que ele se pegava pensando com frequência:[3]

1. Estou envelhecendo. Percebo pela primeira vez a realidade da morte.
2. Sinto que talvez eu não consiga realizar o que queria.
3. Não tenho certeza se sei como criar meus filhos. Eu achava que sabia.
4. As tensões no trabalho são profundas.

Marsden não mencionou outras pessoas ou relações, a não ser em um sentido negativo. Quando ficava deprimido, em vez de buscar companhia, ele ia para o escritório e tentava se distrair com o trabalho. Quando brigava com a esposa ou os filhos, batia portas e se recolhia em vez de discutir os problemas até chegar a uma solução ou, pelo menos, a um entendimento. "Ele tinha a autocrítica bem aguçada", disse Waldinger, atual diretor do projeto de Harvard. "Ele se esforçava demais e era muito duro consigo mesmo, e isso o tornou um profissional bem-sucedido. Mas também era muito duro com os outros, o que deve tê-lo afastado de muita gente." Como diz o resumo de uma das pesquisas de Marsden: "ele se tornou uma pessoa desconfiada dos outros e criou formas habitualmente negativas de lidar com o mundo. Tinha dificuldade de entrosamento e, quando se deparava com desafios, seu instinto era de se afastar das pessoas mais próximas. Ele se casou duas vezes e nunca se sentiu amado de verdade".

Comparemos ele a Camille, o médico. No ano que passou na ala dos tuberculosos, Camille começou a estabelecer relações com os outros pacientes. Reunia-se com alguns deles para estudar a Bíblia e com outros para jogar cartas, e fez amizade com enfermeiras e auxiliares. Mais tarde, diria aos pesquisadores que a temporada no hospital tinha sido um renascimento. "Alguém muito importante estava cuidando de mim", ele escreveu em um dos questionários. "Nada foi mais difícil que aquele ano." Ao sair do hospital, ele entrou para a igreja e se dedicou a comitês, a jantares, à escola dominical — qualquer ocasião em que pudesse conhecer gente. Os pesquisadores chegaram à conclusão de que, até os trinta anos, Camille não tinha nenhuma amizade genuína, duradoura; uma década depois, era uma das pessoas com vida social mais ativa do estudo, e à medida que sua rede crescia, sua carreira decolava. "Minha vida profissional não foi uma decepção — longe disso —, mas o desdobramento mais gratificante foi na pessoa que me tornei aos poucos", ele escreveu em um questionário quando tinha 75 anos. "Os laços são algo que devemos deixar que nos aconteçam... Que criaturas duráveis e maleáveis nós somos, e que minas de benevolência se escondem na malha da sociedade." Conversar com os outros, estabelecer relações com eles, dividir as alegrias e tristezas, ele disse, havia transformado sua vida: "Sabe o que eu aprendi?", ele disse a um entrevistador. "Eu aprendi sobre o amor."

Com as muitas décadas e questionários, descobertas similares se repetiam: os participantes mais felizes telefonavam para os outros constantemente, marcavam almoços e jantares, mandavam recados para os amigos declarando o orgulho que sentiam deles e queriam lhes emprestar o ombro quando recebiam notícias tristes. Acima de tudo, os participantes felizes tinham embarcado em muitas, muitas conversas que os aproximavam dos outros ao longo dos anos. "No decorrer de todos os anos de estudo dessas vidas, um fator crucial se destaca pela consistência e o poder de seu vínculo com a saúde física, a saúde mental e a longevidade", lê-se em um resumo dos dados de 2023. "Boas relações nos deixam mais saudáveis e mais felizes." E, em muitos casos, essas relações foram estabelecidas, e sustentadas, por discussões longas e íntimas.

Essa constatação vital foi corroborada por centenas de outros estudos nas últimas décadas. "Agora temos evidências robustas indicando que as conexões sociais têm uma forte influência sobre a longevidade, de tal forma que ter relações melhores e mais numerosas está associado à segurança e, do contrário, ter relações piores e menos numerosas está associado a riscos", diz um artigo publicado em 2018 na *Annual Review of Psychology*.[4] Outro estudo, publicado em 2016, examinou dezenas de biomarcadores de saúde e revelou que "um nível maior de integração social está associado a um risco mais baixo" de doenças e morte em todos os estágios da vida. O isolamento social, segundo escreveram os pesquisadores, é mais perigoso do que a diabetes e várias outras doenças crônicas.[5]

Em outras palavras, manter relações com os outros pode nos deixar mais saudáveis, mais felizes e mais satisfeitos. Conversas são capazes de alterar o cérebro, o corpo e nossa forma de vivenciar o mundo.

O que me leva de volta à confissão que fiz no prólogo: sob muitos aspectos, escrevi este livro para mim mesmo. Depois de fracassar como gestor no meu trabalho e me perguntar por que tinha virado uma pessoa incapaz de entender sinais e escutar o que os outros diziam, me dei conta de que precisava reavaliar minha forma de comunicação. Então, uma noite — e eu sei que isso pode soar meio esquisito — me sentei para fazer uma lista de todas as vezes, no último ano, que eu me lembrava de ter estragado uma conversa. Anotei as vezes em que não tinha prestado muita atenção ao que minha esposa dizia, em que não tinha conseguido me solidarizar com colegas de trabalho quando me contavam histórias e se mostravam vulneráveis, em que tinha ignorado uma ideia boa porque já tinha resolvido seguir minhas próprias opiniões. Anotei todas as refeições que eu tinha passado falando de mim em vez de perguntar sobre os outros, as vezes (e morro de vergonha de dizer isso) em que mandei meus filhos pararem de me fazer perguntas para eu poder trabalhar. Acho que todos temos uma versão dessa lista na cabeça. Mas escrevê-la me obrigou a enfrentar algumas perguntas duras: por que às vezes eu tinha tanta dificuldade de ouvir o que os outros me diziam? Por que eu logo adotava uma postura defensiva ou ignorava os sentimentos que as pessoas estavam claramente tentando dividir comigo? Por que às vezes eu falava tanto e escutava tão pouco? Por que não entendia quando um amigo precisava ser consolado e não aconselhado? Como eu deixava meus filhos de lado quando eles claramente queriam estar comigo? Por que era um suplício explicar o que se passava na minha cabeça?

Essas perguntas me pareceram relevantes, dignas de investigação, e eu queria respostas. Portanto, comecei a ligar para neurologistas, psicólogos, sociólogos e outros especialistas para lhes perguntar como era possível que eu – uma pessoa que tinha passado a vida inteira se comunicando! – ainda fosse capaz de errar tanto. Este livro é resultado dessa jornada. O que toda essa apuração, leitura de pesquisas e exame de dados me propiciou, no fim das contas, foi algo inestimável: me tornei melhor em criar relações, mais atento quando os outros me revelam algo pessoal, sei que existe sempre uma conversa acontecendo – seja ela prática, sentimental ou social – e que só seremos capazes de estabelecer uma conexão depois de entender o que desejamos e precisamos. Mais do que tudo, fui convencido da importância de ter conversas instrutivas, em que meu objetivo é prestar atenção a que *tipo* de conversa está em andamento; identificar as metas do diálogo; perguntar sobre os sentimentos dos outros e falar dos meus; e investigar se nossas identidades influenciam o que dizemos e ouvimos.

A conversa instrutiva

Regra 1:
Preste atenção em que *tipo* de conversa está ocorrendo.

Regra 2:
Compartilhe seus objetivos e pergunte o que a outra pessoa está buscando.

Regra 3:
Pergunte sobre os sentimentos da outra pessoa e compartilhe os seus.

Regra 4:
Investigue se as identidades são importantes para essa discussão.

Tentei me envolver em conversas instrutivas em todos os âmbitos da minha vida, o que me ajudou a ouvir mais do que antes. (Estou melhorando, apesar de a minha esposa, semana passada, ter me perguntando se meu monólogo incoerente na hora do jantar condizia com os conselhos dados neste livro.) Tento fazer mais perguntas — para entender o que as pessoas querem com uma conversa, mas também para explorar as partes sentimentais, significativas e profundas da vida em que as conexões de fato se dão. Tento retribuir a felicidade e a tristeza dos outros, bem como suas confissões e vulnerabilidades, quando tenho a sorte de me encontrar com eles, e tenho mais facilidade de assumir meus erros, sentimentos e quem eu sou. Com isso, me sinto mais próximo das pessoas ao meu redor, mais conectado com a minha família, meus amigos e meus colegas — e, sobretudo, mais grato que nunca por essas relações. (E eu espero continuar assim: se você me enviar um e-mail em charles@charlesduhigg.com, prometo responder.)

Não existe uma única forma certa de estabelecer vínculos com as pessoas. Existem técnicas que facilitam as conversas e as tornam menos constrangedoras. Existem dicas que aumentam as probabilidades de você compreender seus interlocutores, o que aumentará as probabilidades de que eles deem ouvidos ao que você está tentando dizer. A eficácia de várias estratégias de conversação aumenta ou diminui de acordo com o ambiente, o tipo de discussão que estamos tendo, o tipo de relação que esperamos criar. Às vezes acertamos, às vezes, não.

Mas o importante é *querer* se relacionar, *querer* entender alguém, *querer* ter uma conversa profunda, mesmo quando ela é difícil e assustadora, ou quando seria bem mais fácil ir embora. Técnicas e observações podem nos ajudar a saciar o desejo por conexão, e vale a pena aprendê-las, exercitá-las e ter o compromisso de botá-las em prática. Porque quer as chamemos de amor, de amizade ou de uma simples conversa boa, estabelecer relações — relações autênticas, significativas — é a coisa mais importante da vida.

Agradecimentos

Preciso começar agradecendo às pessoas que dividiram comigo seus pensamentos, suas constatações e suas experiências. Ao longo dos três anos em que fiz a apuração para este livro, centenas de cientistas e pensadores foram generosos com seu tempo, e eu sou imensamente grato a eles. Um aspecto lamentável de grandes projetos é que algumas das pessoas mais prestativas — e fascinantes — nunca aparecem nas páginas, e, portanto, eu gostaria de fazer um agradecimento especial à Dacher Keltner, de Berkeley, à Lisa Feldman Barrett, da Universidade Northeastern, a muitas pessoas que trabalham no Dartmouth Social Systems Lab, na NASA, e à equipe de roteiristas da série *The Big Bang Theory*, entre outros, que concordaram em falar comigo.

Algumas das minhas conversas preferidas — tanto no período de escrita deste livro quanto na vida — foram com Andy Ward, meu editor. Ele é um literato talentoso e exigente, que enxerga longe, e um amigo dedicado. No Reino Unido, Nigel Wilcockson me deu apoio e sugestões incríveis e, no Brooklyn, Scott Moyers foi uma inestimável caixa de ressonância nos primeiros rascunhos. Também tive a sorte de trabalhar com Gina Centrello, que faz da Random House um oásis para escritores, bem como Tom Perry, Maria Braeckel, Greg Kubie, Sanyu Dillon, Ayelet Durantt, Windy Dorresteyn, Azraf Khan e Joe Perez. Devo muito à maravilhosa equipe de vendas da Random House.

Andrew Wylie, como todos que o conhecem sabem, tornou o mundo muito melhor para os escritores, e seu colega, James Pullen, também da Wylie Agency, trava uma valente batalha no exterior. Já trabalhei no *New York Times*, onde tive muitos colegas incríveis, e agora escrevo para a *New Yorker*, em que David Remnick e Daniel Zalewski provam, dia após dia, que a gentileza, a inteligência e o padrão mais elevado de jornalismo são companheiros naturais. E agradeço especialmente a David Kortava, que fez a checagem de fatos deste livro, a Asha Smith e Olivia Boone, minhas assistentes, e a Richard Rampell, que sempre me oferece conselhos sábios.

Os gráficos do livro foram feitos por Darren Booth, um ilustrador maravilhoso. Boa parte desta obra foi escrita em Santa Cruz, Califórnia, que recebeu minha família de braços abertos.

Por fim, meu mais profundo agradecimento aos meus filhos, Oli e Harry, e, claro, à minha esposa, Liz, cujo apoio, orientação, inteligência, amizade e amor constantes tornaram possível a existência deste livro.

Julho de 2023

Uma observação sobre fontes e métodos

Os dados deste livro se baseiam em centenas de entrevistas e milhares de artigos e estudos. Os detalhes de muitas dessas fontes estão no texto ou nas notas de fim.

Na maioria das situações, indivíduos que foram grandes fontes de informação ou publicaram pesquisas essenciais para a minha apuração receberam resumos do meu texto e tiveram a oportunidade de revisar os fatos e tecer mais comentários, abordar discrepâncias ou questionar as informações. Muitos desses comentários influenciaram o texto final do livro e foram reproduzidos nas notas de fim. (Nenhuma fonte teve acesso ao texto do livro antes da publicação, e todos os comentários foram baseados nos resumos elaborados por mim ou por um checador de fatos.)

Em um número ínfimo de casos, o sigilo foi concedido a fontes que, por várias razões, quiseram falar sem ser creditadas. Nesses casos, e em outras situações, algumas características que poderiam identificar o entrevistado foram omitidas ou alteradas para proteger seu anonimato, cumprir as leis de ética e privacidade, ou por outros motivos.

Notas

PRÓLOGO (pp. 9-16)

1. Felix Sigala conversou comigo sob a condição de anonimato. Os detalhes — incluindo seu nome e as particularidades de sua carreira — foram mudados para omitir sua identidade. O FBI recebeu uma lista de checagem de fatos relativa aos eventos aqui descritos, mas, citando as políticas de relações públicas da agência, recusou-se a fazer comentários além de simplesmente confirmar os detalhes gerais.

2. A fonte dessa citação, como a de tantas grandes frases, é um pouco discutível, mas ela é amplamente atribuída a George Bernard Shaw.

1. O PRINCÍPIO DA COMBINAÇÃO (pp. 19-42)

1. Jim Lawler passou 25 anos trabalhando como agente para a CIA e permanece vinculado ao contrato de confidencialidade numa série de questões. Embora tenha passado muitas horas compartilhando suas experiências comigo, em nenhum momento divulgou qualquer informação confidencial. Como resultado, parte dos detalhes em sua história foram alterados, descritos para mim apenas em termos gerais ou confirmados por outras fontes. Yasmin é um pseudônimo. Lawler não especificou qual era seu país de origem, dizendo apenas que se tratava de "uma nação rica em petróleo e hostil aos Estados Unidos". Lawler se recusou a identificar o país ao qual foi enviado, afirmando apenas que era "um país alpino europeu". Se o leitor quiser saber mais sobre as experiências de Lawler, recomendo seus incríveis livros de espionagem, *Living Lies* [Vivendo mentiras] e *In the Twinkling of an Eye* [Num piscar de olhos].

2. Randy Burkett, "An Alternative Framework for Agent Recruitment: From MICE to RASCLS", *Studies in Intelligence*, v. 57, n. 1, pp. 7-17, 2013.

3. Marta Zaraska, "All Together Now", *Scientific American*, v. 323, n. 4, pp. 64-9, out. 2020; Riecke, Lars et al., "Neural Entrainment to Speech Modulates Speech Intelligibility", *Current Biology*, v. 28, n. 2, pp. 161-9, 2018; Andrea Antal Christoph S. Herrmann, "Transcranial Alternating Current and Random Noise Stimulation: Possible Mechanisms", *Neural Plasticity*, v. 2016, 2016, 3616807; L. Whitsel et al. "Stability of Rapidly Adapting Afferent Entrainment vs. Responsivity", *Somatosensory & Motor Research*, v. 17, n. 1, pp. 13-31, 2000; Nina G. Jablonski, *Skin: A Natural History*. Berkeley: University of California, 2006.

4. Thalia Wheatley et al., "From Mind Perception to Mental Connection: Synchrony as a Mechanism for Social Understanding", *Social and Personality Psychology Compass*, v. 6, n. 8, pp. 589-606, 2012.

5. Wheatley, aqui, está citando o autor Michael Dorris.

6. Ulman Linderberger et al., "Brains Swinging in Concert: Cortical Phase Synchronization While Playing Guitar", *BMC Neuroscience*, v. 10, pp. 1-12, 2009; Johanna Sänger, Viktor Müller e Ulman Lindenberger, "Intra-and Interbrain Synchronization and Network Properties When Playing Guitar in Duets", *Frontiers in Human Neuroscience*, v. 312, 2012; Viktor Müller, Johanna Sänger e Ulman Lindenberger, "Hyperbrain Network Properties of Guitarists Playing in Quartet", *Annals of the New York Academy of Sciences*, v. 1423, n. 1, pp. 198-210, 2018.

7. Daniel C. Richardson, Rick Dale e Natasha Z. Kirkham, "The Art of Conversation Is Coordination", *Psychological Science*, v. 18, n. 5, pp. 407-13, 2007. Respondendo perguntas de checagem de fatos, o autor desse estudo, Daniel Richardson, afirmou que embora esse tipo de comportamento físico tenha sido documentado pelos cientistas, "esses não são especificamente efeitos que eu tenha reproduzido pessoalmente em meu laboratório. Discuti esses efeitos anteriormente em revisões de artigos científicos ou nas introduções de meus próprios experimentos ligados a eles (sobre movimento ocular ou coordenação de movimento corporal, por exemplo)". Sievers observou que embora não vejamos esse tipo de alinhamento em atividades colaborativas, os pesquisadores têm dúvida sobre a direção da causalidade.

8. Ayaka Tsuchiya et al., "Body Movement Synchrony Predicts Degrees of Information Exchange in a Natural Conversation", *Frontiers in Psychology*, v. 11, p. 817, 2020; Scott S. Wiltermuth e Chip Heath, "Synchrony and Cooperation", *Psychological Science*, v. 20, n. 1, pp. 1-5, 2009; Michael J. Richardson et al., "Rocking Together: Dynamics of Intentional and Unintentional Interpersonal Coordination", *Human Movement Science*, v. 26, n. 6, pp. 867-91, 2007; Naoyuki Osaka et al., "How Two Brains Make One Synchronized Mind in the Inferior Frontal Cortex: fNIRS-Based Hyperscanning During Cooperative Singing", *Frontiers in Psychology*, v. 6, p. 1811, 2015; Alejandro Pérez, Manuel Carreiras e Jon Andoni Duñabeitia, "Brain-to-Brain Entrainment: EEG Interbrain Synchronization While Speaking and Listening", *Scientific Reports*, v. 7, n. 1, pp. 1-12, 2017.

9. Greg J. Stephens, Lauren J. Silbert e Uri Hasson, "Speaker-Listener Neural Coupling Underlies Successful Communication", *Proceedings of the National Academy of Sciences*, v. 107, n. 32, pp. 14425-30, 2010; Lauren J. Silbert et al., "Coupled Neural Systems Underlie the Production and Comprehension of Naturalistic Narrative Speech", *Proceedings of the National Academy of Sciences*, v. 111, n. 43, E4687-96, 2014.

10. Greg J. Stephens, Lauren J. Silbert e Uri Hasson, "Speaker-Listener Neural Coupling Underlies Successful Communication", *Proceedings of the National Academy of Sciences*, v. 107, n. 32, pp. 14425-30, 2010.

11. J. M. Ackerman e J. A. Bargh, "Two to Tango: Automatic Social Coordination and the Role of Felt Effort". In: Brian Bruya (Org.), *Effortless Attention: A New Perspective in the Cognitive Science of Attention and Action*. Cambridge: MIT Press Scholarship Online, 2010; Sangtae AHN et al., "Interbrain Phase Synchronization During Turn-Taking Verbal Interaction: A Hyperscanning Study Using Simultaneous EEG/MEG", *Human Brain Mapping*, v. 39, n. 1, pp. 171-88, 2018; Laura Astolfi et al. "Cortical Activity and Functional Hyperconnectivity by Simultaneous EEG Recordings from Interacting Couples of Professional Pilots", *2012 Annual International Conference of the IEEE Engineering in Medicine and Biology Society*, 4752-5; Jing Jiang et al., "Leader Emergence Through Interpersonal Neural Synchronization", *Proceedings of the National Academy of Sciences*, v. 112, n. 14, pp. 4274-9, 2015; Reneeta Mogan, Ronald Fischer e Joseph A. Bulbulia, "To Be in Synchrony or Not? A Meta-Analysis of Synchrony's Effects on Behavior, Perception, Cognition and Affect", *Journal of Experimental Social Psychology*, v. 72, pp. 13-20, 2017; Uri Hasson et al., "Brain-to-Brain Coupling: A Mechanism for Creating and Sharing a Social World", *Trends in Cognitive Sciences*, v. 16, n. 2, pp. 114-21, 2012; Uri Hasson, "I Can Make Your Brain Look Like Mine", *Harvard Business Review*, v. 88, n. 12 pp. 32-3, 2010; Maya Rossignac-Milon et al., "Merged Minds: Generalized Shared Reality in Dyadic Relationships", *Journal of Personality and Social Psychology*, v. 120, n. 4, p. 882, 2021.

12. Respondendo uma lista de checagem de fatos, Sievers escreveu que embora a compreensão e o alinhamento neural possam ser acompanhados de sincronização fisiológica de batimentos, expressão facial ou experiência emocional, não há garantias. "É possível escutar alguém, compreender a pessoa e não ficar fisiologicamente sincronizados. [...] Parte do que torna tanto a conversa como a música significativas é ver como as pessoas mudam conforme interagem, entrando em alinhamento e saindo dele, conduzindo os outros e sendo conduzidas."

13. Laura Menenti, Martin J. Pickering e Simon C. Garrod, "Toward a Neural Basis of Interactive Alignment in Conversation", *Frontiers in Human Neuroscience*, n. 6, 2012; Sivan Kinreich et al., "Brain-to-Brain Synchrony During Naturalistic Social Interactions", *Scientific Reports*, v. 7, n. 1, p. 17060, 2017; Lyle Kingsbury e Weizhe Hong, "A Multi-Brain Framework for Social Interaction", *Trends in Neurosciences*, v. 43, n. 9, pp. 651-66, 2020; Thalia Wheatley et al., "Beyond the Isolated Brain: The Promise and Challenge of Interacting Minds", *Neuron*, v. 103, n. 2, pp. 186-8, 2019; Miriam Rennung e Anja S. Göritz, "Prosocial Consequences of Interpersonal Synchrony", *Zeitschrift für Psychologie*, 2016; Ivana Konvalinka e Andreas Roepstorff, "The Two-Brain Approach: How Can Mutually Interacting Brains Teach Us Something About Social Interaction?" *Frontiers in Human Neuroscience*, v. 6, p. 215, 2012; Caroline Szymanski et al., "Teams on the Same Wavelength Perform Better: Inter-brain Phase Synchronization Constitutes a Neural Substrate for Social Facilitation", *Neuroimage*, v. 152, pp. 425-36, 2017.

14. Sievers escreveu que sua pesquisa está focada principalmente em como a conversa cria alinhamento no futuro, o que é diferente de alinhamento no momento presente. Além do mais, sua dissertação foi sobre percepção das emoções na música e nos movimentos. B. Sievers et al., "Music and Movement Share a Dynamic Structure That Supports Universal Expressions of Emotion", *Proceedings of the National Academy of Sciences*, v. 110, n. 1, pp. 70-5, 2012; B. Sievers et al., "A Multi-sensory Code for Emotional Arousal", *Proceedings of the Royal Society B*, v. 286, n. 1906, 2019; B. Sievers et al., "Visual and Auditory Brain Areas Share a Representational Structure That Supports Emotion Perception", *Current Biology*, v. 31, n. 23, pp. 5192-203, 2021.

15. Nesse estudo, Sievers "estava interessado em saber quem era melhor em criar consenso por ser convincente", escreveu. "E eu estava interessado em saber por que e depois tentar delinear uma base científica e neurobiológica para entender por que as pessoas podem ser mais ou menos convincentes ou gerar maior ou menor coesão de grupo. [...] Não estava pensando em coisas como supercomunicação. [Mas] acho que algumas pessoas são muito melhores do que outras nisso. E faz sentido tentar compreender cientificamente por que ela acontece e se podemos melhorar nossa comunicação."

16. B. Sievers et al., "How Consensus-Building Conversation Changes Our Minds and Aligns Our Brains", *PsyArXiv*, 12 jul. 2020.

17. Sievers escreveu: "Descobrimos que grupos com pessoas consideradas de status social elevado mostraram alinhamento neural mais baixo e que pessoas de status elevado usaram estratégias de conversação diferentes, incluindo falar mais, dar ordens para os outros e implicitamente rejeitar as ideias dos outros. O Participante 4 no Grupo D foi classificado como tendo status social elevado e essa conversa não produziu alinhamento maior, assim isso parece um bom exemplo. Entretanto, a análise estatística não nos permite 'focar' numa única pessoa, assim não podemos saber com certeza se o Participante 4 impediu o progresso do grupo; talvez houvesse outros fatores em ação".

18. O diálogo dos participantes do estudo ao longo de todo esse capítulo foi editado e condensado em prol da brevidade e da clareza. No estudo original, os participantes são identificados por indicadores codificados; nas transcrições, como "participantes de alta centralidade".

19. Sievers escreveu que "os participantes de alta centralidade que facilitaram o consenso não falaram mais nem menos que os outros e direcionaram a atenção para outros que falavam, fazendo isso mais que as pessoas de status elevado. Eles pediram esclarecimentos com mais frequência [...]. Não foram classificados como mais influentes por seu grupo e eram mais suscetíveis a influência neural. [...] Isso tem relação com uma literatura mais ampla sobre os traços que as pessoas chamaram de maior automonitoração [...], uma tendência a adaptar o próprio comportamento ao grupo em que a pessoa se encontra. E não medimos esse traço em nosso estudo, mas deveríamos".

20. Essa transcrição, como a anterior, foi editada e condensada em prol da brevidade e clareza.

21. B. Sievers, "How Consensus-Building Conversation Changes Our Minds".

22. Sievers deixou claro que esse estudo não examinava a liderança comunitária e, embora haja uma "explicação proposta, não faz parte da ciência. [...] Pode ser que a pessoa se torne central em sua rede social e, então, outras pessoas tenham que falar com ela, porque podem ter se tornado central por algum outro motivo, como ter um iate ou algo assim".

23. Sievers notou que "a localização da função cerebral — quais partes do cérebro são responsáveis por determinados tipos de comportamento ou pensamento — é um dos temas mais debatidos na neurociência. [...] Entretanto, falando em termos gerais, as áreas e as redes cerebrais parecem realizar múltiplas funções (Suárez et al., 2020). Isso parece ser verdade por todo o cérebro, das redes neurais aos neurônios individuais (Rigotti et al., 2013). Assim, as mentalidades identificadas nessa seção são provavelmente controladas por diversas redes cerebrais entrando em coordenação ao mesmo tempo. Pondo em termos simples, o cérebro é muito complexo e qualquer afirmação de que apenas uma rede ou parte do cérebro é responsável por certo tipo de comportamento ou pensamento — ou uma mentalidade particular — é inevitavelmente uma supersimplificação".

24. Piercarlo Valdesolo e David Desteno, "Synchrony and the Social Tuning of Compassion", *Emotion*, v. 11, n. 2, p. 262, 2011.

25. Matthew D. Lieberman, *Social: Why Our Brains Are Wired to Connect*. Oxford: Oxford University, 2013. A rede do modo padrão incorpora a rede frontoparietal medial, ou MFPN (Medial Frontoparietal Network). Sievers escreveu que "alguns cientistas teorizaram que a rede frontoparietal medial é específica de estímulos sociais (por exemplo, Schilbach et al., 2008), mas existe também forte evidência de que sua função pode ser muito mais geral. A MFPN pode estar envolvida na recuperação de memória (Buckner; Dinicola, 2019) e na criatividade (Beaty et al., 2016; Beaty et al., 2021). Pode ser que a MFPN esteja envolvida em gerar informação internamente, quando essa informação está desconectada de dados sensórios imediatos (Buckner; Dinicola, 2019), ou integrando essa informação com informação sensória (Yeshurun, Nguyen; Hasson, 2021). Além do mais, há outras partes do cérebro que provavelmente desempenham um papel na cognição social fora da MFPN, como o giro fusiforme para reconhecimento facial e a amígdala para reconhecimento de emoção em expressões faciais. E assim, embora uma série de tarefas sociais recrute a MFPN com confiabilidade, a ativação da MFPN nem sempre implica cognição social".

26. Isso é uma supersimplificação de como nosso cérebro funciona, mas é útil para fins ilustrativos. Em geral, muitas partes diferentes do cérebro estão operando ao mesmo tempo e as distinções entre essas regiões cerebrais podem ser pouco claras.

27. Como escreveu Beau Sievers, há "evidências a sugerir fortemente que usar as mesmas redes cerebrais não constitui garantia de que as pessoas estejam na mesma mentalidade, e vice-versa". Sievers escreveu que, em lugar de nos basearmos na ideia de que certas redes neurais são ativadas, é melhor usarmos o "conceito de mentalidade, que não exige um recrutamento específico e confiável de redes cerebrais isoladas. Uma mentalidade pode ser apenas uma predisposição a usar o cérebro todo de uma maneira particular quando apresentado a certos tipos de informação. Segundo essa perspectiva, o cérebro estar em determinada mentalidade é como uma orquestra tocando uma sinfonia; muitas sinfonias são possíveis, mas apenas uma de cada vez".

28. Caleb Kealoha, "We Are (Not) in Sync: Inter-brain Synchrony During Interpersonal Conflict" (*honors thesis*, Universidade da Califórnia, Los Angeles, 2020).

29. John M. Gottman, "Emotional Responsiveness in Marital Conversations", *Journal of Communication*, v. 32, n. 3, pp. 108-20, 1982. Há muitas razões diferentes para os casais vivenciarem conflito e tensão e muitas maneiras de superá-los. Algumas são descritas aqui e no capítulo 5. Também vale notar que há uma infinidade de abordagens para diagnosticar e lidar com desafios matrimoniais. O próprio Gottman escreveu extensamente sobre os "Quatro Cavaleiros do Apocalipse" dos problemas de comunicação que podem prejudicar os relacionamentos: a crítica, o desdém, ficar na defensiva e se recusar a cooperar. Respondendo listas de checagem de fatos, Gottman escreveu que "há várias descobertas para os 'mestres' do relacionamento: manter a confiança e o comprometimento, durante o conflito, numa proporção positiva-negativa igual ou superior a 5 para 1, ausência dos quatro cavaleiros do apocalipse (crítica, ficar na defensiva, desdém, recusa a cooperar), reagir a tentativas de conexão pelo menos 86% do tempo, mapas do amor (conhecer o mundo psicológico interior da outra pessoa), manifestar carinho e admiração, iniciar conversas suavemente, conserto efetivo durante o conflito e abrandamento psicológico efetivo durante o conflito, uma capacidade de lidar com o aspecto existencial dos impasses".

30. Adela C. Timmons, Gayla Margolin e Darby E. Saxbe, "Physiological Linkage in Couples and Its Implications for Individual and Interpersonal Functioning: A Literature Review", *Journal of Family Psychology*, v. 29, n. 5, p. 720, 2015.

31. Lawler mencionou que sua decisão de brincar com o filho enquanto ela estava ao telefone, em sua opinião, também ajudou a criar uma conexão. "Acho que na verdade foi isso que mexeu com ela", contou-me. "Fiz aquilo simplesmente porque era a coisa certa a fazer, não porque estava tentando lhe vender aço. Era o que um ser humano faria [...]."

32. Randy Burkett, "An Alternative Framework for Agent Recruitment: From MICE to RASCLS", *Studies in Intelligence*, v. 57, n. 1, pp. 7-17, 2013.

GUIA PARA USAR ESSAS IDEIAS — PARTE I (pp. 43-7)

1. Esse projeto foi descrito para mim pelos participantes sob a condição de confidencialidade.

2. TODA CONVERSA É UMA NEGOCIAÇÃO (pp. 51-79)

1. As deliberações do júri em *Wisconsin vs. Leroy Reed* foram filmadas por produtores de televisão e partes dessas gravações acabaram transformadas em um programa para o *Frontline* intitulado "Dentro da sala do júri". Para informações sobre esse julgamento e as deliberações, estou em dívida com Douglas Maynard, que teve a bondade de partilhar as transcrições das deliberações completas comigo (o programa *Frontline* contém apenas uma seleção parcial dos comentários dos jurados). Também sou grato aos produtores do episódio do *Frontline*. As transcrições são citadas quase literalmente, embora muitos diálogos, apartes e conversas laterais não tenham sido incluídos. Também me baseei em "But Did He Know It Was a *Gun*?", International Pragmatics Association Meeting, Cidade do México, 5 jul. 1996; "Truth, But Not the Whole Truth", *The Wall Street Journal*, 14 abr. 1986; Douglas W. Maynard e John F. Manzo, "On the Sociology of Justice: Theoretical Notes from an Actual Jury Deliberation", *Sociological Theory*, pp. 171-93, 1993.

2. Extraído de Wis JI-Criminal 460, Wisconsin Criminal Jury Instructions.

3. Para saber mais sobre o trabalho do dr. Ehdaie e do dr. Malhotra, ver "Negotiation Strategies for Doctors — and Hospitals", *Harvard Business Review*, 21 out. 2013; "Bargaining Over How to Treat Cancer", *The Wall Street Journal*, 2 set. 2017; Behfar Ehdaie et al., "A Systematic Approach to Discussing Active Surveillance with Patients with Low-Risk Prostate Cancer", *European Urology*, v. 71, n. 6, pp. 866-71, 2017; Deepak Malhotra, *Negotiating the Impossible: How to Break Deadlocks and Resolve Ugly Conflicts (Without Money or Muscle)*. Oakland: Berrett-Koehler, 2016. Respondendo a uma checagem de fatos, o dr. Ehdaie esclareceu que achava que os pacientes conseguiam escutá-lo, mas que ele não estava discutindo o risco de câncer de próstata de uma maneira efetiva.

4. Laurence Klotz, "Active Surveillance for Prostate Cancer: For Whom?", *Journal of Clinical Oncology*, v. 23, n. 32, pp. 8165-9, 2005; Marc A. Dall'Era, et al., "Active Surveillance for Prostate Cancer: A Systematic Review of the Literature", *European Urology*, v. 62, n. 6, pp. 976-83, 2019.

5. O dr. Ehdaie explicou que "a vigilância ativa visa monitorar o câncer atentamente e intervir dentro da janela de cura para tratar o câncer de próstata. [...] Morrer de câncer de próstata talvez seja algo que se aplique apenas aos homens mais velhos e menos saudáveis. [...] Também incluímos homens mais jovens com câncer de próstata na vigilância ativa porque as evidências mostram que esses indivíduos têm resultados tão bons quanto pacientes submetidos a cirurgia inicial ou

a radioterapia, porque monitoramos seu câncer atentamente e podemos intervir dentro da janela de cura, ou o câncer permanecerá de baixo risco durante a vida toda e nunca exigirá tratamento".

6. O dr. Ehdaie ressaltou que o risco associado à vigilância ativa não é equivalente a 3% de mortalidade e que, na verdade, "os estudos mostram que não há diferenças de sobrevivência entre o tratamento imediato e a vigilância ativa para uma doença de baixo risco".

7. Segundo os dados mais recentes da Sociedade Americana do Câncer, há aproximadamente 268 mil diagnósticos de câncer de próstata por ano. Se aproximadamente metade deles são de baixo risco, e a taxa dos que optam pela vigilância ativa é de aproximadamente 60% (estimativas fornecidas pelo dr. Ehdaie), cerca de 53 mil homens por ano estão optando por cirurgias que podem não ser necessárias.

8. Matthew R. Cooperberg, William Meeks, Raymond Fang, Franklin D. Gaylis, William J. Catalona, e Danil V. Makarov, "Time Trends and Variation in the Use of Active Surveillance for Management of Low-Risk Prostate Cancer in the US", *JAMA Network Open*, v. 6, n. 3, p. e231439, 2023.

9. The Colombia Negotiations Initiative, Harvard Law School.

10. Deepak Malhotra e M.A.L.Y. Hout, "Negotiating on Thin Ice: The 2004-2005 NHL Dispute (A)", *Harvard Business School Cases* 1, 2006.

11. Malhotra, respondendo a uma lista de checagem de fatos, disse: "trabalhei em vários tipos diferentes de negociações por muito tempo, não apenas nisso ao que o senhor se refere aqui como negociações 'formais'", e "a situação do dr. Ehdaie não foi a primeira vez em que lidei com algo que a maioria das outras pessoas talvez não pense imediatamente como uma 'negociação'".

12. "Ask Better Negotiation Questions: Use Negotiation Questions to Gather Information That Will Expand the Possibilities", Harvard Law School, 8 ago. 2022; Edward W. Miles, "Developing Strategies for Asking Questions in Negotiation", *Negotiation Journal*, v. 29, n. 4, pp. 383-412, 2013.

13. Em respeito à confidencialidade do paciente, esse caso só foi descrito para mim em termos gerais, e alguns detalhes foram alterados para proteger a sua privacidade.

14. Além das intervenções descritas neste capítulo, Edhaie e Malhotra desenvolveram métodos adicionais de encorajar essas conversas. Para saber mais, ver "Negotiation Strategies for Doctors — and Hospitals"; "Bargaining Over How to Treat Cancer"; e *Negotiating the Impossible*, de Malhorta.

15. Em 2018 — último ano para o qual há estatísticas disponíveis — apenas 14% das pessoas que optaram por um julgamento com júri para crimes federais foram consideradas inocentes. Leroy Reed foi julgado no tribunal estadual, não federal, mas a tendência é similar. John Gramlich, "Only 2% of Federal Criminal Defendants Go to Trial, and Most Who Do Are Found Guilty", Pew Research Center, 11 jun. 2019.

16. Em alguns lugares, inclusive aqui, a transcrição das deliberações foi editada ou condensada em prol da clareza.

17. "History of the Harvard Negotiation Project", Harvard Law School.

18. Roger Fisher (1922-2012), Harvard Law School, 27 ago. 2012.

19. Em resposta a um e-mail de checagem de fatos, Sheila Heen, professora na Escola de Direito de Harvard que trabalhava com Fisher, escreveu: "Fisher observou que todas as partes na verdade precisam ter seus interesses atendidos a fim de dizer sim a qualquer acordo, e isso significa que cada um de nós deveria se preocupar em encontrar maneiras de compreender os outros e ir de encontro a seus interesses, assim como aos nossos, se queremos encontrar soluções para nossos desafios comuns".

20. A *lógica de custos e benefícios* e a *lógica de similaridades* também podem ser chamadas de *lógica das consequências* e *lógica da adequação*. Para saber mais sobre esses tipos de pensamento, ver Long Wang, Chen-Bo Zhong e J. Keith Murnighan, "The Social and Ethical Consequences of a Calculative Mentalidade", *Organizational Behavior and Human Decision Processes*, v. 125, n. 1, pp. 39-49, 2014; J. Mark Weber, Shirli Kopelman e David M. Messick, "A Conceptual Review of Decision Making in Social Dilemmas: Applying a Logic of Appropriateness", *Personality and Social Psychology Review*, v. 8, n. 3, pp. 281-307, 2004; Johan P. Olsen e James G. March, *The Logic of Appropriateness*. Olso: ARENA, 2004; Daniel A. Newark, e Markus C. Becker, "Bringing the Logic of Appropriateness into the Lab: An Experimental Study of Behavior and Cognition". In: *Carnegie Goes to California: Advancing and Celebrating the Work of James G. March*. Bingley: Emerald, 2021; Jason C. Coronel et al., "Evaluating Didactic and Exemplar Information: Noninvasive Brain Stimulation Reveals Message-Processing Mechanisms", *Communication Research*, v. 49, n. 2, pp. 268-95, 2020; Tim Althoff, Cristian Danescu-Niculescu-Mizil e Dan Jurafsky, "How to Ask for a Favor: A Case Study on the Success of Altruistic Requests", *Proceedings of the International AAAI Conference on Web and Social Media*, v. 8, n. 1, pp. 12-21, 2004.

21. A transcrição é ligeiramente ambígua em relação a essa votação — um voto deixou de ser lido em voz alta. Mas, com base no diálogo subsequente, parece ter havido três votos de culpado e nove de inocente.

22. Esse comentário vem de uma entrevista com o jurado James Pepper, não da transcrição das deliberações.

GUIA PARA USAR ESSAS IDEIAS — PARTE II (pp. 81-8)

1. Michael Yeomans e Alison Wood Brooks, "Topic Preference Detection: A Novel Approach to Understand Perspective Taking in Conversation", Harvard Business School Working Paper n. 20-077, fev. 2020.

2. Ibid.; Anna Goldfarb, "Have an Upbeat Conversation", *New York Times*, 19 maio 2020.

3. ESCUTAR PARA CURAR (pp. 91-114)

1. Para saber mais sobre a fascinante pesquisa, ver Nicholas Epley, *Mindwise: Why We Misunderstand What Others Think, Believe, Feel, and Want*. Nova York: Vintage, 2015.

2. Para mais pesquisa sobre fazer perguntas, ver Alison Wood Brooks e Leslie K. John, "The Surprising Power of Questions", *Harvard Business Review*, v. 96, n. 3, pp. 60-7, 2018; Karen Huang et al., "It Doesn't Hurt to Ask: Question-Asking Increases Liking", *Journal of Personality and Social Psychology*, v. 113, n. 3, p. 430, 2017; Einav Hart, Eric M. VanEpps, e Maurice E. Schweitzer, "The (Better Than Expected) Consequences of Asking Sensitive Questions", *Organizational Behavior and Human Decision Processes*, v. 162, pp. 136-54, 2021.

3. Epley escreveu para mim contando que algumas das conversas mais significativas após o segundo incidente de embriaguez ao volante também ocorreram com seus pais. "Levei um baque

nessa época quando percebi que poderia ter realmente arruinado minha vida. Parei de beber na mesma hora [...] inclusive na faculdade [...] e nunca mais fiquei bêbado."

4. Rachel A. Ryskin et al., "Perspective-Taking in Comprehension, Production, and Memory: An Individual Differences Approach", *Journal of Experimental Psychology: General*, v. 144, n. 5, p. 898, 2015.

5. Roderick M. Kramer e Todd L. Pittinsky (Org.), *Restoring Trust in Organizations and Leaders: Enduring Challenges and Emerging Answers*. Nova York: Oxford University, 2012.

6. Sandra Pineda de Forsberg e Roland Reichenbach, *Conflict, Negotiation and Perspective Taking*. Newcastle upon Tyne: Cambridge Scholars, 2021.

7. Epley escreveu que "eu não diria que 'assumir a perspectiva' pareceu a qualquer um de nós algo particularmente perceptivo. Pareceu ridiculamente óbvio".

8. Tal Eyal, Mary Steffel e Nicholas Epley, "Perspective Mistaking: Accurately Understanding the Mind of Another Requires Getting Perspective, Not Taking Perspective", *Journal of Personality and Social Psychology*, v. 114, n. 4, p. 547, 2018; Haotian Zhou, Elizabeth A. Majka e Nicholas Epley, "Inferring Perspective Versus Getting Perspective: Underestimating the Value of Being in Another Person's Shoe", *Psychological Science*, v. 28, n. 4, p. 482-93, 2017. Epley disse que "assumir uma perspectiva consiste em tentar imaginar o que se passa na cabeça da outra pessoa, tentar se colocar na sua pele e ver as coisas do ponto de vista dela. Obter uma perspectiva significa perguntar de fato o que ela está pensando e qual é seu ponto de vista, escutando o que ela tem a dizer. Quando uso cientificamente a expressão 'assumir uma perspectiva', normalmente me refiro ao que os psicólogos estão pedindo às pessoas para fazer em um experimento — assumir a perspectiva de alguém, tentar imaginar como são as coisas de seu ponto de vista. Trata-se de uma ginástica mental que realizamos em nossa cabeça. 'Obter uma perspectiva' significa lhes perguntar o que acham de X, Y ou Z e depois escutar o que têm a dizer. Estamos obtendo sua perspectiva diretamente delas. São duas coisas bem diferentes".

9. Arthur Aron et al., "The Experimental Generation of Interpersonal Closeness: A Procedure and Some Preliminary Findings", *Personality and Social Psychology Bulletin*, v. 23, n. 4, pp. 363-77, 1997. Como observou Arthur Aron na resposta a uma lista de checagem de fatos, alunos ajudaram a coletar dados nesse experimento.

10. A citação completa é "temos nos esforçado muito para combinar os parceiros. Baseados em nossa experiência com pesquisa anterior, esperamos que você e seu parceiro apreciem um ao outro — ou seja, você foi combinado a alguém de quem esperamos que goste e que goste de você".

11. Algumas questões do *Fast Friends Procedure* foram editadas em prol da brevidade. A lista completa das 36 questões está aqui: 1. Se você pudesse escolher qualquer pessoa no mundo para convidar para jantar, quem seria? 2. Você gostaria de ser famoso? De que maneira? 3. Antes de ligar para alguém, você ensaia o que vai dizer? Por quê? 4. O que constituiria um "dia perfeito" a seu ver? 5. Quando foi a última vez que cantou sozinho? E na presença de outros? 6. Se você pudesse viver até os noventa e conservar a mente ou o corpo de uma pessoa de trinta anos durante os últimos sessenta anos de sua vida, o que gostaria de fazer? 7. Você tem alguma intuição secreta sobre como vai morrer? 8. Diga três coisas que você e seu parceiro têm em comum. 9. Pelo que você é mais agradecido em sua vida? 10. Se você pudesse mudar alguma coisa na forma como foi criado, o que seria? 11. Tire quatro minutos para contar a seu parceiro sua história de vida com o maior detalhamento possível. 12. Se você pudesse acordar amanhã com uma nova qualidade ou habilidade,

qual seria? 13. Se você tivesse uma bola de cristal para lhe mostrar a verdade sobre si mesmo, sua vida, o futuro ou qualquer outra coisa, o que gostaria de saber? 14. Existe alguma coisa que você sonha em fazer há muito tempo? Por que ainda não fez? 15. Qual é a maior realização da sua vida? 16. O que você mais valoriza em uma amizade? 17. Qual é sua lembrança mais cara? 18. Qual é sua pior lembrança? 19. Se você soubesse que daqui a um ano morreria, mudaria alguma coisa na forma como está vivendo hoje? Por quê? 20. O que a amizade significa para você? 21. Que papéis o amor e a afeição desempenham em sua vida? 22. Reveze com seu parceiro contando as cinco coisas que consideram a característica mais positiva um no outro. 23. Até que ponto você e sua família são ligados? Você sente que sua infância foi mais feliz que a das outras pessoas? 24. Como é seu relacionamento com sua mãe? 25. Faça três afirmações verdadeiras na segunda pessoa do plural. Por exemplo, "Estamos ambos nesta sala sentindo...". 26. Complete esta sentença: "Quem dera eu tivesse alguém com quem pudesse dividir...". 27. Se você fosse se tornar um amigo íntimo do seu parceiro, o que seria importante que ele soubesse? 28. Diga a seu parceiro o que aprecia nele; seja muito honesto desta vez, dizendo coisas que talvez não dissesse para alguém que acabou de conhecer. 29. Compartilhe com seu parceiro um momento constrangedor. 30. Quando foi a última vez que você chorou na frente de outra pessoa? E sozinho? 31. Diga a seu parceiro algo que gosta nele. 32. O que você considera um assunto sério demais para fazer piada, se é que há algum? 33. Se você fosse morrer hoje, do que mais se arrependeria por não ter dito a alguém? Por que ainda não lhe contou tal coisa? 34. Sua casa, contendo todas suas posses, pega fogo. Após salvar seus entes queridos e seus animais de estimação, você tem tempo para conseguir salvar apenas mais uma coisa. O que seria? Por quê? 35. Entre todas as pessoas da sua família, a morte de quem o deixaria mais transtornado? Por quê? 36. Conte um problema pessoal a seu parceiro e lhe peça um conselho sobre como lidar com ele. Além disso, peça-lhe para refletir em voz alta como você parece estar se sentindo sobre o problema que apontou.

12. Essas questões vêm do primeiro estudo em "The Experimental Generation of Interpersonal Closeness: A Procedure and Some Preliminary Findings", que era focado em estabelecer condições para conversar amenidades.

13. Vale a pena notar que há algumas desvantagens em revelar vulnerabilidades. Como disse Margaret Clark, professora de psicologia em Yale, "em geral, está absolutamente correto que não conseguimos fazer com que as pessoas demonstrem empatia ou nos deem o apoio de que precisamos a menos que fiquemos vulneráveis e revelemos nossas necessidades, nossos sentimentos e assim por diante. As pessoas precisam disso a fim de oferecer apoio. Posso ser vulnerável diante de um amigo que realmente se importa comigo. Entretanto, em algumas circunstâncias, isso não é nada sensato. A mais óbvia seria uma em que a pessoa não se importasse comigo e pudesse usar essa informação antes para tirar vantagem de mim do que para me apoiar. Precisamos interpretar corretamente se a outra pessoa se importa ou não conosco. No estágio inicial de um relacionamento, a vulnerabilidade é boa, mas revelar coisas demais, cedo demais, pode dar errado. Há um ritmo para isso. Ao desenvolver um relacionamento, queremos mostrar vulnerabilidade *ao mesmo tempo* em que zelamos por nossa autoproteção".

14. Kavadi Teja Sree, "Emotional Contagion in Teenagers and Women", *International Journal of Scientific Research and Engineering Trends*, v. 7, n. 2, pp. 917-24, 2021.

15. Elaine Hatfield, John T. Cacioppo e Richard L. Rapson, "Primitive Emotional Contagion". In: M. S. Clark, (Org.). *Emotion and Social Behavior*. Newbury Park: Sage, 1992. pp. 151-77.

16. O estudo de um por vez mencionado nessa seção não foi conduzido pelos Aron. Em uma discussão de checagem de fatos, Arthur Aron esclareceu que experimentos subsequentes revelaram duas coisas: primeiro, um dos principais fatores influenciando a proximidade interpessoal é se o indivíduo acredita ser apreciado pela outra pessoa. Segundo, a responsividade e a reciprocidade — mais do que apenas as revelações íntimas — são os fatores predominantes em estabelecer um senso de proximidade. "Sentir o parceiro com uma atitude responsiva em relação a nós é um fator preponderante", contou-me Aron.

17. Arthur Aron escreveu: "O principal, hoje, é que isso proporciona uma oportunidade para cada parte oferecer uma responsividade significativa".

18. A professora Clark, de Yale, explicou: "Quando meu marido teve um problema médico, um primo meu deu enorme apoio e não disse uma palavra sobre seus próprios problemas. Alguns anos depois, a esposa dele ficou doente, ele me ligou, revelou o que estava acontecendo e falou sobre suas preocupações. Só *aí* retribuí oferecendo meu apoio — dois anos depois. O certo não é mostrar reciprocidade no momento, mas sermos capazes de responder às necessidades alheias, e essa capacidade de resposta funciona nos dois sentidos".

19. Jacqueline S. Smith, Victoria L. Brescoll e Erin L. Thomas, "Constrained by Emotion: Women, Leadership, and Expressing Emotion in the Workplace". In: *Handbook on Well-Being of Working Women*. Dordrecht: Springer, 2016, pp. 209-24.

20. Huang et al., "It Doesn't Hurt to Ask", p. 430. Respondendo a perguntas de checagem de fatos, Michael Yeomans, um dos pesquisadores nesse estudo, disse que o "artigo era sobre perguntas de acompanhamento — baseadas em assuntos que se aprofundam". Para saber mais sobre iniciadores de assunto, ver Einav Hart, Eric. M. Vanepps e Maurice. E. Schweitzer, "The (Better Than Expected) Consequences of Asking Sensitive Questions", pp. 136-54.

21. É importante notar que embora questões profundas possam desmontar alguns estereótipos, para eliminar os dois pesos e duas medidas no local de trabalho é preciso um esforço continuado e um exame estrutural das causas de preconceito. Heilman enfatizou que não basta simplesmente ensinar as pessoas a fazer certo tipo de pergunta. Para saber mais sobre como eliminar esses preconceitos e estereótipos, ver capítulos 6 e 7.

22. Michael Yeomans hoje é ligado ao Imperial College London.

23. Essas questões foram editadas em prol da brevidade. A lista completa de questões pode ser encontrada em Michael Kardas, Amit Kumar e Nicholas Epley, "Overly Shallow?: Miscalibrated Expectations Create a Barrier to Deeper Conversation", *Journal of Personality and Social Psychology*, v. 122, n. 3, p. 367, 2022. Para essa versão do experimento, as questões incluíam: 1. Pelo que em sua vida você se sente mais agradecido? Conte ao outro participante sobre isso. 2. Se você tivesse uma bola de cristal capaz de lhe mostrar a verdade sobre você, sua vida, seu futuro ou qualquer coisa, o que gostaria de saber? 3. Você poderia descrever uma ocasião em que chorou na frente de outra pessoa?

24. Epley explicou: "Acho que nossos dados sugerem que os preparativos para as perguntas mais significativas podem ser bem mais árduos do que imaginamos. [...] Tratar alguém como uma pessoa íntima — esse é o tipo de heurística que extraio de nosso trabalho".

25. Epley enfatizou que "nós concebemos experimentos para *testar* hipóteses, não para 'mostrar' nem 'demonstrar' alguma coisa. Conceber experimentos para 'mostrar' um resultado ou 'demonstrar' uma crença se parece com propaganda. Assim, diria eu, queria testar nossa teoria, usando dados, de que conversas mais profundas seriam mais positivas do que as pessoas esperavam". Ele escreveu

também que, embora o contágio emocional seja um dos mecanismos que tornam as conversas profundas poderosas, há outros que talvez exerçam impacto ainda maior, "como a reciprocidade da confiança mútua, que aumenta com o tempo, conforme também descobrimos coisas realmente significativas sobre a outra pessoa graças ao conteúdo da conversa. Isso é o que de fato cria conexão".

26. Kardas, Kumar e Epley, "Overly Shallow?", p. 367.

27. Huang et al., "It Doesn't Hurt to Ask", p. 430; Nora Cate Schaeffer e Stanley Presser, "The Science of Asking Questions", *Annual Review of Sociology*, v. 29, n. 1, pp. 65-88, 2003; Norbert Schwarz et al. "The Psychology of Asking Questions", *International Handbook of Survey Methodology*, pp. 18-34, 2012; Edward L. Baker e Roderick Gilkey, "Asking Better Questions – A Core Leadership Skill", *Journal of Public Health Management and Practice*, v. 26, n. 6, pp. 632-3, 2020; Patti Williams, Gavan J. Fitzsimons e Lauren G. Block, "When Consumers Do Not Recognize 'Benign' Intention Questions as Persuasion Attempts", *Journal of Consumer Research*, v. 31, n. 3, pp. 540-50, 2004; Richard E. Petty, John T. Cacioppo e Martin Heesacker, "Effects of Rhetorical Questions on Persuasion: A Cognitive Response Analysis", *Journal of Personality and Social Psychology*, v. 40, n. 3, p. 432, 1981.

28. "The Case for Asking Sensitive Questions", *Harvard Business Review*, 24 nov. 2020.

4. COMO PERCEBER EMOÇÕES QUE NÃO SÃO EXPRESSAS EM PALAVRAS? (pp. 115-140)

1. Em um e-mail respondendo a questões de checagem de fatos, Prady ofereceu mais detalhes: "Especificamente era que, a despeito de sua genialidade matemática (ele conseguia fazer coisas como converter decimais para hexadecimais de cabeça), ele era incapaz de processar a expressão 'qualidade de serviço'. A fórmula para dar gorjeta é 15% a 20%, dependendo da 'qualidade de serviço'. A despeito de sua proficiência matemática, ele era incapaz de avaliar o fator *humano* presente na 'qualidade de serviço'. Na verdade, certa vez, sugeriu que sempre dava 17,5% e observou que a probabilidade de o serviço ser *exatamente mediano* era infinitesimal e que 17,5% asseguraria que estivesse quase sempre dando gorjeta abaixo do valor ideal".

2. Em resposta a uma lista de checagem de fatos, Prady explicou que "a decisão de não usar programadores de computador para fazer os personagens tinha dois motivos. Primeiro, no tempo transcorrido desde minha época na indústria de software, ela evoluíra de startups de garagem para empreendimentos do tamanho da Microsoft, e não queríamos que os personagens fossem envolvidos em negócios. Segundo, é difícil retratar o trabalho do programador de digitar olhando para uma tela e ele pode ser maçante para o público". Prady fez questão de enfatizar que a vocação da programação, em si, não é maçante: "Nada poderia estar mais longe da verdade – programar é empolgante".

3. Para a história de *The Big Bang Theory*, sou grato a Jessica Radloff, *The Big Bang Theory: The Definitive, Inside Story of the Epic Hit Series*. Nova York: Grand Central, 2022; "There's a Science to CBS' *Big Bang Theory*", *USA Today*, 11 abr. 2007; "Why the *Big Bang Theory* Stars Took Surprising Pay Cuts", *Hollywood Reporter*, 29 mar. 2017; "TV Fact-Checker: Dropping Science on *The Big Bang Theory*", *Wired*, 22 set. 2011; Dave Goetsch, "Collaboration – Lessons from *The Big Bang Theory*", true WELLth, 4 jun. 2019; "*The Big Bang Theory*: 'We Didn't Appreciate How Protective the Audience Would Feel About Our Guys'", *Variety*, 5 maio 2009; "Yes, It's a *Big Bang*", *Deseret Morning News*, 22 set. 2007.

4. *The Big Bang Theory*, temporada 3, episódio 1, "The Electric Can Opener Fluctuation", transmitido em: 21 set. 2009.

5. Daniel Goleman, "Emotional Intelligence: Why It Can Matter More than IQ", *Learning* 24, n. 6, pp. 49-50, 1996.

6. "*The Big Bang Theory* Creators Bill Prady and Chuck Lorre Discuss the Series – And the Pilot You Didn't See", *Entertainment Weekly*, 23 set. 2022.

7. Prady afirmou: "Acho que o público se sentia protetor [em relação a Sheldon e Leonard] e que as personagens ao seu redor, especialmente Katie, representava perigo para eles. Foi surpreendente para nós perceber como o público se sentia protetor em relação a Leonard e Sheldon".

8. Judith A. Hall, Terrence G. Horgan e Nora A. Murphy, "Nonverbal Communication", *Annual Review of Psychology*, v. 70, pp. 271-94, 2019; Albert Mehrabian, *Nonverbal Communication*. Londres: Routledge, 2017; Robert G. Harper, Arthur N. Wiens e Joseph D. Matarazzo, *Nonverbal Communication: The State of the Art*. Nova York: John Wiley and Sons, 1978; Starkey Duncan Jr., "Nonverbal Communication", *Psychological Bulletin*, v. 72, n. 2, p. 118, 1969; Michael Eaves e Dale G. Leathers, *Successful Nonverbal Communication: Principles and Applications*. Londres: Routledge, 2017; Martin S. Remland, *Nonverbal Communication in Everyday Life*. Los Angeles: Sage, 2016; Jessica L. Tracy, Daniel Randles e Conor M. Steckler, "The Nonverbal Communication of Emotions", *Current Opinion in Behavioral Sciences*, v. 3, pp. 25-30, 2015.

9. Respondendo a uma lista de checagem de fatos, a professora Judith Hall, da Universidade Northeastern, afirmou que esse processo de "ignorar" os sinais não verbais é complexo, "assim como muitos sinais e vazamentos não verbais penetram, de forma subconsciente, em nosso cérebro. Podemos decidir 'ignorar' algo enquanto os sinais ficaram na verdade registrados em um nível subconsciente. Então, é claro, às vezes de fato deixamos escapar algumas pistas".

10. Entrevistei Terence McGuire em 2017. Ele faleceu em 2022, e, consequentemente, não pôde participar da checagem de fatos para esse capítulo. Para isso, no que se refere à Nasa e a McGuire, a agência foi responsável por confirmar alguns detalhes, mas não fez comentários sobre especificidades relativas às entrevistas dos candidatos e à filha de McGuire, Bethany Sexton, que confirmou os detalhes nesse capítulo, incluindo os métodos usados por McGuire para analisar candidatos. Além disso, falei com inúmeras pessoas que trabalharam com McGuire, bem como com pessoas que trabalharam com a Nasa na avaliação de candidatos a astronauta. Também estou em dívida com: "This Is How Nasa Used to Hire Its Astronauts 20 Years Ago – And It Still Works Today", *Quartz*, 27 ago. 2015; "The History of the Process Communication Model in Astronaut Selection", SSCA, December, 2000; Terence F. McGuire, *Astronauts: Reflections on Current Selection Methodology, Astronaut Personality, and the Space Station*. Houston: Nasa, 1987; Terence F. McGuire, "PCM Under Cover", *Kahler Communications Oceania*.

11. Os cosmonautas soviéticos haviam realizado missões muito mais longas.

12. "History and Timeline of the ISS", ISS National Laboratory.

13. McGuire. *Astronauts*.

14. Peter Salovey e John D. Mayer, "Emotional Intelligence", *Imagination, Cognition and Personality*, v. 9, n. 3, pp. 185-211, 1990.

15. "It's Not Rocket Science: The Importance of Psychology in Space Travel", *The Independent*, 17 fev. 2021.

16. Schirra havia dito, antes dessa missão, que pretendia se aposentar. Respondendo às questões de checagem de fatos, Andrew Chaikin, um historiador das viagens espaciais, afirmou: "O fato básico é que Schirra tinha uma forte crença de que durante um voo o comandante da missão — ou seja, ele mesmo — estava no comando, não o controle da missão".

17. Robert R. Provine, *Laughter: A Scientific Investigation*. Nova York: Penguin, 2001; Chiara Mazzocconi, Ye Tian e Jonathan Ginzburg, "What's Your Laughter Doing There? A Taxonomy of the Pragmatic Functions of Laughter", IEEE *Transactions on Affective Computing* 13, n. 3, 1302-21, 2020; Robert R. Provine,"Laughing, Tickling, and the Evolution of Speech and Self", *Current Directions in Psychological Science*, v. 13, n. 6, pp. 215-8, 2004; Christopher Oveis et al. "Laughter Conveys Status", *Journal of Experimental Social Psychology*, v. 65, pp. 109-15, 2016; Michael J. Owren e Jo-Anne Bachorowski, "Reconsidering the Evolution of Nonlinguistic Communication: The Case of Laughter", *Journal of Nonverbal Behavior*, v. 27, pp. 183-200, 2003; Jo-Anne Bachorowski e Michael J. Owren, "Not All Laughs Are Alike: Voiced but Not Unvoiced Laughter Readily Elicits Positive Affect", *Psychological Science*, v. 12, n. 3, pp. 252-7, 2001; Robert R. Provine e Kenneth R. Fischer, "Laughing, Smiling, and Talking: Relation to Sleeping and Social Context in Humans", *Ethology*, v. 83, n. 4, pp. 295-305, 1989.

18. Robert R. Provine, "Laughter", *American Scientist*, v. 84, n. 1, pp. 38-45, 1966.

19. Provine, *Laughter: A Scientific Investigation*.

20. Gregory A. Bryant, "Evolution, Structure, and Functions of Human Laughter". In: *The Handbook of Communication Science and Biology*. Londres: Routledge, 2020. pp. 63-77. Respondendo às questões de checagem de fatos, Bryant disse que "os ouvintes podiam distinguir entre amigos rindo juntos e estranhos rindo juntos. [...] Acho que é uma especulação razoável que as pessoas estão detectando alinhamento em certo sentido, mas tecnicamente a tarefa foi apenas diferenciar amigos de estranhos. Nossa interpretação foi mais geral, ou seja, de que amigos ficam mais animados quando envolvidos em uma conversa, fato refletido em sua conversa genuína, ao contrário da risada volitiva de menor intensidade mais comum entre estranhos. Um ouvinte é altamente sensível a isso. Gosto da ideia de que as pessoas estão à procura de evidências da tentativa de se conectar".

21. Esse uso das palavras *humor* e *energia*, nesse contexto, embora condizente com as definições do dicionário, não se alinham perfeitamente a como essas palavras são às vezes usadas por psicólogos de pesquisa. Lisa Feldman Barrett, professora de Psicologia na Universidade Northeastern, explicou que "o 'humor' é descrito por duas propriedades, valência e excitação. Humor não é sinônimo de valência. Usamos 'afeto' para nos referir a propriedades da consciência, independentemente de a pessoa ser ou não emocional. Usamos 'afeto' como sinônimo de 'humor'. Alguns cientistas usam 'humor' para se referir a momentos envolvendo sentir que não são emoções, definidos por eles como sem ligação com os eventos no mundo. Acho isso equivocado, porque um cérebro sempre é capaz de processar as sensações internas, o que dá origem a seus sentimentos, junto com os dados sensórios do mundo". Para mais sobre esses temas, ver James A. Russell, "A Circumplex Model of Affect", *Journal of Personality and Social Psychology*, v. 39, n. 6, p. 1161, 1980; James A. Russell e Lisa Feldman Barret, "Core Affect, Prototypical Emotional Episodes, and Other Things Called Emotion: Dissecting the Elephant", *Journal of Personality and Social Psychology*, v. 76, n. 5, p. 805, 1999; Elizabeth A. Kensinger, "Remembering Emotional Experiences: The Contribution of Valence and Arousal", *Reviews in the Neurosciences*, v. 15, n. 4, pp. 241-52, 2004; Elizabeth A. Kensinger e

Suzanne Corkin, "Two Routes to Emotional Memory: Distinct Neural Processes for Valence and Arousal", *Proceedings of the National Academy of Sciences*, v. 101, n. 9, pp. 3310-5, 2004.

22. Embora alguns psicólogos usem as palavras *positivo* ou *negativo* nesse contexto, Barrett argumenta que uma formulação mais apropriada "é 'agradável-desagradável'. [...] 'Positivo' ou 'negativo' [...] pode ser descritivo (como *Sinto-me bem*) ou pode ser avaliativo (como *É bom eu me sentir dessa forma*). [...] Assim, seria na verdade 'agradável', 'desagradável'".

23. Dacher Keltner et al., "Emotional Expression: Advances in Basic Emotion Theory", *Journal of Nonverbal Behavior*, v. 43, pp. 133-60, 2019; Alan S. Cowen et al., "Mapping 24 Emotions Conveyed by Brief Human Vocalization", *American Psychologist*, v. 74, n. 6, p. 698, 2019; Emiliana R. Simon-Thomas et al., "The Voice Conveys Specific Emotions: Evidence from Vocal Burst Displays", *Emotion*, v. 9, n. 6, p. 838, 2009; Ursula Hess e Agneta Fischer, "Emotional Mimicry as Social Regulation", *Personality and Social Psychology Review*, v. 17, n. 2, pp. 142-57, 2013; Jean-Julien Aucouturier et al. "Covert Digital Manipulation of Vocal Emotion Alter Speakers' Emotional States in a Congruent Direction", *Proceedings of the National Academy of Sciences*, v. 113, n. 4, pp. 948-53, 2016.

24. Barrett afirmou que espelhar o comportamento pode ser contraproducente se o que o interlocutor necessita é um *apoio prestativo*: "Me formei como terapeuta faz um milhão de anos. Mas o que um bom comunicador faz é perceber se a pessoa espera empatia ou um apoio prestativo. Se a pessoa quer empatia, espelhamos seu comportamento. Se ela quer apoio prestativo, tentamos nos contrapor ao que está acontecendo com ela [...]. Se tento acalmar minha filha quando ela só espera minha empatia, não funciona. Por outro lado, se mostro empatia quando ela precisa que eu seja prestativo, isso pode piorar as coisas. [...] Assim um bom comunicador tenta descobrir se a pessoa quer empatia ou apoio prestativo. [...] No jargão, chamamos isso de compassar [*pacing*] e conduzir [*leading*]. Quando eu era terapeuta, primeiro compassava a pessoa. Na verdade, me harmonizava com sua respiração, e depois lentamente respirava mais devagar, daí a pessoa diminuía a velocidade da própria respiração. Então primeiro eu me sincronizava, e depois manipulava meu próprio sinal e ela fazia o mesmo, porque já estava em sincronia comigo".

25. Vale a pena observar que a abordagem de McGuire derivou de seu interesse no "Modelo de Comunicação de Processo", que tenta identificar o tipo de personalidade de alguém examinando como a pessoa se comunica. A filha de McGuire, Bethany Sexton, respondendo às questões de checagem de fatos, escreveu que a abordagem descrita neste capítulo "foi algo que Terry usou não só com os astronautas, mas também ao longo de sua prática por décadas. Além do mais, ele desenvolveu um relacionamento muito entusiasmado com um colega pesquisador chamado Taibi Kahler. Na época, Taibi estava estudando análise transacional e havia produzido um modelo psicológico e comportamental chamado comunicação de processo. Quando Terry ficou sabendo do trabalho de Kahler, eles criaram uma conexão e rapidamente se tornaram amigos. Terry usou o modelo de Taibi na análise dos astronautas [...] e o achou muito poderoso, tanto que lhe possibilitou avaliar os astronautas em questão de minutos, com base na escolha de palavras que faziam, nos seus maneirismos e formas de se expressar".

26. "90-006: 1990 Astronaut Candidates Selected", Nasa News; "Astronaut's Right Stuff Is Different Now", *Associated Press*, 13 out. 1991.

27. Radloff, *The Big Bang Theory*.

28. Parte do diálogo foi excluída em prol da brevidade e da relevância.

29. Radloff, *The Big Bang Theory*.

30. "Emmy Watch: Critics' Picks", *Associated Press*, 22 jun. 2009.

5. CONEXÃO EM UM CONFLITO (pp. 141-68)

1. Jeffcoat me contou que o lockdown foi causado por uma altercação nos arredores da escola, não dentro dela.

2. No começo daquele ano, um atirador em Aurora, Colorado, matou doze pessoas em um cinema.

3. Jeffcoat prefere o termo "segurança" de armas do que "controle" de armas.

4. A última temporada de *Lost*, caso você queira saber, foi ótima.

5. Charles Duhigg, "The Real Roots of American Rage", *The Atlantic*, jan./fev. 2019; "Political Polarization", Pew Research Center, 2014.

6. "Political Polarization and Media Habits", Pew Research Center, 21 out. 2014.

7. Jeff Hayes, "Workplace Conflict and How Businesses Can Harness It to Thrive", *CPP Global Human Capital Report*, 2008.

8. Essa frase também já foi atribuída a Gandhi. Sua fonte original, como tantas citações, é um tanto nebulosa.

9. Os organizadores desse projeto incluíam Spaceship Media, Advance Local, Alabama Media Group, Essential Partners, repórteres de vários jornais e outros.

10. Em resposta a questões de checagem de fatos, John Sarrouf, da Essential Partners, escreveu: "Eu diria que o problema do momento é se poderíamos envolver o suficiente os participantes em uma experiência imersiva de diálogo de dois dias e no desenvolvimento de habilidades para fazê-los continuar com a conversa na internet por um mês e manter o mesmo tipo de diálogo aberto e complexo que foram capazes de manter presencialmente".

11. "The Vast Majority of Americans Support Universal Background Checks. Why Doesn't Congress?", *Harvard Kennedy School*, 2016.

12. "Polling Is Clear: Americans Want Gun Control", *Vox*, 1 jun. 2022.

13. Sarrouf esclareceu que acredita que "há uma falta de confiança recíproca e [...] a linguagem que temos para discutir essa questão afasta ainda mais as pessoas". Sua esperança era "ilustrar o poder da comunicação estruturada, intencional, para restabelecer a confiança, formar relacionamentos baseados no entendimento mútuo e gerar resiliência às forças de polarização necessárias para a ação coletiva".

14. Heen é uma coautora de um dos meus livros favoritos de comunicação: *Difficult Conversations: How to Discuss What Matters Most*. Nova York: Penguin, 2010.

15. Heen explicou que "o problema mais fundo é um problema de relacionamento, motivado por como cada um se sente sendo tratado pelo outro. Isso envolve sentimentos, sem dúvida, mas os sentimentos são antes um sintoma do que o problema. [...] O problema mais fundo é como nos sentimos tratados pela outra pessoa. E isso está causando frustração e fazendo a pessoa se sentir sozinha, mal compreendida e ignorada. [...] Acho que quem tende a dizer 'você não deveria ser tão emotivo' está deixando de perceber que, na verdade, é como está tratando o outro que é o problema e, possivelmente, a solução".

16. Heen acrescentou que não é apenas se as pessoas em conflito admitem ou não suas emoções, mas também como o fazem. "Também poderia ser que *ambas* estão dizendo que estão furiosas e ambas estão culpando uma à outra. Não estão chegando a 'tudo bem, estou escutando, deixe-me tentar entender por que você está tão nervoso'."

17. Sarrouf descreveu suas metas assim: "Criar um ambiente onde se espere que as pessoas escutem profundamente, tenham curiosidade, desejo de compreender e serem compreendidas e vivenciem uma diferente maneira de se envolver nesse assunto; e ensinar habilidades de comunicação para os participantes". Sarrouf também enfatizou que os objetivos de todos os organizadores foram explicados aos participantes antes do início do evento.

18. Dotan R. Castro et al. "Mere Listening Effect on Creativity and the Mediating Role of Psychological Safety", *Psychology of Aesthetics, Creativity, and the Arts*, v. 12, n. 4, p. 489, 2018.

19. Sarrouf explicou que embora os sentimentos façam parte desse diálogo, "meu objetivo é fazer com que falem sobre razões. Quero escutar suas histórias. Quero escutar sobre os valores que fundamentam suas crenças. E quero que falem sobre a complexidade de suas crenças. As emoções são apenas uma parte do que vem à tona quando as pessoas falam sobre essas coisas. [...] Não quero ninguém expondo uma emoção que não se sinta confortável em expor. O que espero que façam é contar para nós uma história sobre si mesmos, em vez de outra pessoa contar uma história sobre eles, que é o que fazemos uns com os outros quando estamos em um conflito. Eu tenho uma história sobre você, e você tem uma história sobre mim, e essas histórias são normalmente imprecisas. E essa é uma oportunidade para você reescrever sua própria história".

20. Descobri o *ciclo da compreensão* com a jornalista Amanda Ripley em seu maravilhoso livro *High Conflict: Why We Get Trapped and How We Get Out*. Nova York: Simon and Schuster, 2021. Durante o treinamento em comunicação em Washington, os organizadores não se referiram a essa técnica como *ciclo de compreensão* nem a ensinaram como tal, mas usaram uma abordagem mais geral. Sarrouf explicou que chama sua abordagem de "escutar todo o espectro" e que ela é com frequência usada em "um exercício onde quatro pessoas se reúnem. [...] Você conta uma história e três pessoas escutam. Uma delas está escutando o que acontece, os fatos do que aconteceu com você. A segunda está escutando seus valores, e as coisas que são mais importantes para você nessa história. [...] E a terceira está de ouvidos atentos para as emoções que você sente. [...] E assim cada um dos três relata o que escutou — e não apenas diz se escutou certo ou errado (embora haja um pouco disso). Na maior parte, o que estão fazendo é, na verdade, aprendendo com as três pessoas que escutaram sobre si mesmas — coisas que nem sabiam ser verdade a seu próprio respeito, mas como as pessoas estavam escutando tão profundamente em diferentes canais para diferentes coisas, a situação lhes trouxe novas percepções sobre sua própria experiência. [...] Se podemos aprender a escutar todas as diferentes mensagens que as pessoas estão partilhando quando falam, podemos na verdade ficar sabendo não apenas os fatos de sua vida, mas o que é importante para elas, o que é importante em suas vidas, que relacionamentos tiveram, como foi sua jornada emocional, seus compromissos, seus dilemas".

21. G. Itzchakov, H. T. Reis e N. Weinstein, "How to Foster Perceived Partner Responsiveness: High-Quality Listening Is Key", *Social and Personality Psychology Compass*, v. 16, n. 1, 2021; Brant R. Burleson, "What Counts as Effective Emotional Support", *Studies in Applied Interpersonal Communication*, pp. 207-27, 2008.

22. Os pesquisadores nesse artigo estavam estudando a receptividade na conversação, em que técnicas como o *ciclo da compreensão* podem ser consideradas um componente, mas não a totalidade dessa abordagem. A citação completa desse artigo é a seguinte: "Usando dados de campo de um ambiente onde a gestão de conflito é endêmica à produtividade, mostramos que a receptividade conversacional no início de uma conversa previne a escalada do conflito no fim. Especificamente,

editores da Wikipédia que escrevem posts mais receptivos são menos propensos a receber ataques pessoais de editores discordantes". Michael Yeomans et al. "Conversational Receptiveness: Improving Engagement with Opposing Views", *Organizational Behavior and Human Decision Processes*, v. 160, pp. 131-48, 2020.

23. Heen escreveu: "Acho que, na verdade, há três propósitos para o ciclo (ou escuta ativa habilidosa). 1. Ajudar o falante a se compreender melhor (!). Em um conflito complicado, explico minha perspectiva para você, mas quando você a resume para mim, muitas vezes penso: 'Bem, sim, mas pra mim é mais do que isso. [...] Também é que...'. Assim, na condição de falante, meu ouvinte está me ajudando a identificar um punhado de camadas sobre por que isso importa para mim e quais são meus interesses, minhas preocupações e meus sentimentos sobre isso; 2. Ajudar o ouvinte a compreender melhor e mais plenamente (às vezes, pergunto para cada lado 'O que você acha que o outro lado não 'saca' sobre sua perspectiva?,' e uma vez explicado, o ouvinte diz: 'Ah, puxa, é mesmo, essa parte eu não entendi'); e 3. Deixar que o falante *saiba* que o ouvinte compreende mais inteiramente — o que também *mostra* para o falante que o ouvinte se importa o suficiente sobre o assunto e sobre o relacionamento para dar duro e entender o que é mais importante para o outro. Assim, o ciclo está fazendo todo esse trabalho, por isso pode mudar a dinâmica tão dramaticamente, quando feito com sinceridade — e quando a recíproca é verdadeira".

24. Sarrouf escreveu: "O que está descrito aqui é a primeira de três questões que foram feitas e respondias na experiência do diálogo: 1. Você poderia nos contar sobre uma experiência de vida que moldou sua perspectiva ou suas crenças sobre armas de fogo? 2. Qual a principal questão quando você pensa sobre o papel das armas de fogo em nosso país? 3. De que maneiras você tem sentimentos mistos ou se sente puxado em diferentes direções sobre a questão? Onde você vê alguns de seus valores se chocando contra outros valores quando pensa sobre essa questão? Fazemos as pessoas circularem na roda respondendo essas perguntas e depois abrimos a conversa para que façam perguntas com genuína curiosidade. O propósito das questões de genuína curiosidade é aprofundar a compreensão, seguir a curiosidade, convidar o nuance e a complexidade, não só a clareza".

25. "How and Why Do American Couples Argue?", *YouGovAmerica*, 1 jun. 2022.

26. Na resposta às questões de checagem de fatos, Benjamin Karney escreveu que "é correto que as associações entre conflito conjugal, como observado no laboratório, e a concomitante satisfação conjugal, alteração na satisfação conjugal e divórcio são significativas, mas não tão fortes. Isso significa que, em média, casais que vivenciam mais conflito ficam sob maior risco de resultados conjugais piores, mas com isso ainda restam muitos casais que brigam muito e ficam perfeitamente bem por longos períodos de tempo. Por quê? Porque a qualidade do conflito conjugal não é a única coisa que importa para seus sentimentos sobre o relacionamento. É apenas um elemento em uma série de variáveis (incluindo personalidade, histórico familiar, estresse externo, situação financeira) que também contribuem para compreender como os casamentos têm sucesso ou falham".

27. Embora de modo geral seja verdade que os casais discutem por problemas similares em todos os perfis demográficos, pesquisas indicam que casais empobrecidos discutem mais sobre os fatores de estresse que acompanham a pobreza, e que casais com problemas específicos — incluindo problemas médicos ou de dependência química — discutem com frequência maior sobre essas questões. Além do mais, Karney enfatizou que "um monte (praticamente tudo) desse trabalho inicial foi conduzido com casais relativamente abastados e brancos. Aprendemos muito sobre conflito em anos recentes expandindo nosso foco para além dessas amostras, estudando casais de bairros de

menor renda. Uma descoberta: o modo como casais lidam com o conflito é poderosamente afetado por fatores que os parceiros não podem controlar. Os casais muitas vezes não podem escolher as fontes de suas discordâncias, ou a gravidade delas. É preciso muito privilégio para conseguir escolher o melhor momento para suas discordâncias e ter tempo para processar os conflitos, antes de mais nada. Também descobrimos que ensinar os casais a melhorar seus conflitos é algo muito difícil de fazer, e que os ganhos nisso [...] nem sempre melhoram a relação, especialmente quando essa relação é desafiada de outras maneiras que as intervenções não alcançam. A sabedoria da Terapia Comportamental Integrativa de Casais não é ensinar autocontrole, mas encorajar que aceitemos nosso parceiro como uma pessoal integral, com uma história e limites".

28. Karney escreveu: "Meu entendimento dessa literatura é que havia diferenças significativas entre casais satisfeitos e casais em conflito no modo como abordavam [discussões sobre discordâncias]. Por um lado, casais em conflito descarregam comportamento negativo no outro com mais frequência do que casais satisfeitos. Por outro, pesquisas usando uma estratégia de 'mesa de conversa' que separava a intenção do comportamento de cada parceiro de seu impacto revelou que casais satisfeitos e em conflito não diferiam na intenção por trás de seu comportamento, mas diferiam muito no impacto sobre esse comportamento. Ou seja, nos casais satisfeitos, as intenções se equiparavam ao impacto, mas nos casais em conflito, as intenções não previam o impacto".

29. É importante notar que o controle é apenas um dos fatores que influencia o conflito dos casais. Kerney escreveu que "há muita coisa rolando nos conflitos de casais e brigas por controle são uma fatia. [...] Não tem só uma coisa acontecendo quando um casal discorda. [...] O conflito surge quando cada um dos parceiros quer algo diferente, então sempre que tem um conflito cada parceiro está tentando fazer a outra pessoa mudar ou se comprometer. Você pode chamar isso de controle ou pode chamar isso de tentar conseguir o que quer".

30. As transcrições foram mostradas para mim sob a condição de que a identidade dos participantes, além de outras particularidades que pudessem revelar identidades, como a localização das conversas, permanecesse confidencial.

31. Stanley escreveu que "se eu fizer com que um casal se organize um pouco, tire o pé do acelerador e fique ciente de seu comportamento sobre como estão falando, revezando-se e escutando (e cortando as agressões), as pessoas se acalmam rápido e as coisas boas vêm à tona. Um casal pode passar a pôr em prática todas as coisas boas".

32. Citações de discussão no Facebook por todo esse capítulo incluem tanto postagens feitas na página privada do Facebook dedicada a esse grupo como a mensagens diretas que os participantes me mostraram.

33. Sarrouf escreveu que "uma das falhas do projeto foi que trouxemos para o grupo o sêxtuplo de pessoas que na verdade nunca receberam treinamento nem orientação para nosso trabalho. [...] Acho que ficou mais difícil quando pessoas que não tinham a experiência entraram. As pessoas que treinamos usaram algumas de suas habilidades para ajudar os outros, mas não foi a mesma coisa".

34. "Dialogue Journalism: The Method", *Spaceship Media*; "Dialogue Journalism Toolkit", *Spaceship Media*.

35. Sarrouf escreveu que os moradores também trabalharam para "dar nova ênfase ao propósito do envolvimento. Assim, o propósito é muito importante para nós. Lembrávamos às pessoas que o propósito é ajudar a compreender uns aos outros e aprender com o outro, não uns tentarem convencer os outros. Esse é um elemento fundamental do trabalho, assim você intervém para reforçar

a ênfase no propósito. Você intervém para reforçar a ênfase de parte dos acordos de comunicação estabelecidos, que também estão lá para ajudar as pessoas e seu propósito. E talvez algumas habilidades que aprendemos, como, sei lá, escutar para compreender, falar para ser compreendido, fazer questões genuinamente curiosas. Devemos lembrar de fazer perguntas genuinamente curiosas, não tentar descobrir podres nem fazer perguntas retóricas".

36. Como esse capítulo observa, havia múltiplas dinâmicas, além das brigas pelo controle, que perturbavam as conversas on-line. Como Sarrouf escreveu em resposta às questões de checagem de fatos, esses outros fatores incluíam a marginalização de alguns participantes; casos em que os participantes não aderiram a acordos de comunicação feitos pelo grupo; e outros padrões que impediam uma conversa aberta e diversa. Ele escreveu que "o propósito é criar uma igualdade na hora de falar, convidar as pessoas a apresentar seu argumento, ajudar os que escutam a seguirem firmes".

37. Heen acrescentou que esse processo leva um longo tempo, porque "nossas opiniões mudam com o tempo, e à medida que integramos como a outra pessoa enxerga à nossa própria perspectiva, nossa perspectiva muda".

38. Essa é uma versão editada da citação inteira, que diz, na íntegra: "Estou começando a perder interesse nesse grupo. Não há nada sobre o que falar. Ninguém está interessado em mudar de ideia. Ou você acredita no direito humano mais fundamental que existe — o direito de se defender, defender sua família, sua comunidade, seu país — ou acredita na negação desse direito mais fundamental e na concentração das armas e monopolização da força nas mãos da elite política e seus subordinados. Sei que na minha cabeça estou decidido sobre esse assunto e provavelmente com você é a mesma coisa. Sem problema. Aprecio a civilidade aqui, mas acho que no fim a gente se vê nas urnas".

39. Essas citações vêm de múltiplas pesquisas conduzidas pela Essential Partners.

40. Sarrouf escreveu: "Acho que o negócio a se compreender aqui é que isso tem menos a ver com algumas pessoas se elevando acima dos desentendimentos enquanto outras não, e mais a ver com construir padrões e tendências que aumentem a probabilidade de optar por escutar abertamente e fazer perguntas honestas. [...] Acho que sabemos hoje e soubemos por um longo tempo que dispomos das ferramentas e estruturas para ajudar as pessoas a falar sobre assuntos muito difíceis. [...] Descobrimos que quando as pessoas vão para um ambiente on-line com algum treinamento sólido e consciência, acordos de comunicação, boa moderação, jornalistas solidários que contribuem com reportagens equilibradas e algumas pessoas como Melanie e Jon que estão realmente comprometidas, podemos obter uma conversa melhor".

GUIA PARA USAR ESSAS IDEIAS — PARTE III (pp. 169-76)

1. Tim Althoff, Cristian Danescu-Niculescu-Mizil e Dan Jurafsky, "How to Ask for a Favor: A Case Study on the Success of Altruistic Requests", *Proceedings of the International AAAI Conference on Web and Social Media*, v. 8, n. 1 , pp. 12-21, 2014; Cristian Danescu-Niculescu-Mizil et al., "How Opinions Are Received by Online Communities: A Case Study on Amazon.com Helpfulness Votes", *Proceedings of the 18th International Conference on World Wide Web*, pp. 141-50, abr. 2009; Justine Zhang et al., "Conversations Gone Awry: Detecting Early Signs of Conversational Failure", *Proceedings of the 56th Annual Meeting of the Association for Computational Linguistics*, v. 1, pp. 1350-61, jul. 2018.

2. Zhang et al., "Conversations Gone Awry"; Justin Cheng, Cristian Danescu-Niculescu-Mizil e Jure Leskovec, "Antisocial Behavior in Online Discussion Communities", *Proceedings of the International* AAAI *Conference on Web and Social Media*, v. 9, n. 1, pp. 61-70, 2015; Justin Cheng, Cristian Danescu-Niculescu-Mizil e Jure Leskovec, "How Community Feedback Shapes User Behavior", *Proceedings of the International AAAI Conference on Web and Social Media*, v. 8, n. 1 , pp. 41-50, 2014.

6. NOSSA IDENTIDADE SOCIAL MOLDA NOSSO MUNDO (pp. 179-204)

1. Dewesh Kumar et al. "Understanding the Phases of Vaccine Hesitancy During the Covid-19 Pandemic", *Israel Journal of Health Policy Research*, v. 11, n. 1, pp. 1-5; 2022: Robert M. Jacobson, Jennifer L. St. Sauver e Lila J. Finney Rutten, "Vaccine Hesitancy", *Mayo Clinic Proceedings*, v. 90, n. 11, pp. 1562-68, 2015. Charles Shey Wiysonge et al. "Vaccine Hesitancy in the Era of Covid-19: Could Lessons from the Past Help in Divining the Future?", *Human Vaccines and Immunotherapeutics*, v. 18, n. 1, pp. 1-3, 2022; Pru Hobson-West, "Understanding Vaccination Resistance: Moving Beyond Risk", *Health, Risk and Society*, v. 5, n. 3, pp. 273-83, 2003; Jacquelyn H. Flaskerud, "Vaccine Hesitancy and Intransigence", *Issues in Mental Health Nursing*, v. 42, n. 12, pp. 1147-50, 2021; Daniel L. Rosenfeld, A. Janet. Tomiyama, "Jab My Arm, Not My Morality: Perceived Moral Reproach as a Barrier to Covid-19 Vaccine Uptake", *Social Science and Medicine*, v. 294, p. 114 699, 2022.

2. As referências à "identidade social" como conceito monolítico às vezes desconsideram o impacto gerado por nossas várias identidades. Por exemplo, a raça pode ter um impacto muito maior na vida de alguém do que o gênero e, por isso, é importante reconhecer que, embora "identidade social" seja um termo útil para captar esse conceito, ele geralmente é insuficiente por si só. Também o conceito de interseccionalidade, ou "da natureza interconectada das categorizações sociais como raça, classe e gênero aplicadas a um indivíduo ou grupo, vistas como sistemas sobrepostos e interdependentes de discriminação ou desvantagem", é um componente relevante para o entendimento de identidades sociais, como outras notas de fim explicam mais a fundo. Por ter me ajudado a entender melhor esses conceitos, agradeço a Kali D. Cyrus, mestra em Saúde Pública, psiquiatra certificada pela American Board of Psychiatry and Neurology e professora assistente do Departamento de Medicina da Johns Hopkins, que revisou esses capítulos e deu sugestões para torná-los mais robustos e inclusivos.

3. Joshua L. Miller e Ann Marie Garran, *Racism in the United States: Implications for the Helping Professions*. Nova York: Springer, 2017.

4. Michael Kalin e Nicholas Sambanis, "How to Think About Social Identity", *Annual Review of Political Science*, v. 21, pp. 239-57, 2018; Russell Spears, "Social Influence and Group Identity", *Annual Review of Psychology*, v. 72, pp. 367-90, 2021.

5. Jim A. C. Everett, Nadira S. Faber e Molly Crockett, "Preferences and Beliefs in Ingroup Favoritism", *Frontiers in Behavioral Neuroscience*, v. 9, p. 15, 2015; Matthew D. Lieberman, "Birds of a Feather Synchronize Together," *Trends in Cognitive Sciences*, v. 22, n. 5, pp. 371-2, 2018; Mina Cikara, Jay J. Van Bavel, "The Neuroscience of Intergroup Relations: An Integrative Review", *Perspectives on Psychological Science*, v. 9, n. 3, pp. 245-74, 2014; Thomas Mussweiler e Galen V. Bodenhausen, "I Know You Are, but What Am I? Self-Evaluative Consequences of Judging In-Group and Out-Group Members", *Journal of Personality and Social Psychology*, v. 82, n. 1, p. 19, 2002.

6. Muzafer Sherif et al. *Intergroup Conflict and Cooperation: The Robbers Cave Experiment*, v. 10. Norman: University Book Exchange, 1961.

7. Jellie Sierksma, Mandy Spaltman e Tessa A. M. Lansu, "Children Tell More Prosocial Lies in Favor of In-Group Than Out-Group Peers", *Developmental Psychology*, v. 55, n. 7, p. 1428, 2019; Sima Jannati et al. "In-Group Bias in Financial Markets" (2023). Disponível em: <https://ssrn.com/abstract=2884218>; David M. Bersoff, "Why Good People Sometimes Do Bad Things: Motivated Reasoning and Unethical Behavior", *Personality and Social Psychology Bulletin*, v. 25, n. 1, pp. 28-39, 1999; Alexis C. Carpenter e Anne C. Krendl, "Are Eyewitness Accounts Biased? Evaluating False Memories for Crimes Involving In-Group or Out-Group Conflict", *Social Neuroscience*, v. 13, n. 1, pp. 74-93, 2018; Torun Lindholm e Sven-Åke Christianson, "Intergroup Biases and Eyewitness Testimony", *The Journal of Social Psychology*, v. 138, n. 6, pp. 710-23, 1998.

8. É importante observar que a interseccionalidade — como alguém é impactado por inúmeras identidades que transcendem os pares binários, e como essas identidades intersectadas podem expor as pessoas a mais discriminações e desvantagens — é um componente importante na compreensão da força das identidades sociais. Para saber mais sobre o tema, procure as obras de Kimberlé Williams Crenshaw, Patricia Hill Collins, Sirma Bilge, Arica L. Coleman, Lisa Bowleg, Nira Yuval-Davis, Devon Carbado e outros acadêmicos. Eu recomendaria principalmente as seguintes obras, que foram de grande valia para mim: Sumi Cho, Kimberlé Williams Crenshaw e Leslie McCall, "Toward a Field of Intersectionality Studies: Theory, Applications, and Praxis", *Signs: Journal of Women in Culture and Society*, v. 38, n. 4, pp. 785-810, 2013; Ange-Marie Hancock, *Intersectionality: An Intellectual History*. Nova York: Oxford University, 2016; Edna A. Viruell-Fuentes, Patricia Y. Miranda e Sawsan Abdulrahim, "More Than Culture: Structural Racism, Intersectionality Theory, and Immigrant Health", *Social Science and Medicine*, v. 75, n. 12, pp. 2099-106, 2012; Devon W. Carbado, et al. "Intersectionality: Mapping the Movements of a Theory", *Du Bois Review: Social Science Research on Race*, v. 10, n. 2, pp. 303-12, 2013.

9. Saul Mcleod, "Social Identity Theory: Definition, History, Examples, and Facts", *Simply Psychology*, 14 abr. 2023.

10. Matthew D. Lieberman, "Social Cognitive Neuroscience: A Review of Core Processes", *Annual Review of Psychology*, v. 58, pp. 259-89, 2007; Carolyn Parkinson e Thalia Wheatley, "The Repurposed Social Brain," *Trends in Cognitive Sciences*, v. 19, n. 3, pp. 133-41, 2015; William Hirst e Gerald Echterhoff, "Remembering in Conversations: The Social Sharing and Reshaping of Memories", *Annual Review of Psychology*, v. 63, pp. 55-79, 2012; Katherine D. Kinzler, "Language as a Social Cue", *Annual Review of Psychology*, v. 72, pp. 241-64, 2021; Gregory M. Walton et al. "Mere Belonging: the Power of Social Connections", *Journal of Personality and Social Psychology*, v. 102, n. 3, p. 513, 2012.

11. É de grande valia notar que o poder conferido pela sociedade a certas identidades — o que às vezes chamamos de privilégio — pode afetar muito a vida das pessoas. Para saber mais sobre o assunto, recomendo Allan G. Johnson, *Privilege, Power, and Difference*. Boston: McGraw-Hill, 2006; Devon W. Carbado, "Privilege". In: Ann Braithwaite e Catherine Orr (Org.), *Everyday Women's and Gender Studies*. Nova York: Routledge, 2016, pp. 141-6; Linda L. Black e David Stone, "Expanding the Definition of Privilege: the Concept of Social Privilege", *Journal of Multicultural Counseling and Development*, v. 33, n. 4, pp. 243-55, 2005; Kim Case, *Deconstructing Privilege*. Nova York: Routledge, 2013.

12. Matt Motta et al. "Identifying the Prevalence, Correlates, and Policy Consequences of Anti--Vaccine Social Identity", *Politics, Groups, and Identities*, pp. 1-15, 2021.

13. "CDC Museum Covid-19 Timeline", Centers for Disease Control and Prevention. Disponível em: <https://www.cdc.gov/museum/timeline/covid19.html>.

14. James E. K. Hildreth e Donald J. Alcendor, "Targeting Covid-19 Vaccine Hesitancy in Minority Populations in the US: Implications for Herd Immunity", *Vaccines*, v. 9, n. 5, p. 489, 2021; Lea Skak Filtenborg Frederiksen et al. "The Long Road Toward Covid-19 Herd Immunity: Vaccine Platform Technologies and Mass Immunization Strategies", *Frontiers in Immunology*, v. 11, p. 1817, 2020.

15. Claude M. Steele, *Whistling Vivaldi: How Stereotypes Affect Us and What We Can Do*. Nova York: W. W. Norton, 2011.

16. Ibid.

17. Em resposta ao e-mail de checagem de fatos, Steele respondeu que acabou concluindo que essa discrepância não se devia a um viés implícito porque "1) temos casos de desempenho aquém do esperado em nossas pesquisas laboratoriais que não podem ser atribuídos a um viés implícito, visto que os participantes estavam sozinhos no laboratório ao fazer o teste, e 2) quando tiramos a ameaça do estereótipo do caminho — como foi o caso desses experimentos, feitos em condições críticas —, o desempenho aquém do esperado desaparece por completo, o que deixa claro que pelo menos nesses experimentos somente a ameaça do estereótipo poderia ter causado o mau desempenho, já que sua completa eliminação acabou totalmente com as performances abaixo do esperado".

18. Steele escreveu: "Não estão exatamente preocupados com seu talento verdadeiro, mas com a forma como serão julgados e vistos e o que isso significa para o futuro deles".

19. Steven J. Spencer, Claude M. Steele, Diane M. Quinn, "Stereotype Threat and Women's Math Performance", *Journal of Experimental Social Psychology*, v. 35, n. 1, pp. 4-28, 1999.

20. Steele escreveu: "Agora sabemos que elas não têm um desempenho aquém do esperado porque estão aturdidas, e sim porque se esforçam demais, fazem várias coisas simultaneamente, se empenham muito para se sair bem ao mesmo tempo que monitoram o tempo todo como estão indo e se preocupam com o impacto de tudo sobre seu desempenho e as consequências desse desempenho".

21. Claude M. Steele e Joshua Aronson, "Stereotype Threat and the Intellectual Test Performance of African Americans", *Journal of Personality and Social Psychology*, v. 69, n. 5, p. 797, 1995.

22. Respondendo a uma checagem de fatos, Aronson, coautor do estudo, disse: "O resultado dos estudantes negros era bem melhor quando tinham a sensação de não estarem sendo avaliados pelo teste, mas para os estudantes brancos isso não fazia diferença e acreditamos que isso se deve ao fato de não haver estereótipo em jogo". Aronson alertou contra a comparação de notas dos participantes brancos e negros e enfatizou bastante que "alunos negros estavam sujeitos a enfrentar uma situação estereotipante: tinham um desempenho pior quando eram lembrados do estereótipo e quando achavam que o teste serviria como um diagnóstico de suas capacidades".

23. Charlotte R. Pennington et al. "Twenty Years of Stereotype Threat Research: A Review of Psychological Mediators", *Plos One*, v. 11, 2016. Antes disso, atuou como reitor da Universidade Columbia e da UC Berkeley.

24. Steele escreveu: "Não é que as mulheres e os negros acreditem ter sido confinados a seus grupos por outras pessoas. Assim como homens e brancos, eles sabem muito bem qual é o grupo deles. Não precisam supor que pessoas preconceituosas os tenham encaixado ali. Eles simplesmente

sabem que existem estereótipos a respeito de seus grupos na sociedade em geral. Isso basta para que se sintam ameaçados pela possibilidade de serem julgados ou tratados de acordo com os estereótipos quando estão em uma situação ou vivenciando algo que tenha a ver com o estereótipo".

25. Há uma enorme quantidade de pesquisas acerca de como lutar contra a ameaça do estereótipo, com muitas soluções propostas e testadas. Para saber mais detalhes, recomendo o capítulo 9 do livro de Claude Steele, *Whistling Vivaldi*.

26. Dana M. Gresky, "Effects of Salient Multiple Identities on Women's Performance Under Mathematics Stereotype Threat", *Sex Roles*, v. 53, 2005.

27. Salma Mousa, "Building Social Cohesion Between Christians and Muslims Through Soccer in Post-ISIS Iraq", *Science*, v. 369, n. 6505, pp. 866-70, 2020.

28. Richard Hall, "Iraqi Christians Are Slowly Returning to Their Homes, Wary of Their Neighbors", Public Radio International (2017).

29. "For Persecuted Christian Women, Violence Is Compounded by 'Shaming'", World Watch Monitor, 8 mar. 2019.

30. Richard Hall, "Iraqi Christians Are Slowly Returning".

31. Em resposta a um e-mail de checagem de fatos, Mousa esclareceu que, apesar de correta a informação de que os três jogadores a mais seriam muçulmanos, na reunião as pessoas foram informadas apenas de que "para garantir que membros de todas as comunidades participem da liga, vamos acrescentar jogadores aos seus times de forma aleatória, e eles podem ser ou não ser cristãos". Entretanto, os presentes entenderam que provavelmente os outros jogadores seriam muçulmanos.

32. Mousa contou com a enorme colaboração de líderes comunitários de Qaraqosh e com a orientação de Rabie Zakaria. Mousa era estudante de doutorado quando esse trabalho foi feito. Hoje em dia, é professora assistente de ciências políticas em Yale.

33. Thomas F. Pettigrew e Linda R. Tropp, "Allport's Intergroup Contact Hypothesis: Its History and Influence". In: Peter Samuel Glick Dovidio e Laurie A. Rudman, *On the Nature of Prejudice: Fifty Years After Allport*. Malden: Blackwell, 2005, pp. 262-77; Marilynn B. Brewer e N. Miller, "Beyond the Contact Hypothesis: Theoretical", *Groups in Contact: The Psychology of Desegregation*. Orlando: Academic Press, 1984. p. 281; Yehuda Amir, "Contact Hypothesis in Ethnic Relations", *Psychological Bulletin*, v. 71, n. 5, p. 319, 1969; Elizabeth Levy Paluck, Seth A. Green, e Donald P. Green, "The Contact Hypothesis Re-Evaluated", *Behavioural Public Policy*, v. 3, n. 2, pp. 129-58, 2019.

34. Salma Mousa, "Building Social Cohesion", pp. 866-70.

35. Salma Mousa, *Contact, Conflict, and Social Cohesion*, Universidade de Stanford, 2020, dissertação de mestrado.

36. Mousa acrescentou mais um contexto para garantir o pé de igualdade: a vida de todos os jogadores, muçulmanos e cristãos, tinha sido afetada pelos milicianos do Isis. "Os muçulmanos do estudo, em sua maioria, eram da comunidade Shabak Shia, vista como herege pelo Isis... Então não foi exatamente uma dinâmica ao estilo 'criminoso vs. vítima', mas um caso de profunda desconfiança e de preconceito contra muçulmanos, que estariam diluindo o espírito cristão de Qaraqosh ao se instalarem na cidade e seriam, segundo os estereótipos, menos instruídos, mais pobres e mais conservadores. A experiência compartilhada do desalojamento pouco fez para unir os dois grupos. Aliás, a ocupação fortaleceu a identidade, a desconfiança e a segregação endogrupal."

37. "Covid-19 Weekly Epidemiological Update", *Organização Mundial da Saúde*, 23 fev. 2021.

38. Em resposta às perguntas que fizemos para nossa checagem de fatos, Rosenbloom disse que "o objetivo do Boost Oregon não era convencer as pessoas a se vacinarem. Era ajudá-las a tomar uma decisão bem fundamentada. Sim, estamos explicando às pessoas por que elas são boas e por que são seguras, mas... o que a gente precisa fazer é ajudá-las a resolver as dúvidas que têm, sem segundas intenções, se não, estamos condenados ao fracasso antes mesmo de começar".

39. Jennifer Hettema, Julie Steele e William R. Miller, "Motivational Interviewing", *Annual Review of Clinical Psychology*, v. 1, pp. 91-111, 2005; William R. Miller e Gary S. Rose, "Toward a Theory of Motivational Interviewing", *American Psychologist*, v. 64, n. 6, p. 527, 2009; William R. Miller, "Motivational Interviewing: Research, Practice, and Puzzles", *Addictive Behaviors*, v. 21, n. 6, pp. 835-42, 1996; William R. Miller, S. Rollnick, *Motivational Interviewing: Helping People Change*. Nova York: Guilford, 2013.

40. Ken Resnicow e Fiona Mcmaster, "Motivational Interviewing: Moving from Why to How with Autonomy Support", *International Journal of Behavioral Nutrition and Physical Activity*, v. 9, n. 1, pp. 1-9, 2012.

7. COMO TORNAR CONVERSAS DIFÍCEIS MENOS ARRISCADAS? (pp. 205-32)

1. Autores cometem vários equívocos ao escrever sobre raça e etnia, sobretudo quando são, assim como eu, homens brancos heterossexuais que tiveram muitos privilégios e vantagens. Um dos riscos é não perceber insights que seriam óbvios para outros escritores. Por isso, ao escrever esse capítulo, conversei com acadêmicos que estudam racismo, preconceito e comunicação interracial e que foram muito generosos com o tempo deles. Muitos são pensadores que vivenciaram a exclusão. Fiquei grato por suas perspectivas e pedi que alguns deles revisassem esse capítulo e me dessem opiniões e sugestões. Em alguns casos, suas contribuições foram incorporadas ao texto, ou detalhadas nas notas. Também considero importante observar que, embora tipos diferentes de preconceitos tenham aspectos em comum, eles não devem ser postos num mesmo grupo. O racismo é distinto do sexismo e da homofobia. Todos os preconceitos — e todos os exemplos de injustiça — são, à sua própria maneira, singulares. Por fim, ao escolher como me referir a temas delicados nesse e em outros capítulos, inclusive ao me referir a etnias específicas, tentei adotar os padrões do Guia de Estilo da Associated Press.

2. "At Netflix, Radical Transparency and Blunt Firings Unsettle the Ranks", *The Wall Street Journal*, 25 out. 2018.

3. É importante observar que declarações ofensivas podem ser escancaradas — como o uso de um termo racista —, mas podem também ser bem sutis, algo que certos acadêmicos chamam de *microagressões*. Para saber mais sobre o assunto, ver Derald Wing Sue e Lisa Spanierman, *Microaggressions in Everyday Life*. Hoboken: John Wiley and Sons, 2020; Derald Wing Sue et al. "Racial Microaggressions in Everyday Life: Implications for Clinical Practice", *American Psychologist*, v. 62, n. 4, p. 271. 2007; Derald Wing Sue, "Microaggressions: More Than Just Race", *Psychology Today*, v. 17, 2010; Anthony D. Ong e Anthony L. Burrow, "Microaggressions and Daily Experience: Depicting Life as It Is Lived", *Perspectives on Psychological Science*, v. 12, n. 1, 2017.

4. Reed Hastings, junto com Marc Randolph, fundou a Netflix.

5. Pela minha compreensão da Netflix, tenho uma dívida de gratidão a muitas fontes, entre elas, o livro de Reed Hastings, coescrito por Erin Meyer, *No Rules Rules: Netflix and the Culture of*

Reinvention. Nova York: Penguin, 2020; Corinne Grinapol, *Reed Hastings and Netflix*. Nova York: Rosen, 2013; Patty McCord, "How Netflix Reinvented HR", *Harvard Business Review*, v. 92, n. 1, pp. 71-6, 2014; James Morgan, "Netflix: Reed Hastings", *Media Company Leader Presentations*, v. 12, 2018; Bill Taylor, "How Coca- Cola, Netflix, and Amazon Learn from Failure", *Harvard Business Review*, v. 10, 2017; Kai-Ingo Voigt et al. "Entertainment on Demand: The Case of Netflix". In: *Business Model Pioneers: How Innovators Successfully Implement New Business Models*. Cham: Springer International, 2017. pp. 127-41; Patty Mccord, *Powerful: Building a Culture of Freedom and Responsibility*. San Francisco: Silicon Guild, 2018.

6. Em resposta às perguntas que fizemos para nossa checagem de fatos, um representante da Netflix disse que hoje em dia essa prática é mais rara, e que como a empresa cresceu e se tornou mais sofisticada, ela vem pagando salários que seguem o padrão da indústria sem que os funcionários precisem receber propostas externas.

7. Em resposta às perguntas que fizemos para nossa checagem de fatos, um representante da Netflix disse que hoje em dia essa prática é mais rara.

8. O prêmio foi concedido em 2010.

9. Evelyn R. Carter, Ivuoma N. Onyeador e Neil A. Lewis JR., "Developing and Delivering Effective Anti-bias Training: Challenges and Recommendations", *Behavioral Science and Policy*, v. 6, n. 1, pp. 57-70, 2020; Joanne Lipman, "How Diversity Training Infuriates Men and Fails Women", *Time*, v. 191, n. 4, pp. 17-19, 2018; Peter Bregman, "Diversity Training Doesn't Work", *Harvard Business Review*, v. 12, 2012; Frank Dobbin e Alexandra Kalev, "Why Doesn't Diversity Training Work? The Challenge for Industry and Academia", *Anthropology Now*, v. 10, n. 2, pp. 48-55, 2018; Hussain Alhejji et al., "Diversity Training Programme Outcomes: A Systematic Review", *Human Resource Development Quarterly*, v. 27, n. 1, pp. 95-149, 2016; Gwendolyn M. Combs e Fred Luthans, "Diversity Training: Analysis of the Impact of Self- Efficacy", *Human Resource Development Quarterly*, v. 18, n. 1, pp. 91-120, 2007; J. Belluz, "Companies Like Starbucks Love Anti-bias Training but It Doesn't Work—And May Backfire", *Vox*, 2018; Edward H. Chang et al., "The Mixed Effects of Online Diversity Training", *Proceedings of the National Academy of Sciences*, v. 116, n. 16, pp. 7778-83, 2019.

10. Elizabeth Levy Paluck et al., "Prejudice Reduction: Progress and Challenges", *Annual Review of Psychology*, v. 72, pp. 533-60, 2021.

11. Francesca Gino e Katherine Coffman, "Unconscious Bias Training That Works", *Harvard Business Review*, v. 99, n. 5, pp. 114-23, 2021.

12. Frank Dobbin e Alexandra Kalev, "Why Diversity Programs Fail", *Harvard Business Review*, v. 94, n. 7, p. 14, 2016.

13. Citação tirada de "Unconscious Bias Training That Works" e de seu resumo em outro estudo: Alexandra Kalev, Frank Dobbin e Erin Kelly, "Best Practices or Best Guesses? Assessing the Efficacy of Corporate Affirmative Action and Diversity Policies", *American Sociological Review*, v. 71, n. 4, pp. 589-617, 2006.

14. Elizabeth Levy Paluck, et al. "Prejudice Reduction: Progress and Challenges", *Annual Review of Psychology*, v. 72, pp. 533-60, 2021. Vale a pena notar que, entre os métodos que parecem ser consistentemente eficazes para a redução de casos de atitudes preconceituosas e enviesadas, está o "contato intergrupal cara a cara" e o incentivo a "conversas interpessoais ao longo do tempo", como pesquisadores escreveram na *Annual Review of Psychology* de 2021.

15. Em resposta às perguntas que fizemos para nossa checagem de fatos, a Netflix disse que nem todos os funcionários tinham ouvido falar no incidente e formado uma opinião.

16. Muitas pesquisas sugerem que esses tipos de padrões, formal ou informalmente aplicados por meio de normas e comentários de funcionários, podem causar uma desvantagem desproporcional para trabalhadores de origens minorizadas. Para saber mais sobre o assunto, ver James R. Elliott e Ryan A. Smith, "Race, Gender, and Workplace Power", *American Sociological Review*, v. 69, n. 3, pp. 365-86, 2004; Ashleigh Shelby Rosette, Geoffrey J. Leonardelli e Katherine W. Phillips, "The White Standard: Racial Bias in Leader Categorization", *Journal of Applied Psychology*, v. 93, n. 4, p. 758, 2008; Victor Ray, "A Theory of Racialized Organizations", *American Sociological Review*, v. 84, n. 1, pp. 26-53, 2019; Alice Hendrickson Eagly e Linda Lorene Carli, *Through the Labyrinth: The Truth About How Women Become Leaders*. Boston: Harvard Business, 2007.

17. Michael L. Slepian e Drew S. Jacoby-Senghor, "Identity Threats in Everyday Life: Distinguishing Belonging from Inclusion", *Social Psychological and Personality Science* v. 12, n. 3, pp. 392-406. 2021. Em resposta às perguntas que fizemos para nossa checagem de fatos, Slepian esclareceu que a pergunta sobre conversas difíceis "foi apenas uma em cerca de trinta que discutimos".

18. Slepian observou que os resultados foram extraídos de vários estudos e artigos.

19. Nyla R. Branscombe et al. "The Context and Content of Social Identity Threat", *Social Identity: Context, Commitment, Content*, pp. 35-58, 1999; Claude M. Steele, Steven J. Spencer e Joshua Aronson, "Contending with Group Image: The Psychology of Stereotype and Social Identity Threat". In: *Advances in Experimental Social Psychology*. Cambridge: Academic Press, 2002, v. 34: pp. 379-440; Katherine T. U. Emerson, Mary C. Murphy, "Identity Threat at Work: How Social Identity Threat and Situational Cues Contribute to Racial and Ethnic Disparities in the Workplace", *Cultural Diversity and Ethnic Minority Psychology*, v. 20, n. 4, p. 508, 2014; Joshua Aronson e Matthew S. Mcglone, "Stereotype and Social Identity Threat" In: *Handbook of Prejudice, Stereotyping, and Discrimination*. Nova York: Psychology Press, 2009; Naomi Ellemers, Russell Spears e Bertjan Doosje, "Self and Social Identity", *Annual Review of Psychology*, v. 53, n. 1, pp. 161-86, 2002.

20. Sarah Townsend et al., "From 'in the Air' to 'Under the Skin': Cortisol Responses to Social Identity Threat", *Personality and Social Psychology Bulletin*, v. 37, n. 2, pp. 151-64, 2011; Todd Lucas et al., "Perceived Discrimination, Racial Identity, and Multisystem Stress Response to Social Evaluative Threat Among African American Men and Women", *Psychosomatic Medicine*, v. 79, n. 3, p. 293, 2017; Daan Scheepers, Naomi Ellemers e Nieska Sintemaartensdijk, "Suffering from the Possibility of Status Loss: Physiological Responses to Social Identity Threat in High Status Groups", *European Journal of Social Psychology*, v. 39, n. 6, pp. 1075-92, 2009; Alyssa K. Mcgonagle, Janet L. Barnes-Farrell, "Chronic Illness in the Workplace: Stigma, Identity Threat and Atrain", *Stress and Health*, v. 30, n. 4, pp. 310-21, 2014; Sally S. Dickerson, "Emotional and Physiological Responses to Social-Evaluative Threat", *Social and Personality Psychology Compass*, v. 2, n. 3, pp. 1362-78, 2018.

21. Slepian observou que os anúncios para recrutar participantes para o estudo buscavam especificamente indivíduos que tinham se sentido excluídos por causa de algum grupo social, o que pode ter resultado numa amostragem com uma experiência descomunal de ameaças à identidade. Por conseguinte, na população em geral, a frequência de ameaças à identidade é provavelmente menor.

22. Em resposta às perguntas que fizemos para nossa checagem de fatos, Sanchez desenvolveu seus comentários: ela observou que, em seu estudo, 80% a 90% dos participantes também disseram que esperavam se beneficiar dessas conversas. Kiara Lynn Sanchez, "A Threatening Opportunity:

Conversations About Race-Related Experiences Between Black and White Friends", Universidade Stanford, 2022, tese de doutorado.

23. Robert Livingston, *The Conversation: How Seeking and Speaking the Truth About Racism Can Radically Transform Individuals and Organizations*. Nova York: Currency, 2021.

24. Devido à pandemia, a maioria das conversas foram feitas por videoconferência.

25. É bom notar que, em ambientes menos formais, pedir a um amigo negro que fale de suas experiências com o racismo pode criar barreiras à conexão. Como disse a dra. Kali Cyrus, depois de revisar esse capítulo, às vezes pede-se que a pessoa negra compartilhe seu trauma, e "as vivências [da pessoa negra] são colocadas numa vitrine para serem alvos de comentários, pedidos de desculpas ou para serem usadas como contraponto às experiências das pessoas brancas… [É importante reconhecer que] não é reponsabilidade dos negros ou dos menos privilegiados participar de conversas difíceis em prol da união! Porque é típico que tenham que agir assim como ponto de partida para serem bem-sucedidos em uma empresa ou um ambiente predominantemente branco. *No entanto*, há certas pessoas negras (como eu) dispostas e emocionalmente aptas a participar".

26. Essa é uma versão editada das instruções. A versão integral é a seguinte: "Um pouco depois, você terá a oportunidade de conversar com ele [o amigo]. Mas, primeiro, queremos tirar um tempinho para dividir algumas coisas que descobrimos com você. Perguntamos a outras pessoas sobre suas conversas acerca da raça com amigos de grupos raciais diferentes. Estamos compartilhando essas informações com você e [nome do amigo]".

27. Sanchez disse que o objetivo era "dar às pessoas uma estrutura para perseverar… A teoria latente é de que o incômodo pode ser benéfico. Portanto, nosso objetivo não é acabar com ele, mas sim ajudar as pessoas a verem que ele não precisa ser um obstáculo a conversas e relações significativas".

28. Sanchez observou que, para o grupo experimental vs. o grupo de controle, "não houve diferença estatística no que diz respeito ao tempo de conversa. Tampouco temos evidências atualmente de que as conversas foram mais profundas ou mais vulneráveis. De modo geral, o que estamos descobrindo é que as conversas correram muito bem em ambas as condições. Os dois amigos declararam que a experiência foi positiva, que se engajaram e foram autênticos na conversa. E ainda não detectamos diferenças significativas no teor das conversas".

29. Em resposta às perguntas que fizemos para nossa checagem de fatos, Sanchez escreveu que esse participante negro estava "discutindo seu conflito interno por ser um homem negro em um ambiente branco. Se por um lado ele se esquece disso às vezes, por outro, é frequentemente lembrado disso e se equilibra entre essas duas experiências. [Essa complexidade] ressalta a natureza dessas conversas e relações interraciais em geral".

30. Kiara Lynn Sanchez, *A Threatening Opportunity: Conversations About Race-Related Experiences Between Black and White Friends*, Universidade Stanford, 2022, tese de doutorado.

31. Sanchez escreveu que os resultados mais potentes ocorrem logo depois das conversas, quando "os dois amigos experimentaram um pico no sentimento de proximidade (de antes da conversa para o momento imediatamente posterior). Além disso, alguns meses depois, os amigos negros se sentiam mais à vontade para falar sobre raça com os amigos brancos e se sentiam mais autênticos na relação". Ela continuou, em resposta a outras perguntas que fizemos para nossa checagem de fatos: "o resultado imediato se deu nas duas situações, tendo ocorrido treinamento antes da conversa ou não, mas o treinamento teve um efeito singular para a 'autenticidade' e a 'proximidade' dos amigos

negros com o passar do tempo — este foi o benefício a longo prazo. Logo depois da conversa, todo mundo sentiu o aumento da 'autenticidade' e 'proximidade' em ambas as situações. A longo prazo, os amigos negros do grupo que passou por treinamento notaram o aumento da 'proximidade' e 'autenticidade'. Então a conversa já foi bastante proveitosa, mas no quesito dos benefícios a longo prazo, o treinamento foi muito útil para os amigos negros".

32. É importante observar a diferença entre se preparar para o incômodo e ficar obcecado com ele. Como disse a dra. Kali Cyrus, a obsessão pode contribuir com o viés de confirmação.

33. Em resposta às perguntas que fizemos para nossa checagem de fatos, Sanchez escreveu que "a ameaça à identidade volta e meia emerge sem que alguém 'faça' alguma coisa. O simples ato de conversar com alguém de outro grupo pode despertar preocupações de que a pessoa o veja à luz de um estereótipo (antes de dizer qualquer coisa!)... Não devemos subestimar o poder do compartilhamento de experiências e perspectivas pessoais, mas eu não diria que evitar generalizações é um jeito infalível de reduzir a ameaça à identidade de outra pessoa".

34. Em resposta às perguntas que fizemos para nossa checagem de fatos, Myers desenvolveu sua declaração: "A pessoa tem que ser ativamente antirracista, o que significa que, como indivíduos e como empresa, precisamos antes de tudo reconhecer e entender nossos preconceitos inconscientes e seu impacto involuntário sobre os colegas e os negócios".

35. A Netflix esclareceu que, no gabinete do procurador de justiça, a responsabilidade de Myers era "aumentar a diversidade e a retenção dentro do gabinete, oferecer treinamentos contra assédio sexual e discriminação e aprimorar o envolvimento e o engajamento com comunidades carentes da sociedade, bem como orientar o procurador-geral e sua equipe de liderança".

36. Hastings e Meyer, *No Rules Rules*.

37. Myers observou que sua equipe "entrou para criar um processo de mudança estratégica a longo prazo, ou seja, trabalhar junto com nossos parceiros e chefes de RH dentro dos departamentos para formular essas estratégias. Fazer oficinas e conversas é apenas parte da estratégia".

38. Myers disse que "boa parte do trabalho é uma questão de conhecimento de si mesmo, de sua cultura e da cultura alheia, e da compreensão de como a identidade, a experiência e a cultura moldam nossa visão de mundo, nossas relações, nossas condutas e nossos julgamentos. Também devemos aprender a reconhecer nossos preconceitos e a refreá-los, a perceber quem podemos estar excluindo ou incluindo (consciente ou inconscientemente) e o porquê, assim todos podemos cumprir nossa função de criar um ambiente inclusivo e respeitoso".

39. Vale a pena destacar que, embora todos sejamos capazes de compreender a dor da exclusão, nem todo mundo viveu a exclusão do mesmo modo. Algumas doem mais que outras e certas pessoas, por conta de suas identidades sociais, vivenciam a exclusão com mais frequência e de formas diferentes.

40. Myers escreveu que "é importante que as pessoas vejam que não são apenas as pessoas não brancas e as mulheres que têm identidades: todo mundo as tem, e essa diversidade é algo que existe dentro de todos nós, já que temos várias identidades e experiências que fazem de cada um de nós um indivíduo único. No entanto, em muitos ambientes corporativos, existe uma predominância de certas identidades devido à exclusão histórica, ao racismo e ao sexismo, e essas identidades viram o parâmetro segundo o qual tudo é elaborado e julgado. Não basta incluir pessoas diferentes da norma: é preciso criar um ambiente em que elas são respeitadas e se veem refletidas nas equipes, no estilo de trabalho, na linguagem, nas diretrizes etc. Em todos os aspectos, o trabalho é multifacetado para

criar mudanças em quatro níveis: o nível pessoal (como as pessoas pensam, acreditam, sentem), o interpessoal (os comportamentos e as relações das pessoas), o organizacional (diretrizes e práticas) e o cultural (o que é considerado correto, belo, genuíno)".

41. Myers escreveu que o objetivo dessas conversas era trazer à tona comentários "não só sobre raça: geralmente era sobre diferença, qualquer tipo de diferença, e como eles reagiam a essa diferença. A raça era muito abordada, mas poderia ser gênero, deficiências, renda, orientação sexual, sotaque, língua etc.".

42. Como esses tipos de pergunta podem ser incômodos, a empresa tinha diretrizes para quando o incômodo ficava grande demais. "Quando alguém não fica à vontade discutindo alguma característica pessoal ou alguma questão relativa às suas identidades, incentivamos a pessoa a avisar o colega que não quer ter essa conversa", disse Toni Harris Quinerly, diretora de estratégias inclusivas da Netflix. "Como Equipe de Inclusão, empenhamo-nos para normalizar essa imposição de limites, assim as pessoas ficam mais à vontade para comunicar quando querem ou não querem conversar sobre algum assunto, e isso torna mais provável que as pessoas na outra ponta honrem e respeitem esses limites. Para isso, é preciso informar que há inúmeras maneiras de as pessoas aprenderem sobre experiências que não entendem completamente (por exemplo, procurando artigos/livros relacionados ao tema e/ou buscando as opiniões de outras pessoas ou aliados que possam ter conhecimento ou perspectivas sobre o assunto)".

43. Myers escreveu que "para algumas pessoas, essas conversas sempre serão difíceis e elas jamais se sentirão seguras. Em alguns casos, alteramos o conteúdo para abordar as questões". Ela observou que nem todo mundo se sentiu seguro e à vontade.

44. Greg Walton, em resposta às perguntas que fizemos para nossa checagem de fatos, especificou que a meta de um exercício como esse não é tranquilizar quem já é detentor de poder, mas criar uma atmosfera em que as pessoas possam refletir sobre elas mesmas e a sociedade, além de ouvir as perspectivas alheias. O foco está em achar "treinamentos capazes de promover comportamentos mais positivos e menos enviesados". Walton, em entrevista, disse-me que "precisamos criar um espaço na cultura para pessoas imperfeitas. Não podemos ter só uma cultura do 'te peguei no flagra'. O objetivo é pegar pessoas imperfeitas e transformá-las em aliadas, e não em inimigas".

45. Vernā Myers, "Inclusion Takes Root at Netflix: Our First Report", Netflix, 13 jan. 2021. Disponível em: <https://about.netflix.com/en/news/netflix-inclusion-report-2021>.

46. Vernā Myers, "Our Progress on Inclusion: 2021 Update", Netflix, 10 fev. 2022. Disponível em: <https://about.netflix.com/en/news/our-progress-on-inclusion-2021-update>.

47. Esses números refletem a demografia de 2022.

48. Stacy L. SMITH et al., "Inclusion in Netflix Original U.S. Scripted Series and Films", *Indicator*, v. 46, pp. 50-6, 2021.

49. Não se sabe bem quantos funcionários participaram das manifestações. Segundo as estimativas dos repórteres presentes, foram menos de duas dúzias. Alguns funcionários também pararam de trabalhar ao meio-dia para protestar contra o especial de Chappelle.

50. Em resposta às perguntas que fizemos para nossa checagem de fatos, a empresa declarou: "A Netflix está tentando entreter o mundo e acredita que o Departamento de Estratégias Inclusivas pode ajudar a empresa a cumprir esse objetivo; portanto, não se trata apenas do bem da sociedade nem de cada um de nós aprender a trabalhar com os colegas de forma respeitosa e a tirar vantagem de nossas diferenças, mas de como isso vai possibilitar que as pessoas e a empresa prosperem". Myers

acrescentou: "Aumentar a representatividade e aplicar a lente da inclusão a tudo que fazemos nos ajuda a inovar e a sermos criativos. Também nos ajuda a contar novas histórias, mais autênticas, que nunca foram contadas, e enxergar e dar uma plataforma a talentos que no passado foram excluídos... Isso é bom para os negócios e é ótimo para os nossos atuais e futuros membros".

51. Myers se demitiu da Netflix em setembro de 2023, depois de cinco anos na empresa. Ela continua atuando como consultora da Netflix e foi sucedida por Wade Davis.

POSFÁCIO (pp. 241-51)

1. Pela minha compreensão deste estudo, devo muito a Robert Waldinger e Marc M. D. Schulz, *The Good Life*. Nova York: Simon and Schuster, 2023. George E. Vaillant, *Triumphs of Experience*. Cambridge: Harvard University, 2012; George E. Vaillant, *Adaptation to Life*. Cambridge: Harvard University, 1995; John F. Mitchell, "Aging Well: Surprising Guideposts to a Happier Life from the Landmark Harvard Study of Adult Development", *American Journal of Psychiatry*, v. 161, n. 1, pp. 178-9, 2004; Christopher Peterson, Martin E. Seligman e George E. Vaillant, "Pessimistic Explanatory Style Is a Risk Factor for Physical Illness: A Thirty-Five-Year Longitudinal Study", *Journal of Personality and Social Psychology*, v. 55, n. 1, p. 23, 1988; Clark Wright Heath, *What People Are; a Study of Normal Young Men*. Cambridge: Harvard University, 1945; Robert C. Intrieri, "Through the Lens of Time: Eight Decades of the Harvard Grant Study", *PsyCCRITIQUES*, v. 58, 2013; Robert Waldinger, "Harvard Study of Adult Development", 2017.

2. Os pesquisadores desse projeto, ao publicar estudos de caso, sempre preferiram se referir aos participantes com pseudônimos e alterar seus detalhes biográficos para preservá-los. As informações incluídas aqui se baseiam nesses relatos publicados e, assim, incluem nomes e detalhes alterados pelos pesquisadores. Entretanto, sempre que possível, complementei meu entendimento entrevistando esses e outros pesquisadores, além de consultar artigos, tanto já publicados quanto inéditos, para garantir a precisão.

3. A frase foi formulada da seguinte forma: "Por favor, use a(s) última(s) folha(s) para responder a todas as perguntas que teríamos feito se tivéssemos perguntado sobre as questões mais relevantes para você".

4. Julianne Holt-Lunstad, "Why Social Relationships Are Important for Physical Health: A Systems Approach to Understanding and Modifying Risk and Protection", *Annual Review of Psychology*, v. 69, pp. 437-58, 2018.

5. Yang Claire Yang et al. "Social Relationships and Physiological Determinants of Longevity Across the Human Life Span", *Proceedings of the National Academy of Sciences*, v. 113, n. 3, pp. 578-83, 2016.

Índice remissivo

ESTA OBRA FOI COMPOSTA PELA ABREU'S SYSTEM EM INES LIGHT
E IMPRESSA EM OFSETE PELA LIS GRÁFICA SOBRE PAPEL PÓLEN NATURAL
DA SUZANO S.A. PARA A EDITORA SCHWARCZ EM FEVEREIRO DE 2024